Sammlung außerdeutscher Strafgesetzbücher
in deutscher Übersetzung

Herausgegeben vom MAX-PLANCK-INSTITUT
für ausländisches und internationales Strafrecht in Freiburg i. Br.
durch Professor Dr. Hans Heinrich JESCHECK, Freiburg i. Br.
und Professor Dr. Gerhard KIELWEIN, Saarbrücken

XCVI

Das schwedische Kriminalgesetzbuch nach dem Stand vom 1. Januar 1975

1976

Walter de Gruyter · Berlin · New York

Das schwedische Kriminalgesetzbuch vom 21. Dezember 1962

in Kraft getreten am 1. Januar 1965
nach dem Stand vom 1. Januar 1975

Übersetzt, erläutert und eingeleitet von

Dr. Dr. h. c., Dr. h. c. Gerhard Simson

Ministerialrat im Schwedischen Justizministerium
Deutscher Leitender Regierungsdirektor a. D.

1976

Walter de Gruyter · Berlin · New York

Gedruckt mit Unterstützung der Gesellschaft für Rechtsvergleichung

CIP-Kurztitelaufnahme der Deutschen Bibliothek

Das schwedische Kriminalgesetzbuch :

vom 21. Dezember 1962; in Kraft getreten am 1. Januar 1965 / übers., erl. u. eingel. von Gerhard Simson. — Nach d. Stand vom 1. Januar 1975.

(Sammlung außerdeutscher Strafgesetzbücher in deutscher Übersetzung ; 96)
Einheitssacht.: Brottsbalken ⟨dt.⟩.
ISBN 3-11-004898-1

NE: Simson, Gerhard [Bearb.]; EST

Printed in Germany.

Satz und Druck: Felgentreff & Goebel KG, 1 Berlin 61
Buchbindearbeiten: Thomas Fuhrmann KG, Berlin 36

Generaldirektör

Sten Walberg

Chef des Schwedischen Bankenaufsichtsamtes

in herzlicher Freundschaft zugeeignet.

Vorwort

Das geltende schwedische Kriminalgesetzbuch ist nach jahrzehntelangen Vorarbeiten im Jahre 1962 ergangen und am Jahresanfang 1965 in Kraft getreten. Die zahlreichen, oft einschneidenden Änderungen des Gesetzes, die bis zum 1. Januar 1975 erfolgt sind, sind in der nachstehenden Übersetzung berücksichtigt worden.

Aber viele weitere Umgestaltungen kleiner, großer und sehr großer Art werden vorbereitet. Seit langem wird die schwedische Kriminalpolitik von starken dynamischen Kräften vorangetrieben, und es ist als sicher zu erwarten, daß dies noch lange so bleiben wird.

Es mag daher als ein Wagnis erscheinen, den übersetzten Text nach dem Stand vom 1. Januar 1975 vorzulegen, obwohl mit so vielen künftigen Reformen zu rechnen ist. Aber weiteres Warten hätte wenig geholfen, denn auch der nach einigen Jahren geltende Gesetzestext wird, soweit sich dies heute übersehen läßt, kaum statisch sein.

In dieser Zwangslage habe ich in der meiner Übersetzung vorangestellten Einführung nicht nur darzustellen versucht, wie das geltende Kriminalrecht Schwedens entstanden ist, welche Grundprinzipien es beherrschen und wie sich die Rechtswirklichkeit bei der Anwendung der Bestimmungen gestaltet hat, sondern auch an welchen wichtigeren Reformen derzeit gearbeitet wird und welche Lösungen ins Auge gefaßt sind. Dies soll dem Leser und Benutzer auf wichtigen Gebieten einen Blick auf die zu erwartende strafrechtliche Zukunft Schwedens oder doch zum mindesten auf ihren Trend ermöglichen.

Die Einleitung zu einer Übersetzung kann kein Lehrbuch sein, Raumgründe zwangen oft zu ungewollter Konzentration und Selbstbeschränkung. Dies ist der Grund, warum in so vielen Fußnoten auf andere Arbeiten aus meiner Feder verwiesen ist, in denen in deutscher, englischer oder französischer Sprache zahlreiche Einzelprobleme umfassender und detaillierter behandelt worden sind. Auf die Zitierung von Literatur und Judikatur in schwedischer Sprache wurde — von vereinzelten Ausnahmen abgesehen — verzichtet.

Wie jeder Übersetzer schwieriger und komplizierter Gesetze muß auch ich auf die Notwendigkeit hinweisen, bei wichtigen Zweifelsfragen, die nicht durch die kommentierenden Fußnoten erhellt werden, auf den Originaltext zurückzugreifen. Die Unterschiede der deutschen und schwedischen Terminologie sind weit größer, als sie scheinen. Manchem schwedischen Rechtsbegriff fehlt ein einheitliches, kongruentes deutsches Gegenstück, er läßt sich nur umschreibend übertragen.

Bei der Wiedergabe der schwebenden Reformpläne hat mich Hofgerichtsrat Carl-Johan *Cosmo,* Kanzleichef des „Rates für Verbrechensverhütung", mit wertvollen Ratschlägen unterstützt. Ich danke ihm hierfür.

Lidingö bei Stockholm, im Herbst 1975.

Gerhard Simson

Inhaltsverzeichnis

Schwedische Strafrechtsliteratur
(Auswahl)

1. Sammelwerke

Sveriges Rikes Lag (Gesetzbuch des Schwedischen Reiches) 96. Aufl. herausg. v. T. *Nordström*. (Erscheint alljährlich am Beginn des Jahres, enthält die Gesetze in der jeweils geltenden Fassung, wird in der Praxis wie eine amtliche Gesetzsammlung verwandt und im Sprachgebrauch nur als „Lagbok" d. h. „Gesetzbuch" bezeichnet.) Stockholm: Norstedt 1975.

Norstedts Juridiska Handbok (Norstedts Juristisches Handbuch) mit Beiträgen von I. *Agge* (Allgemeiner Teil des Strafrechts) und H. *Thornstedt* (Besonderer Teil des Strafrechts) 9. Aufl. Stockholm: Norstedt 1969; Neuauflage in Vorbereitung.

2. Strafrechtsgeschichte

Anners, E.: Humanitet och rationalism. Studier i upplysningstidens strafflagsreformer särskilt med hänsyn till Gustav III: s reformlagstiftning (Humanität und Rationalismus. Studien über die Strafgesetzreformen der Aufklärungszeit unter besonderer Berücksichtigung der Reformgesetzgebung Gustav III.). Stockholm: Nordiska Bokhandeln (in Komm.) 1965. (Skrifter utgivna av Institutet för rättshistorisk forskning. Ser. 1, 10.).

Hemmer, R.: Die Missetat im altschwedischen Recht. Eine entwicklungsgeschichtliche Übersicht. Helsinki: Centraltryckeriet 1965. (Societas scientiarum Fennica. Commentationes humanarum litterarum. 36, 4.).

Hemmer, R.: Studier rörande straffutmätningen i medeltida svensk rätt (Studien über die Strafzumessung im mittelalterlichen schwedischen Recht). Helsinki: Söderström 1928.

Munktell, H.: Brott och straff i svensk rättsutveckling (Verbrechen und Strafen in der schwedischen Rechtsentwicklung). Stockholm: Gebers 1943.

Schmidt, Gerh.: Die Richterregeln des Olavus Petri. Ihre Bedeutung im allgemeinen und für die Entwicklung des schwedischen Strafprozeßrechts vom 14. bis 16. Jahrhundert. Göttingen: Vandenhoeck & Ruprecht und Stockholm: Norstedt 1966. (Jurisprudenz in Einzeldarstellungen. 10.).

Svensk straffrättshistoria (Schwedische Strafrechtsgeschichte) Teil I von E. *Anners* 1972, Teil II von P.-E. *Wallén* 1973. Stockholm: Almqvist & Wiksell.

3. Materielles Strafrecht

KOMMENTAR

Brottsbalken jämte förklaringar (Das Kriminalgesetzbuch mit Erläuterungen), Bd. I—III von N. *Beckman*, C. *Holmberg*, B. *Hult* u. I. *Strahl*. Stockholm: Norstedt. Umschlagtitel: Kommentar till Brottsbalken (Kommentar zum Kriminalgesetzbuch).

I. Brotten mot person och förmögenhetsbrotten. (Die Straftaten gegen die Person und Vermögensdelikte.) 4. Aufl. 1974.
II. Brotten mot allmänheten och staten. (Die Straftaten gegen Allgemeinheit und Staat.) 3. Aufl. 1973.
III. Påföljder (Sanktionen). 2. Aufl. 1971.

LEHRBÜCHER

Agge, I.: Straffrättens allmänna del (Allgemeiner Teil des Strafrechts). Föreläsningar (Vorlesungen), Teil I—III. Stockholm: Norstedt 1970.

Nelson, A.: Brott och påföljd — en orientering om svensk straffrätt enligt brottsbalken (Verbrechen und Sanktionen — eine Orientierung über das schwedische Strafrecht nach dem Kriminalgesetzbuch). 4. Aufl. Lund: Elander 1968.

Nelson, A.: Ingripanden vid brott. En första lärobok i straffrätt (Das Einschreiten bei Straftaten. Ein erstes Lehrbuch des Strafrechts). 3. Aufl. Stockholm: Prisma 1971.

Übersetzung:

Nelson, A.: Responses to crime. An introduction to Swedish criminal law and administration. Mit einer Einführung von W. E. *Burger*. South Hackensack, N. J.: Rothman 1972.

Strahl, I.: Kompendium i straffrättens allmänna del (Kompendium des Allgemeinen Teils des Strafrechts). 7. Aufl. Uppsala: Juridiska Föreningen 1969.

EINZELSCHRIFTEN

Allgemeiner Teil des Strafrechts

Erenius, G.: Oaktsamhet. Studier i straffrätt. (Fahrlässigkeit. Studien im Strafrecht.) With a summary: On criminal negligence. Stockholm: Norstedt 1971.

Hoflund, O.: Om farebegreppet i straffrätten (Über den Gefahrbegriff im Strafrecht). Stockholm: Norstedt 1967.

Hoflund, O.: Medverkan till brott (Teilnahme an Straftaten). Stockholm: Norstedt 1972.

Jareborg, N.: Handling och uppsåt. En undersökning rörande doluslärans underlag. (Handlung und Vorsatz. Eine Untersuchung über die Grundlagen der Doluslehre.) Stockholm: Norstedt 1969.

Jareborg, N.: Begrepp och brottsbeskrivning (Begriff und Straftatbestand). Stockholm: Norstedt 1974.

Löfmarck, Mad.: Straffrättens konkurrensproblem (Das Konkurrenzproblem des Strafrechts). Stockholm: Norstedt 1974.

Simson, G.: Grundzüge der schwedischen Kriminalrechtsreform. Karlsruhe: C. F. Müller 1966. (Juristische Studiengesellschaft Karlsruhe, Schriftenreihe, 73.).

Strahl, I.: Den svenska kriminalpolitiken (Die schwedische Kriminalpolitik). 5. verb. Aufl. Stockholm: Aldus/Bonnier 1970.

Thornstedt, H.: Förverkande på grund av brott (Einziehung auf Grund eines Delikts). Lund 1960: Berlingska Boktryckeriet.

Thornstedt, H.: Om rättsvillfarelse (Über den Rechtsirrtum). Stockholm: Norstedt 1956. (Institut för rättsvetenskaplig forskning. 10.).

Websky, M. *von*: Das Deliktsfolgensystem des schwedischen Strafgesetzbuches vom 1. 1. 1965 und das Strafensystem des deutschen E 62. Diss. Köln 1968 (ohne Verlagsangabe).

Besonderer Teil des Strafrechts

Elwin, G.: Häleribrottet. De objektiva rekvisiten i brottsbalken 9 kap. 6 § i komparativ belysning (Das Hehlereidelikt. Die objektiven Tatbestandsmerkmale in Kap. 9 § 6 Kriminalgesetzbuch in rechtsvergleichender Beleuchtung). Mit Zusammenfassung in deutscher Sprache: Hehlerei und Ersatzhehlerei. Stockholm: Norstedt 1969.

Löfmarck, Mad.: Om urkundsförfalskning (Über die Urkundenfälschung). Mit Zusammenfassung in deutscher Sprache. Stockholm: Norstedt 1971.

Strahl, I.: Om rekvisiten skada och vinning vid förmögenhetsbrotten (Über die Tatbestandsmerkmale Schaden und Gewinn bei den Vermögensdelikten). Stockholm: Norstedt 1948.

4. Nebenstrafrecht

Thornstedt, H.: Företagarens straffansvar (Die strafrechtliche Verantwortung des Unternehmers). Stockholm: Industriförbundets förlag 1965 (Erste Ausgabe: 1948).

Jonzon, S.-G. — *Delin*, L.: Naturvårdslagen (Naturschutzgesetz). Stockholm: Norstedt 1969.

Jugendstraf-, Jugendwohlfahrtsrecht

Romander, H. — *Grönlund*, B.: Barnavårdslagen (Jugendpflegegesetz) mit Kommentar. 4. Aufl. Stockholm: Norstedt 1970.

Widén, K.: Samhället och barnen. Svensk lagstiftning till skydd och stöd för barn och familj (Die Gesellschaft und die Jugendlichen. Die schwedische Gesetzgebung zum Schutz und zur Hilfe für Jugendliche und Familie). 11. Aufl. Stockholm: Norstedt 1973.

Verkehrsstrafrecht

Cosmo, C. J.: Verkehrsrecht in Schweden. (Übers. von *G. Simson*.) München: ADAC-Verlag 1968. (ADAC-Schriftenreihe. 12).

Holmquist, B. — *Johnsson*, J.: Väglagstiftningen med kommentar (Strassenverkehrsgesetzgebung mit Kommentar). Stockholm: Norstedt 1973.

Klette, H.: Trafiknykterhetsbrotten (Verkehrstrunkenheitsdelikte). Stockholm: Norstedt 1975.

Mannerfelt, N. — *Cosmo*, C. J.: Ordningsbot. Parkeringsbot (Ordnungsbusse. Parkbusse). Stockholm: Norstedt 1967.

5. Kriminologie

Agge, I. u. a.: Kriminologi (Kriminologie). Stockholm: Wahlström & Widstrand 1955 (Kriminologisk handbok. 1).

Anttila, I. — *Törnudd*, P.: Kriminologi (Kriminologie). Stockholm: Norstedt 1973.

Bondeson, U.: Fången i fångvårdssamhället (Der Gefangene in der Gefangenengemeinschaft). Stockholm: Norstedt 1974.

Börjeson, B.: Om påföljdens verkningar. En undersökning av prognosen für unga lagöverträdare efter olika slags behandling. (Über die Wirkungen der Sanktion. Eine Untersuchung der Prognose von jungen Rechtsbrechern nach Behandlung verschiedener Art). Stockholm: Almqvist & Wikström 1966.

Börjeson, B. — *Ros*, E.: Straffets verkningar (Wirkungen der Strafe). Taschenbuch. Stockholm/Uddevalla: Liber 1967.

Törnquist, K.-E.: Svåra återfallsbrottslingar. En rättspsykiatrisk och kriminologisk undersökning. (Schwere Rückfallstäter. Eine gerichtspsychiatrische und kriminologische Untersuchung). Stockholm: Norstedt 1966.

6. Sonstiges

Behandling som straff (Behandlung als Strafe). Sammelschrift, herausg. von H. *Nestius*, Stockholm: Prisma 1969 (Verdandidebatt 51).

Elwin, G. — *Heckscher*, St. — *Nelson*, A.: Den första stenen. Studiebok i kriminalpolitik (Der erste Stein. Studienbuch der Kriminalpolitik). Stockholm: Tidens förlag 1971 (enthält auch ein umfassendes strafrechtliches und kriminalpolitisches Literaturverzeichnis); Neuauflage bevorstehend.

Eriksson, T.: Kriminalvård. Idéer och experiment (Kriminalvollzug. Ideen und Experimente). Stockholm: Norstedt 1967.

I stället för fängelse (Anstelle von Gefängnis). Sammelschrift, herausg. von H. *Nestius*, Stockholm: Prisma 1970 (Verdandidebatt 54).

Melander, S.: Flyktingar och asyl (Flüchtlinge und Asyl). Stockholm: Norstedt 1972.

7. Strafrechtliche Festschriften (Festskrifter) zum 70. Geburtstag

von Karl *Schlyter*, Stockholm: Svensk Juristtidning, Norstedt 1949,
von Ivar *Strahl*, Stockholm: Svensk Juristtidning, Norstedt 1969,
von Ivar *Agge*, Stockholm: Norstedt 1970.

8. Sprachliches

Backe, T.: Brottsbalkens termer på 6 språk med rättegångsformulär (Die Deliktsbezeichnungen des Kriminalgesetzbuchs in 6 Sprachen mit Prozeßformularen). Lund: Gleerup 1969 (enthält auch die deutschen Übersetzungen).

Im übrigen wird auf *Jescheck-Löffler*, „Quellen und Schrifttum des Strafrechts" Bd. I Europa, Abschnitt Schweden (S. 203 ff.), bearbeitet von R. *Leibinger* verwiesen. München: C. H. Beck 1972.

Allgemeine Hinweise

Das schwedische Kriminalgesetzbuch ist äußerlich anders aufgebaut, als dies bei nahezu allen anderen Strafgesetzbüchern der Fall zu sein pflegt. Es beginnt zwar mit einem kurzen ersten Abschnitt (Kap. 1—2), der einige Bestimmungen allgemeiner Natur enthält, dann folgt aber bereits der Besondere Teil (Kap. 3—22), und erst dann kommt der Allgemeine Teil (Kap. 23—36). Am Ende des Gesetzbuchs finden sich Bestimmungen über die im Kriminalvollzug zuständigen Ausschüsse (Kap. 37) und einzelne Verfahrensregelungen (Kap. 38). Die Aufteilung in drei Abschnitte bedeutet daher keine Gliederung in den Allgemeinen und Besonderen Teil.

Da alle Kapitel jedesmal mit § 1 beginnen, muß stets sowohl Kapitel wie Paragraph, also z. B. Kap. 18 § 2, genannt werden. Der schwedische Jurist pflegt im Alltag oft nur 18:2 zu schreiben, bei amtlicher und korrekter Schreibweise heißt es 18 kap. 2 §. Die Gesetzesbezeichnung Brottsbalken (Krimialgesetzbuch) wird BrB abgekürzt.

Es ist jetzt üblich geworden, nicht z. B. Gesetz vom 6. 9. 1972, sondern Gesetz Nr. 509 von 1972 zu zitieren. Die Nummer bezieht sich auf die Gesetzesnummer in der amtlichen Gesetzessammlung, die Svensk Författningssamling (abgekürzt: SFS) heißt. Die Seite der Gesetzessammlung wird im allgemeinen nicht mehr genannt.

Einführung in die Kriminalgesetzgebung Schwedens

1. Zur Entwicklung des heutigen schwedischen Kriminalrechts

I.

Unterschieden sich Strafrecht und Kriminalpolitik Schwedens im ersten Anfang unseres Jahrhunderts wenig von denen vieler anderer europäischer Länder, so hat die Entwicklung etwa seit den dreißiger Jahren zu einer völligen Umkehr, Neubesinnung und Neuorientierung geführt. Nicht mit Unrecht hat man von einer zu dieser Zeit in parlamentarischen und evolutionären Formen erfolgten Revolution des Kriminalrechts gesprochen. Diese Entwicklung hat zunächst langsam, dann in immer stürmischer werdendem Tempo zu einer von Grund auf umgeformten kriminalistischen Sicht, Gesetzgebung und Rechtspraxis geführt, und der damals begonnene Prozeß ist noch mitten im Fortschreiten. Als Folge so umstürzender Reformen ist schließlich kaum noch ein Stein des strafrechtlichen Gebäudes auf dem anderen geblieben. Und doch erscheinen die bisherigen Umwertungen vielen schwedischen Juristen und sehr vielen schwedischen Nichtjuristen noch als unvollkommen oder unzulänglich und weitere, in der Tiefe einsetzende Reformen als dringend geboten. Bedeutsame Vorarbeiten sind im Gang, mehrere strafrechtliche Gesetzgebungskommissionen beraten, und ein im Juli 1974 geschaffener „Rat für Verbrechensverhütung" beschäftigt sich im Bereich der Kriminalpolitik und angrenzender Bezirke mit der Ausarbeitung modernisierter, eingreifender, breit gefächerter Methoden, Maßnahmen und Lösungsversuche. Neu entstandene Probleme, sich rasch verändernde Bedürfnisse und gewandelte Ausgangspositionen, aber auch Enttäuschungen und zuvor unbekannte Schwierigkeiten verlangen eine flexible Anpassung der rechtlichen Grundlagen, um eine Kluft zwischen dem Gesetz und den modernen Realitäten zu vermeiden.

In historischer Sicht bildet dieser kriminalistische Radikalismus einen Bruch mit jener Rechtsentwicklung des Landes, die die letzten Jahrzehnte vor der Wende geprägt hatte. Im vorigen, aber auch noch im Beginn unseres Jahrhunderts pflegten sich die schwedischen Juristen mit konservativer Vorsicht in den breiten Bahnen des Überkommenen zu bewegen, und der damalige schwedische Strafgesetzgeber nahm bei partiellen Reformen, die im Wechsel der kriminalistischen Notwendigkeiten unvermeidbar wurden, gern zum Vorbild, was sich im Ausland bereits bewährt hatte. Im Gegensatz hierzu steht das moderne Schweden in diesem Bereich — und ähnliches gilt für viele andere Gebiete seiner gesellschaftlichen Entwicklung und Wirksamkeit — in der ersten Reihe derjenigen Staaten, die radikale, unkonventionelle, von sozialen Zielsetzungen geprägte Neuschöpfungen gewagt haben und zu weiteren tiefgreifenden Reformen entschlossen erscheinen. Das heutige Schweden ist im Ausland darum nicht ohne Grund als eine Art Laboratorium der kriminalpolitischen Pionierarbeit betrachtet und mit Aufmerksamkeit beobachtet worden. Eine Reihe strafrechtlicher Reformen unterschiedlicher Art, die als geglückt angesehen wurden, haben in anderen Ländern später Nachahmung gefunden, wenn dies dort mitunter auch erst mehrere Jahrzehnte später geschehen ist. Auf weiteren umkämpften Gebieten befinden sich progressive Ideen, die in Schweden seit langem akzeptiert sind und heute weiter ausgebaut werden sollen, im Ausland noch im Diskussionsstadium. Beispiele unter vielen anderen sind die Grenzbezirke zwischen Strafrecht und Psychiatrie und die zwischen Kriminal- und Sozialpolitik.

Bei dieser Entwicklung ist die gesetzgeberische *Zusammenarbeit mit den anderen nordischen Ländern* von großer, fruchtbarer Bedeutung gewesen. Bei allen wichtigen Gesetzesreformen der einzelnen Rechtsgebiete pflegten und pflegen Kontakte oder gemeinsame Überlegungen — mitunter im interparlamentarischen „Nordischen Rat" — zu erfolgen, die oft zu wertvollen gegenseitigen Impulsen führen. Auch im Bereich des Strafrechts hat Schweden durch die Gemeinschaftsarbeit mit seinen Nachbarländern bedeutsame Anregungen erhalten und gegeben. Die kriminalpolitische Tendenz weist in allen Ländern des Nordens in die gleiche Richtung.

Und doch ist es nicht so, daß der Ideengehalt der neuorientierten Strafgesetzgebung und -rechtspraxis allein im skandinavischen Raum und Gedankengut wurzelt. Im Gegenteil sind Ideen, die von damals als radikal empfundenen *ausländischen Denkern* erdacht und entwickelt wurden, von unverkennbarem Einfluß gewesen. Die Besonderheit liegt überhaupt vor allem in der frühen Konsequenz des kriminalistischen Erneuerungswillens, in der Entschiedenheit, mit der auf dem eingeschlagenen Wege fortgeschritten wird, und in der Unbeirrbarkeit, mit der unter dem stetigen und kraftvollen Druck energiegeladener Reformkräfte von den Gesetzgebungsorganen die überkommenen, gefühlsgelenkten Vorstellungen verlassen und für andersartige rationale, differenzierte, individualisierte und effektivierte Zielsetzungen rechtliche Grundlagen geschaffen wurden.

Bei diesem Umbau des Kriminalwesens spielte eine entscheidende Rolle, daß Schweden, das einst eine sehr kriegerische Großmacht war, seit dem Jahre 1814 auf eine ununterbrochene Zeit des Friedens zurückblickt, in der die inneren Erneuerungen ganz im Vordergrund standen. Das Land hat zudem nie das autoritäre Strafrecht totalitärer Staaten kennengelernt, und seine lange verhältnismäßig stabile politische Situation und sein steigender Wohlstand bildeten einen besonders geeigneten Boden für jene umwälzenden Pionier-Reformen, die von avantgardistischen ausländischen Geistern gefordert waren.

Andererseits lassen sich viele Strafrechtsreformen nicht begreifen, wenn man sie von der *rechtshistorischen Entwicklung* Schwedens löst. Jede Revolution hat ihre Vorläufer im eigenen Lande. Gewisse Tendenzen, die in unserem Jahrhundert die Kriminalisten dazu geführt haben, ihren Blick nicht nur auf die kriminelle Handlung und ihre juristischen Merkmale, sondern auch auf den sie begehenden Menschen und die tiefere Genese und Anamnese des Verbrechens zu richten, wurden schon während der früheren schwedischen und skandinavischen Strafrechtsentwicklung spürbar und machten später möglich, manche im Ausland entwickelten Reformgedanken mit heimischen Traditionen und Institutionen zu verbinden. Auf bedeutsamen Gebieten kann man trotz des modernen, möglicherweise künftig noch steigenden Radikalismus sogar eine gewisse Geradlinigkeit der Richtung erkennen. Mehr und mehr hatte in Schweden schon seit den ersten Jahrzehnten des 18. Jahrhunderts durch die Ideenwelt der Aufklärung die Einsicht an Raum gewonnen, daß die Verhängung der Strafe zwar vom Verurteilten als ein Ausdruck der autonomen Macht des Staates empfunden wurde und auch Gesetzgeber und Richter dies so sahen, daß sie aber in einem Bereich höchster staatlicher Verantwortung und gesellschaftlicher Verpflichtung vor sich geht. Schon zu diesem Zeitpunkt erkannte man mehr und mehr, daß man in der strafrechtlichen Wirklichkeit nicht nur über begangene Taten urteilt, sondern über künftige Menschenschicksale entscheidet und dies die größtmögliche Kenntnis, Erkenntnis und individuelle Würdigung des strafbar gewordenen Menschen unerläßlich macht.

Diese keineswegs selbstverständliche, ja allzu lange mißachtete Auffassung führte den Gesetzgeber und die schwedischen Rechtspflegeorgane ähnlich wie in den anderen nordischen Staaten langsam von jener völlig unpersönlichen und schematischen Strenge, ja ursprünglich schlechterdings unmenschlichen Grausamkeit, mit der — weniger im Mittelalter als seit der Reformation — die damaligen Verbrechen und Unheilstiftungen gesühnt worden waren, zu Selbstprüfung, Selbstbesinnung und Selbstbeschränkung. Man gelangte hierdurch zu sorgfältiger werdenden, täterbezogenen Abstufungen, zur Berücksichtigung gesellschaftlicher Faktoren, zur Humanisierung und Individualisierung des strafrechtlichen Reagierens, zur Akzeptierung der Präventionsidee und dazu, im Täter, also im Menschen, den Schwerpunkt des Strafrechts zu sehen. Und noch befindet sich das schwedische Strafrecht, in dem die Begriffsdogmatik nie eine ähnlich dominierende Rolle wie im kontinentalen Europa gespielt hatte, mit dynamischer Entschlossenheit mitten auf neuen Wegen. Sie bleibt sich dabei durchaus bewußt, daß der Gesetzgeber oft an eine Wegkreuzung gelangt. Damals wie heute können Individualprävention und Generalprävention, Toleranz und gesellschaftliche Notwendigkeit, Humanität und Effektivität Gegensätze bilden, und der sinnvolle Zusammenklang zwischen ihnen ist oft schwer erreichbar. Vielfach sucht man nur nach neuartigen Methoden, um sehr alte Probleme bewältigen zu können.

Hierzu gehört seit langem auch die Problematik der tatsächlichen Effekte des Strafens. Stets muß es in gesellschaftlicher Sicht als ein beklemmendes Ergebnis empfunden werden, wenn die strafrechtliche Tatfolge so beschaffen ist, daß sie den Gelegenheitstäter asozialer und kriminell qualifizierter macht, als er es zuvor war. Am bedenklichsten ist dieses Phänomen, wenn die Freiheitsstrafe, die nach dem Ende der Leibesstrafen sehr lange als eine Art Allheilmittel im Kampf gegen die Kriminalität eingesetzt wurde, durch ihre Vollzugswirklichkeit und die zersetzenden Wirkungen ihrer Sphäre ihrerseits ungewollt zu einem verbrechensfördernden Faktor wird, und zwar zum gefährlichsten, häufigsten und schädlichsten, den es gibt und geben kann. Zudem sollte es überhaupt — noch heute wird hier und auf vielen anderen Gebieten oft dagegen gesündigt — immer ein demokratisches Ziel sein, den Staat zu vermenschlichen, statt den Menschen zu verstaatlichen.

II.

In den ältesten uns bekannten Zeiten des *frühmittelalterlichen* schwedischen Strafrechts, also in der Epoche der Wikinger und der beginnenden Christianisierung, war die Staatsgewalt schwach entwickelt und umso stärker das Band der Familie und Sippe im Rechtsleben wirksam[1]. Dies kam gerade bei der Begehung von Verbrechen zum sichtbaren Ausdruck. Den Angehörigen der nordischen Völker erschienen Übeltaten lange als Geschehnisse, die Staatsinteressen ebensowenig verletzten wie die zivilrechtlichen Streitigkeiten der Einzelpersonen. Eine wirkliche Scheidung von Kriminal- und Privatrecht existierte damals nicht, und Reste dieser Tatsache erhielten sich bis in unsere Zeit. Charakteristisch ist, daß der deliktische

[1] Vgl. Ragnar *Hemmer*, „Die Missetat im altschwedischen Recht", Helsinki 1965; Henrik *Munktell*, „Brott och straff i svensk rättsutveckling" (Verbrechen und Strafe in der schwedischen Rechtsentwicklung), Stockholm 1943; *ders.*, „Den svenska straffrättsutvecklingen fram till 1850-talet" (Die schwedische Strafrechtsentwicklung bis 1850) in dem Sammelwerk „Kampen mot brottet" (Der Kampf gegen das Verbrechen) Teil I, Malmö 1950, S. 184 ff. und das dortige Literaturverzeichnis. Vgl. ferner „Svensk straffrättshistoria" (Schwedische Strafrechtsgeschichte) Teil I 1972 von Erik *Anners*, Teil II 1973 von Per-Edwin *Wallén* (beide kurz, aber ausgezeichnet).

Schadensersatz des Zivilrechts noch bis 1965 im schwedischen Strafgesetzbuch (Kap. 6) geregelt war — das erste selbständige Schadensersatzgesetz erging erst im Jahre 1972 — und daß den alten Traditionen entsprechend noch heute Straf- und Zivilprozeß im gleichen Prozeßgesetzbuch mit vielfach gemeinsamen Prinzipien und Vorschriften geregelt sind.

Die Familie (släkt), die kleinste soziale Einheit, war patriarchalisch organisiert, und dem Vater stand die interne Strafgewalt über alle zur Familien- und Hausgemeinschaft Gehörenden zu. Ihrerseits bildete die Familie einen Teil der *Sippe* (ätt), die von starkem, tief verwurzeltem Solidaritätsgefühl geprägt und erfüllt war. Wurde ein Sippenangehöriger zum Opfer eines Delikts gegen Leib und Leben oder einer sonstigen als persönlichkeits- oder ehrverletzend empfundenen Tat, so sah es das Staatswesen nicht als seine eigene Funktion, sondern als eine Aufgabe der Sippe des Verletzten an, dieses Verbrechen zu ahnden. Die strafende Gegenmaßnahme der Sippenangehörigen war innerhalb dieser nichtstaatlichen Sphäre begreiflicherweise gleichbedeutend mit einer Rachehandlung. Hierbei richtete sich die Pflicht, ein Verbrechen zu rächen, nicht nur gegen die Person des Täters, sondern genauso gegen die an der Begehung der Tat unbeteiligten Angehörigen seiner Sippe. Bei jeder schweren Missetat verschmolzen in der allgemeinen Sicht auf diese Weise Person und Sippe sowohl als Täter wie als Verletzte miteinander. Eine Blutschuld vererbte sich auf die späteren Geschlechter. Das Verbrechen erschien hierdurch nicht als eine nur persönliche Aktion des Täters und die Strafe nicht als eine nur gegen ein Individuum zu richtende Reaktion, sondern die schwere Kriminalität und ihre Vergeltung wurden zu einem kollektiven Phänomen, zum Ursprung einer blutigen Sippenfehde. Diese konnte sehr lange anhalten, weil auch die Rachetat ihrerseits wieder eine rächende Ahndung verlangte.

Der im römischen Recht entwickelte Begriff der *Schuld* als Ausgangsprinzip und Voraussetzung der Strafe war den Skandinaviern dabei fremd. Die Taten kleiner Kinder oder Geisteskranker standen zumeist denen aller anderen Menschen gleich. Der nicht gewollte, vom Zufall gesteuerte Erfolg einer Tat wurde ebenso gewertet wie der gewollte. Dies führte andererseits mit sich, daß das nur versuchte Verbrechen als eine Handlung, die zwar einen bösen Willen offenbart, aber keinen Schaden verursacht hatte, ohne Vergeltung blieb. Ebenso stand der Gesichtspunkt einer ausgewogenen Proportionalität von Tat und Reaktion, der heute als ein unentbehrliches Element des Strebens nach gesellschaftlicher Gerechtigkeit empfunden wird, unbeachtet im Hintergrund.

Dieser auf die Dauer untragbare Zustand wurde fortschreitend dadurch wesentlich gemildert, daß an die Stelle der Blutrache zum Ausgleich von Schimpf und Schaden die Zahlung einer *Geldbuße* trat, mit der die Sippen das begangene Verbrechen durch Abschluß eines Vergleichs auslöschten. Die oft hohe Geldbuße wurde dabei nicht gewährt und entgegengenommen, weil sie einen Vermögensvorteil mit sich brachte, sondern sie war ein Symbolakt der Aussöhnung. Die begangene Tat wurde durch einen sie kompensierenden Akt des Zahlenden getilgt, der durch ihn sein Unrecht anerkannte.

Anfangs setzte sich die Ersetzung der Rache durch einen derartigen Vergleichsabschluß nur bei leichteren Delikten durch, aber er wurde später auch bei schweren und blutigen Gewalttaten zum allgemeinen Brauch. Diese Überwindung der die einzelnen Stämme zuvor zerfleischenden Sippenrache beruhte sowohl auf dem Einfluß der Kirche, die in der Aussöhnung von Feinden ein christliches Werk sah, wie auf dem wachsenden Erstarken der zentralen Staatsgewalt, der begreiflicherweise am Sippen- und Rechtsfrieden innerhalb der Gemeinschaft gelegen war. Durch diese Gesichtspunkte setzte sich — wenn auch langsam — die heute herrschende Auffassung durch, daß eine schwere verbrecherische Tat nicht nur das Opfer berührt, sondern Rechtsinteressen verletzt, deren Schutz Aufgabe der Staatsgemeinschaft ist. Eine folgerichtige Konsequenz der gewandelten Sicht wurde, daß die Buße nicht mehr nur an die Sippe, sondern ganz oder teilweise an den Staat zu zahlen war, da dieser die Sache des Opfers zu der seinen gemacht hatte. Der Rechtsbrecher wurde vom Sippenfeind zum Störer der staatlichen Gemeinschaft[2].

Der veränderte Ausgangspunkt führte mit der Zeit dazu, die Sühnezahlung durch solche Strafen zu ersetzen, die dies zum deutlichen Ausdruck brachten. Charakteristisch war die *Friedlosigkeit* als eine der häufigsten Strafen der Frühzeit. Sie bedeutete — in Anlehnung an den über Kain verhängten Fluch Gottes — den bürgerlichen Tod des Rechtsbrechers, der auf diese Weise aus seiner Volksgemeinschaft ausgestoßen wurde: er war nicht mehr rechtsfähig. Seine Ehefrau galt als Witwe, sein Kind als Waise. Es war verboten, ihm Gastfreundschaft zu gewähren, ja ihm Nahrung zu geben. In den ältesten uns überlieferten Rechtsquellen wird der Friedlose einem einsam im Wald hausenden Wolf gleichgestellt, und tatsächlich mußte er sich meistens in den dichten nordischen Wäldern verbergen, um nicht wie ein Raubtier erschlagen zu werden.

Im späteren Mittelalter kam es zu zwei wichtigen Epochen der Rechtskodifizierung, der Zeit der *Landschaftsrechte* (etwa 1200—1350) und der ihr folgenden Zeit der *Landrechte* (etwa 1350—1500)[3].

---

[2] Vgl. hierzu Gerhard *Simson* u. Friedrich *Geerds*, „Straftaten gegen die Person und Sittlichkeitsdelikte in rechtsvergleichender Sicht", München 1969, S. 2 ff.

[3] Die besten deutschsprachigen Quellen der nordischen Rechtsgeschichte sind immer noch die Werke von Karl *v. Amira*, „Über Zweck und Mittel der germanischen Rechtsgeschichte", München 1876; *ders.*, „Die germanischen Todesstrafen", München 1922; *ders.*, „Grundriß des germanischen

In beiden sind auf dem Wege über das kanonische Recht neben der eigenständigen Rechtsüberlieferung auch kirchlich-christliche Rechtsbegriffe, Rechtssätze und Rechtsvorstellungen spürbar und gesetzlich festgelegt.

Die zahlreichen Landschaftsrechte, zu denen noch einzelne Stadtrechte traten, zerfielen entsprechend der ursprünglichen Scheidung des Gesamtvolkes in die beiden Volksgruppen der Göten (Götar) im Süden und der Schweden im engeren Sinne (Svear) im Zentrum und Norden des Landes[4]. Das wachsende Interesse und Verlangen von König, Kirche und Adel nach einer zentralen Rechtsvereinheitlichung fand dann unter dem starken, zuletzt allerdings vertriebenen König *Magnus Eriksson* (1316—1374) seinen Ausdruck im Allgemeinen Landrecht, einer bedeutenden Rechtsschöpfung, in der auch die Verfassung des Landes, der Königseid sowie Recht und Pflicht des Königs, alle schweren Straftaten zu ahnden, statuiert wurden. Dies wurde von den damaligen Auffassungen vom Gottesgnadentum des Königs getragen. „Der König ist Gottes Sachwalter (syssloman) in dieser Welt", heißt es in einem schwedischen Rechtsbuch des 14. Jahrhunderts, „er ist von Gott eingesetzt, um die Missetäter zu richten und der Pein auszusetzen und sie wegen ihrer Verbrechen zu züchtigen".

Das Landrecht Magnus Erikssons hat lange gegolten und ist von hoher Wirkung für das gesamte Staats- und Rechtsleben Schwedens geworden. Es wurde schließlich vom Landgesetz des aus Bayern stammenden dänisch-schwedischen Königs *Kristofer* (auch Kristoffer geschrieben, 1416—1448) abgelöst, das zwar schon im 15. Jahrhundert geschaffen war, aber erst im Jahre 1608 von König *Karl IX.* (dem jüngsten Sohn Gustav Vasas und Vater Gustav Adolfs, der in Schweden als Gustav II. Adolf bezeichnet wird) endgültig als alleinige Rechtsquelle statuiert wurde.

Die Landschafts- und Landesrechte weisen bei der Wertung und Ahndung der einzelnen damals als „Missetaten" bezeichneten Delikte untereinander erhebliche und bemerkenswerte Unterschiede auf, auf die hier nicht eingegangen zu werden braucht. Wichtig sind in diesem Zusammenhang die ihnen gemeinsamen strafrechtlichen Zielsetzungen. Sie werden durch eine Kreuzung skandinavisch-heidnischer und christlich-kanonischer Rechtsvorstellungen gekennzeichnet und weisen in eine dreifache Richtung: Dem Verletzten soll äußere

---

Rechts", 3. Aufl., Straßburg 1913; 4. Aufl. *v. Amira-Eckhardt*, „Germanisches Recht", Berlin 1960.

[4] In ausgezeichneter deutscher Übersetzung liegen das Ältere Westgötalag (etwa 1220) und das Upplandslag (etwa 1296) vor (Claudius *Frhr. v. Schwerin*, „Schwedische Rechte", Bd. 7 der „Germanenrechte", Weimar 1935). Die Landschaftsgesetze (landskapslagar) sind umfangreich, detailliert und kompliziert, sie enthalten auch Kirchenrechtsabschnitte.

und innere Genugtuung, eine für jeden sichtbare Wiederherstellung seiner Ehre, seiner Stellung und seines Ansehens verschafft werden. Dem Verbrecher wird die böse Tat durch ein gleich böses oder noch böseres Leiden vergolten, und das von ihm begangene Unrecht gilt damit vor Gott und den Menschen als „gesühnt". Und schließlich sollen alle präsumtiven Missetäter durch harte und grausame Strafen, die an den Verurteilten in der Regel öffentlich vollstreckt wurden, abgeschreckt werden.

Allerdings kam hierzu noch eine andere häufige Strafe, die nicht in diesen Rahmen zu passen scheint: die *Landesverweisung*. Sie beruhte auf der Einseitigkeit des damaligen Partikularismus, man wollte sich in seinem eigenen Gebiet des gefährlichen Rechtsfeindes entledigen und wies ihn zu diesem Zweck in eine andere Landschaft Schwedens aus. Erst viel später kam die Verweisung aus dem ganzen Land auf. Daß es auf diese Weise zu einem gegenseitigen Verbrecheraustausch kommen konnte, war eine rationale Erwägung, die die damalige Rechtspraxis nicht beeinflußte. Die Landesverweisung galt stets als eine äußerst harte, der Hinrichtung nahe verwandte Sühne, sie erhielt sich lange. Noch heute gibt es sie bei ausländischen Kriminellen neben der Verurteilung zu einer schweren Strafe durch einen Beschluß des Strafgerichts (§§ 26, 27 Ausländergesetz von 1954).

III.

Die *Reformation*, von Gustav Vasa vor allem aus politischen und wirtschaftlichen Motiven (Sanierung der zerrütteten schwedischen Finanzen durch Konfiskation der riesigen Kirchengüter) in den Jahren 1530—1536 in Etappen durchgeführt, brachte auch für das Strafrecht einschneidende Wandlungen mit sich. In den Vordergrund trat durch eine Art von Rezeption das, was man in Schweden bis heute als *Moses-Gesetz* bezeichnet. Man verwarf mit diesem das kanonische Recht als eine „papistische" Gesetzgebung und beschränkte zugleich die kirchliche Gerichtsbarkeit, die zuvor bei vielen Delikten — z. B. solchen gegen die Sittlichkeit, aber auch bei Wucher u. a. — von großer Bedeutung gewesen war. Satt dessen suchte man in Übereinstimmung mit Melanchthons Lehren in den von Moses überbrachten Zehn Geboten und in „Gottes klarem und reinem Wort", also in der Bibel als der ewigen Rechtsquelle des Christen, eine feste Basis der Rechtsfindung. In den von König *Erik XIV.* (Gustav Vasas ältestem Sohn, 1533—1577) im Jahre 1560 erlassenen Gesetzesartikeln wird jedem Strafe angedroht, der „nicht in Gottesfurcht lebt, nicht Gottes heiligem Wort folgt und sich in seinen Gebärden, Reden und Taten nicht an das hält, was sich für einen Christen ziemt" (§ 1). Man sah darin moralisch eine Kränkung von Gottes Majestät, juristisch ein Hochverratsverbrechen (högmålsbrott) gegen Gott. Viele Gerichtsurteile stützten sich jahrhundertelang auf das

Moses-Gesetz, das durch das erwähnte Landgesetz Kristofers auch ausdrücklich als geltendes Recht statuiert wurde. Noch bis zum Jahre 1959 hieß es kennzeichnend in dem von jedem schwedischen Richter abzulegenden Eid (Kap. 4 § 11 Prozeßgesetzbuch), daß er „nach Gottes und Schwedens Gesetzen und gesetzlichen Vorschriften Recht sprechen" werde[5].

Es besteht kein Zweifel, daß die Rezeption des Moses-Gesetzes zu einer wesentlichen Verschärfung der Rechtsprechung geführt hat. Die Versöhnung zwischen Opfer und Täter, die Zahlung einer symbolischen Buße an den Staat fiel fort. Überhaupt verlor die Geldbuße ihre frühere Vorrangstellung. Die biblische Autorität hinter Recht und Gesetz verlangte immer eine Strafe, und zwar zumeist eine harte Leibesstrafe. Ein richterliches Absehen von dieser Strenge hätte Gottes unabdingbares und unverbrüchliches Gebot verletzt, daß alles Unrecht voll gesühnt werden muß.

Aber das alttestamentarische Strafrecht, mehrere Jahrtausende zuvor in einem primitiven orientalischen Land entstanden, ist nicht nur hart, ja grausam, sondern war für ein nordisches Land in vielen Bereichen auch völlig fremdartig. Gewiß beschränkte das biblische Gebot der strikten Vergeltung „Auge um Auge, Zahn um Zahn, Hand um Hand usw." das frühere Prinzip der schrankenlosen Rache (Talion) durch die von ihm geforderte Proportionalität zwischen Unheilstiftung und Strafe, aber es bestimmt die Hinrichtung des Täters auch bei Tatbeständen von geringer Schwere als absolute Strafdrohung. In den Büchern Mosis wird die Steinigung schon für die durch Züchtigungen nicht gebrochene Unfolgsamkeit des Sohnes angedroht, wobei auf die Notwendigkeit der Abschreckung aller hingewiesen wird. Nicht nur der Ochse, der einen Tod verursacht hat, soll gesteinigt werden, sondern auch sein Eigentümer, wenn er wußte, daß das Tier „stößig" war. Vieles, was im 2. Buch Mosis (Kap. 21 u. 22) über Verbrechen, Strafen und Verwandtes gesagt wird, mußte mit den schwedischen Auffassungen unvereinbar wirken. So ist danach auch die grausamste Mißhandlung eines Knechts oder einer Magd, wenn sie nicht deren Tod herbeigeführt hat, für ihren Herrn straflos, denn, so heißt es in der Bibel, „es ist sein Geld". Ein verlobtes Mädchen, das in einer Stadt bei einem Vergewaltigungsversuch nicht laut geschrien hat, soll — auf freiem Feld ist es anders — selbst gesteinigt, jedes vergewaltigte, nichtverlobte Mädchen mit dem Täter zwangsgetraut werden, und diesem wird als Strafe nur die Zahlung eines Geldbetrags an ihren Vater auferlegt.

Daß diese und ähnliche biblische Bestimmungen in Schweden zwar nicht aufgehoben wurden, aber nur ein leeres Scheindasein führten,

[5] Siehe „Das Zivil- und Strafprozeßgesetz Schwedens", übersetzt und eingeleitet von Gerhard *Simson*, Berlin 1954, S. 35.

ist natürlich. Aber auch sonst kam es zu einem Auseinanderklaffen von Gesetz und Gesetzesanwendung. Der Weg dazu, die durch genaue Befolgung des Moses-Gesetzes unvermeidbare Brutalisierung der Rechtsausübung zu verhüten, war die Befugnis des Königs, im Einzelfall von der Anwendung dieses Rechts zu dispensieren. Die Gerichte hatten die Möglichkeit, dem König die Entscheidung zu unterbreiten, und schon der oben genannte ursprüngliche Reichsverweser und spätere König *Karl IX.* (1604—1611), der das Kristofer-Landgesetz als allgemeingültig bestätigte, sah sich als hierzu berechtigt an. Es handelte sich um einen Vorläufer des bis heute in fast allen Ländern dem Staatsoberhaupt (in Schweden seit 1975 nicht mehr dem König, sondern der Regierung) zustehenden Begnadigungsrechts. Dieses umfaßt von jeher und bis zum heutigen Tage (Kap. 11 § 13 Verfassung von 1975) in besonderen Fällen die Niederschlagung oder das Nichtanhängigmachen eines Strafverfahrens, die sog. *Abolition.* So war es schon damals. Gewiß sollte für falsches Zeugnis, Gotteslästerung, Ehebruch, Fluchen, Wucher und andere Taten die Todesstrafe verhängt werden, aber die Täter wurden vom König, wenn ihm die Gerichte den einzelnen Fall unterstellten, oft im voraus begnadigt. Nur bei bestimmten Taten wie Mord, Landesverrat, Notzucht und der offenbar ziemlich häufigen Sodomie pflegten die Könige es fast stets bei der Verhängung und Vollstreckung der Todesstrafe zu belassen. Zeitweise hielt man bei Verstößen gegen gewisse Gebote des Dekalogs eine Begnadigung für unzulässig. Überhaupt waren Unterschiede der Rechtsanwendung, die in der persönlichen oder ideologischen Einstellung des einzelnen Königs oder seines Kanzlers und seiner Ratgeber wurzelten, hierbei unvermeidlich. So erwies sich der mit einer katholischen Prinzessin Polens verheiratete König *Johan III.* (1568—1592) als weit strenger als seine vor und nach ihm regierenden beiden Brüder.

Bei den unteren Gerichten kam es allmählich zu einer milderen Anwendung der Gesetze. Diese Tendenz wurde noch größer, als nicht mehr der König eine Art von Appellationsinstanz bildete, sondern insoweit das 1614 geschaffene *Svea Hofgericht,* das heutige Oberlandesgericht von Stockholm, damals der oberste Gerichtshof Schwedens, an seine Stelle trat. Man bezeichnete dieses Erlassen oder Mildern von Strafen als „Leuteration" und erstreckte es allmählich vom Moses-Gesetz auch auf das gewöhnliche Strafrecht. Dieses Verfahren wurde durch verschiedene Verordnungen des 17. Jahrhunderts legalisiert und näher geregelt.

IV.

Die genannte Entwicklung, die allerdings erhebliche Schwankungen aufwies, wurde durch das Wirken großer schwedischer Humanisten gefördert. An erster Stelle ist hier *Olaus Petri* (gest. 1552), der„ Martin Luther" Schwedens, zu nennen. Magister Olavus Petri (eigentlich: Olof Petersson) war selbst nicht Jurist, sondern Theologe und hat unter König Gustav Vasa die Reformation in Schweden eingeführt. Er war zeitweise beim Stadtgericht von Stockholm tätig gewesen, hierdurch mit Recht, Rechtsgang und Rechtsproblematik vertraut geworden und dabei vielem richterlichen Unrecht begegnet. Später wurde er Gustav Vasas Kanzler, fiel aber bei diesem in Ungnade, wurde wegen Hochverrats (Nichtanzeige einer Verschwörung) zum Tode verurteilt, doch nach einer Bußezahlung entlassen und wirkte dann als hochangesehener Hauptpastor an einer großen Stockholmer Kirche.

Olaus Petri ist der Verfasser der nach ihm benannten toleranten und weisen, von ernstem, verantwortungsvollem Gerechtigkeitsgefühl durchdrungenen dreiundvierzig *Richterregeln,* mit denen bis zum heutigen Tage das offiziöse, jedem schwedischen Juristen unentbehrliche „Lagbok", die alljährlich auf den neuesten Stand gebrachte Sammlung der geltenden Justizgesetze, beginnt[6]. Diese in manchen Einzelheiten heute natürlich veralteten, als Gesamtleistung bewunderungswürdigen Weisungen an die Richter Schwedens wurden, ohne Gesetzescharakter zu erlangen, zur wichtigsten Quelle einer humanisierten Rechtspflege. Erstmalig erschienen die Richterregeln im Jahre 1616 im Druck, und dies ist vielleicht eine Erklärung dafür, daß sie sich erst ziemlich lange nach dem Tode ihres Verfassers auf das schwedische Rechtsleben effektiv ausgewirkt haben. Hier sollen vier von Olaus Petri formulierte Rechtsthesen wiedergegeben werden: „Das Gesetz billigt nicht alles, was es nicht straft." „Wenn das Gesetz schädlich wird, dann ist es nicht mehr Recht, sondern Unrecht." „Man soll nicht immer über die Tat urteilen, wie sie verübt und geschehen, sondern man soll sehen, in welcher Absicht sie begangen ist." Und: „Alle Strafe soll der Besserung dienen."

Der letzte Satz von der Besserungsfunktion der Strafe verdient hier natürlich besondere Aufmerksamkeit. Gewiß wird man das Wort nicht im Sinn des modernen Resozialisierungsgedankens deuten dürfen — hiergegen spricht schon das damalige Vorherrschen harter Leibesstrafen — wohl aber ist es ein utilitaristisches Bekenntnis zur Individualprävention[7]. Die Strafe soll den Täter zu innerer Einsicht bringen und ihn hierdurch vor seinem Rückfall bewahren, sie wird im gesellschaftlichen Interesse mit dem Ziel seiner Besserung verhängt. Von diesem Gedanken, der eine Forderung Platos in seinen „Nomoi" (9. Buch) wiederaufleben läßt, führt eine gerade Linie zu den späteren schwedischen Reformen bis in die heutige Zeit.

Allerdings würde es irreführen, die unmittelbare Wirkung von

---

[6] Vgl. Gerhard *Schmidt,* „Die Richterregeln des Olavus Petri", Göttingen und Stockholm 1966.

[7] Vgl. hierzu Gerhard *Schmidt,* a. a. O., S. 285 ff.

Olaus Petris These über die Besserungsfunktion der Strafe zu überschätzen. Zunächst begründeten die damaligen Gerichte vor allem die Verhängung einer Todesstrafe damit, daß der Verurteilte nicht besserungsfähig sei. Immerhin milderten sich die Strafarten, so erbarmungslos die verbliebenen Formen uns Heutigen erscheinen müssen. Aber besonders barbarische Hinrichtungsarten, vor allem das lebendig Begrabenwerden verschwanden, und auch die Scheiterhaufen wurden seltener oder man enthauptete die Täter, bevor man sie verbrannte, wenn es sich nicht um „Hexen" handelte. Brandmarkung und Verstümmelung, insbesondere das von der Hansa nach Schweden gebrachte, grausame Abschneiden der Ohren oder einer Hand als Strafe für Diebstahl hörte auf, wurde schließlich nur noch bei der Gotteslästerung beibehalten. Dagegen erhielt sich die Züchtigung nicht nur, sondern dehnte sich als Strafe und vor allem auch als Ersatzstrafe für nichtbezahlte Geldstrafen aus, was noch bis 1841 beibehalten wurde.

Als neue Strafart drang die *Freiheitsstrafe* vor. Sie war in Schweden zuvor so gut wie ungebräuchlich, in den Kerkern befanden sich vor allem Untersuchungshäftlinge oder politische Feinde. Das römische Corpus Juris hatte — einem Satz von Ulpian folgend — seinerzeit das Gefängnis ausdrücklich als eine ungeeignete Strafart verworfen, auch im Recht der Germanen und im kanonischen Recht fand es sich nicht. Bis in die Neuzeit teilte man in ganz Europa diese Ablehnung, wenn auch vereinzelte Ausnahmen die Regel bestätigten. So sah Englands „Statute of Westminister" von 1275 erstmalig zwei Jahre Gefängnis für Notzucht vor. Als man im 15. und 16. Jahrhundert die Freiheitsstrafe in Schweden einführte, war sie anfangs im Grunde nur eine neue Form der Leibesstrafen. „Arbeit in den Schlössern und Höfen des Königs" (vielfach in Bergwerken vollstreckt) machte die Verurteilten zu gepeinigten Arbeitstieren, die oft bald ihren unerträglichen Strapazen erlagen, „Festung" war etwas leichter, „Gefängnis bei Wasser und Brot" ließ die meisten Gefangenen schon nach wenigen Monaten an Unterernährung und Kälte sterben. Später gab es in Stockholm nach Amsterdamer und Londoner Vorbild auch ein Zuchthaus für Männer und ein Spinnhaus für Frauen, in denen die Gefangenen durch eintönige, aber relativ leichte Arbeit zu innerer Einkehr und Besserung gebracht werden sollten. Dies war ein bedeutsamer erster Schritt. Besonders die holländischen Korrektionsanstalten, die Rasp-Häuser hießen, begegneten in Schweden — wie auch in anderen Ländern — bei fortschrittlich denkenden Kulturpersönlichkeiten, die nicht Juristen waren, lebhafter Sympathie. Mehrere von ihnen, wie der vielseitige Arzt Urban *Hjärne,* u. a. als Bekämpfer der schwedischen Hexenprozesse zu berechtigtem Ruhm gelangt, der Feldmarschall und Berater des Königs Erik *Dahlberg* und der berühmte Architekt Nicodemus *Tessin d. Ä.* reisten selbst nach Amsterdam, um sich ein eigenes Bild zu machen. Sie veranlaßten auf Grund ihrer Eindrücke die Errichtung ähnlicher Anstalten im ganzen Land. Diese wurde zum Ausgangspunkt der nach vielen Wandlungen erst im Jahre 1965 abgeschafften „Strafarbeit".

V.

Im Jahre 1734 wurde das große Gesetzeswerk Schwedens, das *Gesetzbuch des Schwedischen Reiches* (Sveriges Rikes Lag), von den vier Ständen des Schwedischen Reichstags (Adel, Geistlichkeit, Bürger- und Bauernschaft) beschlossen und im Jahre 1736 vom damaligen König Schwedens *Fredrik I.* (aus dem deutschen Fürstenhaus Hessen-Kassel) unterzeichnet und erlassen. Dieses Gesetzbuch von 1734 gilt formell noch heute, aber alle seine einzelnen Abschnitte (balkar) sind durch neue Abschnitte ersetzt. Zwei der damaligen Abschnitte, das Missetatengesetz und das Strafengesetz, regelten das Kriminalrecht.

Das Gesetzbuch des Schwedischen Reiches von 1734 war im Grunde ein konservatives Gesetz, seine Verfasser sahen ihre Aufgabe vor allem darin, die in den vorangegangenen Dezennien entstandene und bewährte Rechtspraxis zu systematisieren, in zeitgemäßen Formulierungen zu präzisieren und sie den Erfordernissen der Rechtsentwicklung anzupassen. Trotzdem wurde dieses Reichsgesetzbuch zu einem bedeutenden, eindrucksvollen Werk, das der Rechtssicherheit des Landes unschätzbare Dienste geleistet hat.

Auch die Strafrechtskodifizierung dieses Gesetzbuchs brachte keine umwälzenden Reformen. Umso positiver ist sie in gesetzestechnischer Hinsicht zu bewerten, und dies gilt vor allem für die Konkretisierung der objektiven Tatbestandsmerkmale bei den einzelnen Delikten. Oft kann man sie, wenn man dem damaligen Zeitgeist Rechnung trägt, in der Eindeutigkeit und Konsequenz der Bestimmungen als für die damalige Zeit vorbildlich bezeichnen. Aber wie in allen europäischen Strafgesetzen dieser Epoche verbanden sich die Ideen der proportionalen Tatvergeltung mit denen einer drakonisch erscheinenden Generalprävention. Das Strafensystem brachte daher nur relativ bescheidene Erleichterungen. Der Heutige erschrickt, wenn er die Todesstrafe bei 68 verschiedenen Straftaten angedroht sieht, doch war sie im damaligen England sogar in 220 Fällen, darunter für jeden Diebstahl von mehr als fünf Schilling, vorgeschrieben. Die Folter — in Schweden außer beim Hochverrats- und Hexenprozeß stets von relativ geringer Bedeutung gewesen — bleibt unerwähnt; neben den Resten der Verstümmelungsstrafen wurde auch das grausame Spießrutenlaufen beseitigt.

Trotzdem spielten die vor aller Augen vor sich gehenden *Leibes-* und *Ehrenstrafen* noch eine größere Rolle als die Freiheitsstrafen. Zu ihnen gehörten Stehen am Schandpfahl oder am Pranger und öffentliches Sitzen im Stock auf dem Marktplatz oder an der Kirchentür, Schläge in einer vom Gericht genau festgesetzten Anzahl mit einer Gerte (spö) für Männer und der Rute (ris) für Frauen, bei Kuppelei das Auspeitschen der nackten Verurteilten. Der nicht kräftig genug zuschlagende Büttel wurde vom Gesetz seinerseits mit Züchtigung und Gefängnis bedroht. Hierzu kam, was eine große Rolle spielte, erniedrigendes Bußetun in der Kirche und — in selten gewordenen Fällen — die oben erwähnte Landesverweisung unter Verlust aller bürgerlichen Rechte einschließlich des Erbrechts. Der Wunsch, die soziale Ordnung kraftvoll, streng und abschreckend zu schützen, war der Ausdruck der schwedischen Großmachtzeit voll von Kriegen und Kämpfen. Für Humanität und Milde fehlte der Allgemeinheit bei so viel Blutvergießen und Gesetzlosigkeit das Verständnis. Und auch das Individuum und seine Menschenwürde standen im Hintergrund. Die Wende kam von außen, fand aber nicht nur Widerhall, sondern war in Schweden bereits vorbereitet.

Es ist keineswegs ein Zufall, daß die Umkehr des strafrechtlichen Denkens in Europa von drei Nichtjuristen herbeigeführt worden ist: von *Montesquieu, Voltaire* und *Beccaria.* Diese sahen, daß sich die Kriminalität trotz der erbarmungslosen Härte der Justiz nicht im geringsten verringerte und die sich deshalb unablässig steigernde Strenge der Richter und Gefangenenwärter nichts daran änderte, ja die Verbrechen trotzdem nur immer weiter stiegen. Sie forderten unparteiische und unabhängige Gerichte und menschenwürdige Gefängnisse, sie bekämpften die Folterung des Beschuldigten nicht nur als eine unmenschliche Grausamkeit, sondern auch als eine vorweggenommene Verurteilung, und sie verlangten die größere Milde von Strafen und Strafvollzug. Es war hierbei ein besonderes Glück, daß diese fortschrittlichen Denker gerade bei gekrönten Häuptern Gehör fanden, in Preußen bei Friedrich dem Großen, in Rußland bei Katharina II., in Österreich bei Joseph II. und in Schweden bei Gustav III.

Man hat in Schweden oft darüber gestritten, ob *Montesquieu, Voltaire* und *Beccaria* bei ihren strafrechtlichen Reformpostulaten von rationalem oder humanitärem Gedankengut ausgingen. Tatsächlich war es so, daß sie humanitäre Forderungen rational motivierten. Angesichts der in jedem Menschen lebenden Rachetriebe und Racheinstinkte ist dies bis zum heutigen Tage der am besten gangbare Weg, um die strafrechtlichen Sanktionen und Zielsetzungen zu vermenschlichen.

Über den neuen Strafrechtsideen stand die aus der Antike stammende, aber dann fast vergessene Erkenntnis, daß es weit nützlicher und wichtiger ist, das Verbrechen zu verhüten, als es zu bestrafen. Muß es aber zur Bestrafung kommen, so soll sie im natürlichen und sinnvollen Verhältnis zur Schwere der Tat stehen und sich durch die von ihr für das Wohl des Volkes erstrebten Vorteile rechtfertigen.

Bei grausamen Strafen — und *Beccaria* rechnete mit ganz seltenen Ausnahmen hierzu die Todesstrafe — ist diese Rechtfertigung nie möglich, sie verderben Moral und Sitten, verrohen die Menschen und brutalisieren hierdurch ihrerseits die allgemeine Kriminalität. Der junge italienische Graf Cesare *Beccaria*, dessen 1764 erstmalig in Livorno erschienenes Buch, „Dei delitti e delle pene" auch in Schweden nachhaltigen Eindruck machte (die erste schwedische Übersetzung lag bereits 1770 vor), schrieb in ihm: „Der Zweck der Strafe kann kein anderer sein, als die Missetäter außer Stand zu setzen, ihren Mitbürgern aufs Neue zu schaden." Hieraus folgerte er: „Damit eine Strafe ihren Zweck erreicht, ist es ausreichend, daß das Strafübel größer ist als der Vorteil, den das Verbrechen schafft."

VI.

Es ist wenig bekannt, daß verwandte Gedankengänge in Schweden schon zuvor oder gleichzeitig vertreten worden waren. Hier sind vor allem der hervorragende Lundenser Professor David *Nehrman* (1695—1769), der später unter dem Namen *Ehrenstråhle*[8] geadelt wurde, und der an der schwedisch-finnischen Universität Åbo[9] wirkende Professor und Richter Mattias *Calonius* (1738—1817) zu nennen.

David *Nehrman* war ein Anhänger von Hugo *Grotius*, der nach seiner Flucht aus Holland lange schwedischer Botschafter in Paris war, und damit ein Bejaher des vernunftbestimmten Naturrechts. Er war von Samuel *Pufendorf*, der — von der Königin Christina berufen — in Lund und Stockholm als hochangesehener schwedischer Professor der Rechtswissenschaft gewirkt hatte, und von Christian *Thomasius* beeinflußt und verwarf die Abhängigkeit des Rechts von Theokratie und Theologie. Im Strafrecht ging er weiter als *Beccaria* und sah in der Nachfolge von *Olaus Petri* schon in seinem 1756 — also noch vor *Beccaria* — erschienenen Werk „Inledning till den svenske (Einführung in die schwedische) Jurisprudentiam criminalem" unter Ablehnung der Vergeltung als eines nur Gott zustehenden Rechts die Aufgabe der weltlichen Strafe nicht nur in der Generalprävention, sondern auch in der individualpräventiven Verbesserung des Verurteilten „zu einem guten und gesetzestreuen Untertan". *Nehrman* ist, wenn man das damals übliche Wort „Untertan" durch „Staatsbürger" ersetzt, ein wichtiger Vorläufer der heutigen schwedischen Strafrechtsideologie. *Nehrman* stand nicht allein, u. a. vertrat auch Petter *Abrahamsson* (1668—1741), der Verfasser des damals bedeutendsten strafrechtlichen Kommentars, die Besserungsidee.

Die tatsächliche Gesetzesreform Schwedens erfolgte im Jahre 1778

[8] sprich: Ehrenstrohle.
[9] sprich: Obu.

durch den vom Geist der Aufklärung erfüllten und besonders von *Beccaria* beeinflußten König *Gustav III.*, einen Neffen Friedrichs des Großen und diesem in seinen widerspruchsvollen Gaben und Schwächen verwandt: tolerant in seinen Ideen, selbstherrlich in seinen Handlungen.

Die einzelnen von Gustav III. vorgenommenen Änderungen des Missetatengesetzes waren mildernd und humanisierend. Die Folter wurde verboten und die Strafbestimmung gegen die Zauberei (Hexerei) als Tatbestand gestrichen, obwohl ein biblisches Gebot (2. Mos. 22, 18) für sie ausdrücklich die Todesstrafe verlangt und diese Reform daher auf viel Unwillen und starke kirchliche Opposition stieß[10]. Die Todesstrafe fiel auch für viele andere Delikte, darunter für wiederholten Rückfalldiebstahl, Gefangenenbefreiung, Kirchendiebstahl, Notzucht und sog. doppelten Ehebruch (d. h. Ehebruch bei Verheiratetsein beider Partner) fort. Gustavs III. Versuch, auch die Kindestötung nicht mehr mit Hinrichtung zu bestrafen, strandete allerdings am empörten Widerstand der Geistlichkeit.

Noch wichtiger als die Einschränkung der Todesstrafen war, daß sich der Geist der schwedischen Strafrechtsjuristen und Richter durch die neuen Zielsetzungen wandelte. Sie gingen allmählich, und ohne dies ausdrücklich auszusprechen, mehr und mehr von der reinen Rache- und Vergeltungsidee zur tatsächlichen General- und Spezialprävention über, sahen bei der Strafbemessung nicht nur die Tat und ihre Schwere, sondern auch die Wirkung der zu verhängenden Strafe auf Allgemeinheit und Rechtsbrecher. Neben Tat und Staat trat schon damals der Täter in das Blickfeld.

Das Missetatengesetz hat 130 Jahre lang gegolten, es wurde erst im Jahre 1864 durch ein neues Strafgesetzbuch außer Kraft gesetzt. In diesen 130 Jahren geschah im Bereich der Strafrechtsideologie im In- und Ausland vieles, das nicht immer den Gesetzeswortlaut, weitgehend aber die Rechtspraxis der schwedischen Gerichte beeinflußte. Die französische Revolution (Art. 8 der Erklärung der Menschenrechte) erneuerte den in Schweden einst schon im 17. Jahrhundert geltenden, später aber verlassenen Grundsatz „Nullum crimen sine lege". Er fand nun auch in der schwedischen Judikatur wieder Anwendung, nachdem die Richter lange sog. arbiträre Strafen verhängt, d. h. nicht pönalisierte, aber ihnen strafwürdig erscheinende Taten bestraft hatten. Der schwedische Umsturz von 1809, in dem König *Gustav IV. Adolf* gewaltsam abgesetzt, sein seniler Onkel Carl zum formellen Nachfolger und auf dem Reichstag von Örebro der französische Marschall *Jean-Baptiste Bernadotte* (1764—1844) auf dem Wege einer Adoption zum Kronprinzen, tatsächlichen Machthaber und späteren König *Karl XIV. Johan* bestellt wurde, leitete im Straf-

---

[10] Vgl. zum schwedischen Hexenprozeß Gerhard *Simson*, „Einer gegen Alle", 3. Aufl., München 1972, S. 82 ff.

recht eine neue Epoche der *Liberalisierung* ein. Andererseits verhalfen, worauf noch einzugehen ist, *Kant, Hegel* und die idealistische deutsche Philosophie dem damals halbvergessenen Vergeltungsprinzip mit neuartigen Begründungen dazu, zur tragenden Strafidee des kontinentalen Europa zu werden.

In Schweden machte die *Humanisierung* des Strafrechts Fortschritte. Die Leibes- und Ehrenstrafen traten mehr und mehr zurück, die Geld- und Freiheitsstrafen gewannen an Boden und wurden schließlich völlig dominierend. Das Prinzip der absoluten Strafdrohungen wurde durch das sog. Latitudensystem, d. h. durch Strafskalen, ersetzt, obwohl viele Gegner damals meinten, dies müsse Willkür und Gutdünken der Richter gefährlich fördern. 1841 wurde endlich die Züchtigung als Ersatz für nicht bezahlte Geldstrafen, eine nur die Armen treffende Brutalität, beseitigt (je nach der Höhe des Betrages hatten Männer bis zu 40, Frauen bis zu 30 Schläge auf den bloßen Rücken erhalten). Im Jahre 1855 verschwand in Schweden (in Finnland erst 1889) die Prügelstrafe als roh und unzeitgemäß völlig aus dem Strafensystem.

Kurz vor dem Erlaß des neuen Strafgesetzbuchs wurden auch die bedeutsamsten einzelnen Straftatbestände sukzessiv reformiert. Im Jahre 1855 wurde die Bestrafung von Raub, Diebstahl und leichter Entwendung (snatteri) neu geregelt, 1858 ergingen veränderte Bestimmungen über Fälschungs- und Betrugstaten, 1861 über die Delikte gegen Leib und Leben. Als das Strafgesetz von 1864 endlich erlassen wurde, hatten die beiden Gesetze von 1734 ihr Wesen aber nicht nur durch diese Reformen, sondern auch von innen heraus mit humanisierender und liberaler Tendenz längst verändert. Für die Strafrechtsentwicklung kann, wie uns auch unsere Zeit gelehrt hat, das Gesetz oft weniger wichtig als seine Auslegung und Anwendung sein. So hat — ein Beispiel unter vielen — in der DDR bis zum Jahre 1968 das kaiserliche deutsche Strafgesetzbuch von 1871 mit nur verhältnismäßig geringen textlichen Änderungen gegolten, wurde aber in der Rechtspraxis in völlig gewandeltem Geist angewandt.

VII.

Auch für Schweden blieb es naturgemäß nicht ohne Wirkung, daß Immanuel *Kant* (1724—1804) mit der ganzen Kraft seiner Gerechtigkeits- und Sittenlehre das Strafgesetz als einen kategorischen Imperativ bezeichnete und die Strafe als eine überzeitliche Sühne des begangenen Unrechts forderte, jedes Präventionsziel mit extremer Entschiedenheit verwarf und in einer Fußnote von Beccarias „Sophistik", „Rechtsverdrehung", „Empfindelei" und „affektierter Humanität sprach[11]. In seiner „Metaphysik der Sitten" (1797) steht

[11] Vgl. hierzu Gerhard *Simson*, „Einer gegen Alle", 3. Aufl., München 1972, S. 259 ff.

jener grundlegende, vielzitierte, folgenschwere Satz, der das klassische Strafrecht aller Länder und darum zeitweise auch das Schwedens beherrscht hat: „Nur das Wiedervergeltungsrecht (jus talionis) kann vor den Schranken der Gerichte die Qualität und Quantität der Strafe bestimmt angeben." *Kant* sah — und er betonte dies unerbittlich — die Aufgabe der gerichtlichen Strafe „nicht in irgendeinem Zweck, ein Gutes für den Verbrecher selbst oder für die bürgerliche Gesellschaft zu befördern", sondern ausschließlich in der gleichartigen Vergeltung, also der staatlichen Racheausübung. Für ihn verwirklicht allein dieses Prinzip und Richtmaß das ihm unverbrüchlich erscheinende Gebot jener „reinen und strengen Gerechtigkeit", die die Weltordnung fordert. Unverkennbar orientierte sich in seiner strafrechtlichen Gedankenwelt die irdische Strafjustiz an der Vorstellung von Gottes „Jüngstem Gericht", da — Kant zitiert deshalb in diesem Zusammenhang ein biblisches Wort — „jedermann das widerfahren soll, was seine Taten wert sind". Kants Ablehnung des Zweckgedankens und vor allem der Generalprävention wird von ihm damit begründet, daß es der Würde des Menschen widerspreche, „als Mittel zu den Absichten eines anderen gehandhabt" und damit zur Einwirkung auf andere Menschen verwandt zu werden. Dieses ethische Argument Kants ist — zweifellos — ein ernster Einwand, der einst alle seine Zeitgenossen tief beeindruckte, aber auch heute noch fordert, sich mit ihm auseinanderzusetzen.

Georg Wilhelm Friedrich *Hegel* (1770—1831), in Skandinanvien als Denker hochgeachtet, wenn auch umstritten, hat bekanntlich die im Gedankengang selbständige, im Ergebnis weitgehend mit *Kant* übereinstimmende, doch weniger krasse Theorie der „Negation der Negation" entwickelt, nach der die Kränkung des Rechts durch die Kränkung des Willens des Kränkenden ausgelöscht werden soll[12]. Auch sie schloß als strikte Vergeltung jede Präventionsfunktion der Strafe aus. Ein Übel (Verbrechen) soll durch ein zweites, zwar nicht qualitativ gleichartiges, aber nach „Zeit und Zustand der bürgerlichen Gesellschaft quantitativ (d. h. graduell) gleichwertiges" Übel (Strafe) aufgehoben werden. Diese rechtsphilosophische Konstruktion Hegels konnte von ihm nur als eine rein gedankliche und abstrakte Fiktion erdacht werden, der überhaupt nichts Tatsächliches entspricht. In der menschlichen Wirklichkeit läßt sich ein geschehenes Unrecht oder Übel weder ungeschehen machen noch auslöschen noch aufheben. Schon *Seneca* hatte einst in seiner Schrift „De ira" seine Lehre von der reinen Präventionsfunktion der Strafe unter Berufung auf Plato mit den einfachen Worten begründet: „Revocari enim

[12] Georg Wilhelm Friedrich *Hegel*, „Grundlinien der Philosophie des Rechts" (Sämtliche Werke Bd. VI) 3. Aufl., Leipzig, S. 93 und an vielen anderen Stellen.

praeterita non possunt, futura prohibentur" (Geschehenes kann nämlich nicht wiederaufgehoben, doch Künftiges verhindert werden). Hegel verlegte darum, ohne die ein Verbrechen auslösenden Ursachen oder die individuell oder sozial bedingte Wesensstruktur des Rechtsbrechers zu beachten und die ambivalenten Wirkungen des Strafvollzugs zu behandeln, Straftat und Strafe aus ihrer materiellen und gesellschaftlichen Realität in eine nur begriffliche Dialektik. Dies wurde für die spätere Entwicklung des Strafrechtsdenkens und der Strafrechtsdogmatik vieler Länder richtunggebend. Man blickte nur noch auf die Verletzung des Rechts, nicht mehr auf den Menschen, der es verletzt hatte. Hierin sah man jene unparteiische Gerechtigkeit, deren Symbol eine blind vorgestellte Göttin mit einer Waage ist. Man bewertete den Täter nach der Tat, nicht umgekehrt, wie dies später Franz *von Liszt* forderte und wie es bald darauf in ganz Schweden akzeptiert und mehr und mehr verwirklicht wurde.

Der außerordentliche Einfluß, den die Philosophie von Kant, Hegel und ihren vielen Schülern auf ganz Europa ausgeübt hat, hatte seinerzeit auch Skandinavien erfaßt. Aber es scheint — genaue Abwägungen sind heute schwierig —, daß die Wirkung der idealistischen deutschen Philosophie gerade im Bereich des schwedischen Strafrechts, das für sie ja nur ein Randgebiet war, durchaus begrenzt gewesen ist (wie dies in noch höherem Grade für England galt). Gewiß wurde vor allem im liberalen Bürgertum Skandinaviens der Vergeltungsgedanke als Inbegriff von Gerechtigkeit, Proportionalität und Rechtssicherheit empfunden und als Bejahung der das Christentum tragenden Willensfreiheit anerkannt, er entsprach dem allgemeinen Denken der damaligen Zeit. Man war überzeugt, daß auf diese Weise ohne Rücksicht auf die Person des einzelnen Rechtsbrechers objektive Gerechtigkeit geübt und der erstrebte Grundsatz der „Gleichheit aller vor dem Gesetz" gesichert werde. Zugleich trug, und dies war sicherlich psychologisch bedeutsam, die Vergeltungsidee nicht nur dem Gedanken der von einer höheren Macht geforderten Sühne, sondern auch dem menschlichen Racheinstinkt Rechnung, da dem Verbrecher das von ihm begangene Unrecht „heimgezahlt" wird.

Daß der Einfluß dieser Ideen auf das schwedische Strafrecht trotzdem nicht bleibend war und man vorzog, selbständige Gedanken zu verwirklichen, beruht weitgehend auf dem Religions-, Staats- und Rechtsphilosophen Christoffer Jakob *Boström* (1797—1866), einem der bedeutendsten Denker, die Schweden gehabt hat, man nannte ihn Schwedens Plato. Boström war nicht nur als rational-idealistischer Theoretiker erfolgreich, sondern er hat auch auf das schwedische Strafrechtsdenken nachhaltigen Einfluß ausgeübt. Er stand — trotz vieler Gegner — nicht allein, sondern war der Begründer einer eigenen philosophischen Schule. Zwar war er selbst nicht liberal, aber seine Strafrechtslehre fand weite Zustimmung unter den Liberalen.

Boström hatte in seinem Aufsehen weckenden Werk „Anmerkungen zur Höllenlehre" die religionsphilosophische These verfochten, daß es mit der Vorstellung von Gottes Allgüte nicht vereinbar ist, wenn Gott auf menschliches Böses seinerseits mit göttlichem Bösen reagiert, sondern daß auch der strafende Gott immer nur Gutes verwirklichen will. Er forderte Entsprechendes von der weltlichen Strafjustiz.

Obwohl *Boström* nicht vom Individuum, sondern vom Staat, den er personalisierte, ausging, verwarf er entschieden Hegels Lehre von der Strafe als der obrigkeitlichen Vergeltung von individuellem Bösen mit staatlichem Bösen. Er sagte, daß es der Idee des Staates und der sich in ihm verwirklichenden Vernunft widerspreche, Böses zu wollen. Reagiert der Staat auf das Böse eines Staatsbürgers, so will er bei ihm Gutes erreichen, nämlich einen vorhandenen Defekt, der das Böse verursacht hat, beseitigen oder ihn mit positivem Inhalt ausfüllen. Die Strafe soll wie jedes staatliche Tun ein Instrument zur Schaffung von Vernünftigem und Gutem sein. Ebenso wie die göttliche Strafe soll daher auch die weltliche das Wesen des Schuldigen korrigieren und ihn bessern. Sie ist überhaupt nur dann ein vernunftgemäßes staatliches Reagieren, wenn sie für ihn Wohltätiges bezweckt, indem sie ihm dazu verhilft, sein eigenes Wollen in Übereinstimmung mit der allgemeinen Vernunft zu bringen. Besserung setzt somit oft voraus, daß der Täter tauglich gemacht wird, vernünftig zu handeln. Gewiß verursacht jede Strafe ein Leiden, aber nur ein relatives und temporäres, das einem guten Zweck dient. Sie ist dem Schmerz vergleichbar, den ein Arzt verursachen muß, um zu heilen.

Dies sind in altmodischem Gewand erstaunlich kühne Gedanken, die letzten Endes in die modernen Richtungen unserer Zeit einmünden. Sie wurden Wegweiser zu jener radikalen Auffassung, die durch Bekämpfung der individuellen Mängel und Defekte die Heilung und Besserung, also die Resozialisierung des Rechtsbrechers ins Auge faßt.

Zu *Boströms* rationalen Ideen kamen damals die *Kant* und *Hegel* diametral widersprechenden Lehren, die — voneinander unabhängig — der deutsche Rechtsphilosoph, Strafrechtsreformer und Gerichtspräsident Anselm *von Feuerbach,* Schöpfer des bedeutenden Bayerischen Strafgesetzbuchs von 1813, der englische Philosoph und Richter Jeremy *Bentham,* und der dänische Staatsmann und Rechtsgelehrte Anders Sandoe *Örsted* entwickelten.

Der Kantianer *Feuerbach* (1775—1833) hat die Behauptung seines Lehrmeisters, die Generalprävention benutze den Menschen als ein Werkzeug, leidenschaftlich bekämpft. Er ging weniger von der gerichtlichen Verurteilung als von der gesetzlichen Strafdrohung aus, die eine sich an jeden einzelnen Menschen richtende psychologische Zwangswirkung ausübe. Auch im Präventionsstrafrecht, so legte er dar, leidet der einzelne Verbrecher nicht als Sündenbock anderer, sondern lediglich wegen seiner eigenen Tat, wenn auch zu dem vom Recht bestimmten Zweck. Da nur ein durch Strafsanktionen gesichertes Gesetz die lustbedingten, in jedem Menschen wirksamen Verbrechenstriebe hemmen kann, ist die von der Strafdrohung als einer Warnung ausstrahlende Abschreckung nicht nur unentbehrlich, sondern deren Sinn.

Gerade diese Beweisführung deckte sich mit einem in Schweden immer schon vielzitierten Ausspruch seines großen Staatsmannes Axel *Oxenstierna*[13] (1583—1654), der die Strafe als das warnende Exempel für jederman (varnagel) bezeichnet hatte. Und bereits im Vorwort zu einem der uralten Landschaftsgesetze, dem Upplandslag von 1296, hieß es einst über den Sinn von Recht und Strafe mit schlichten Worten: „Wären alle Menschen rechtschaffen, so wäre kein Gesetz vonnöten." Nach schwedischer Tradition war das Strafgesetz für alle Menschen eine Drohung, um sie vor nicht rechtschaffenen Taten zu warnen.

Für *Feuerbach* wird die Verhängung und Vollstreckung der jedem angedrohten Strafe zu einer unerläßlichen Konsequenz, damit das Gesetz nicht in Widerspruch zu seiner warnenden Funktion gerät und als leere Drohung unwirksam bleibt[14]. *Feuerbachs* pragmatische, von einem Zweck der Strafe geprägte Lehre schuf in Skandinavien rationale Abwehrmöglichkeiten gegen die Vertreter der deutschen absoluten Straftheorie, die damals fest überzeugt waren, die endgültige Lösung dieser Problematik entdeckt zu haben. Ihre nordischen Gegner konnten alte schwedische Überzeugungen mit modernen Argumenten verteidigen.

Zudem fand in Schweden stärker als auf dem europäischen Kontinent jene britische Rechtfertigungslehre der Strafe Anerkennung, die Jeremy *Bentham* (1748—1832) entwickelt hatte[15]. *Bentham* — in Skandinavien beachteter und einflußreicher als *Feuerbach* — verband bereits spezial- und generalpräventive Funktionen miteinander. Für ihn erreicht die Strafe ihr Ziel durch die Wirkungen, die sie sowohl auf die künftige Willensbildung des Rechtsbrechers wie auf die aller anderen potentiellen Täter ausübt. Beide müssen, wie dies einst schon *Beccaria* gesagt hatte, erkennen, daß sie in ihrem eigenen Interesse besser daran tun, Delikte zu unterlassen und den ihnen folgenden Strafen zu entgehen, weil das „Malum" des Strafleidens das „Bonum" des Verbrechensnutzens überwiegt. Diese Folge der

---

[13] sprich: Oxenscherna.

[14] Anselm *Feuerbach*, „Revision der Grundsätze und Grundbegriffe des positiven peinlichen Rechts", Erfurt 1799, Teil I, S. 48—58.

[15] Jeremy *Bentham*, „The Rationale of Punishment", London 1830, S. 20.

Strafgesetze vergrößert — dies war für *Bentham* stets und daher besonders im Rechtsleben das tragende Prinzip seiner Philosophie — die Summe des Glücks in der menschlichen Gesellschaft. Gewiß ist die Strafe ein Übel, aber ein solches mit positiven, nützlichen, glücklichen Konsequenzen, und nur diese können die Strafe moralisch rechtfertigen[16].

Eine weitere bedeutsame Gegenwirkung gegen die kontinentalen Vergeltungs- und Unrechtsauslöschungsideen kam von neuen Gesichtspunkten zur Aufgabe des *Strafvollzugs*. Seine damalige, sich — wenn auch nur langsam — humanisierende Entwicklung kann hier nur gestreift werden, obwohl sie in Schweden früher und stärker als in Deutschland und anderen Ländern auch die materielle Strafrechtsschöpfung entscheidend beeinflußt hat und noch beeinflußt.

Der erste, der in Europa die Vermenschlichung des Strafvollzugs einleitete, war der Engländer John *Howard* (1726—1790), der auch Schweden besucht und die schwedischen Gefangenenanstalten eingehend studiert hatte. Entsetzt über die erbarmungslosen Grausamkeiten, mit denen die Gefängnis- und Zuchthausinsassen gequält wurden, rief er aus: „Make them diligent and they will be honest". Er verlangte, den Strafvollzug im übereinstimmenden Interesse von Gesellschaft und Individuum in den Dienst der systematischen Besserung des Verbrechers zu stellen. Allmählich stimmten die schwedischen Juristen und Nichtjuristen fast allgemein *Howards* Forderungen grundsätzlich zu. Eine führende Rolle spielte hierbei später Erik Gustaf *Geijer* (1783—1847), einer der größten Dichter Schwedens, zugleich Geschichtsprofessor in Uppsala und sehr aktiver Politiker. Als solcher begann er als überzeugter Konservativer, wurde dann aber liberal und schließlich ein sozialer Herold der Armen, Schwachen und Leidenden. In dieser Lebensepoche trat er, nachdem er zunächst gesagt hatte, daß eine Strafe eben nichts als eine Strafe sein soll, mit vielen Vorschlägen für die humanere, bessernde Behandlung der Gefangenen ein. Seine Zeitgenossen empfanden es als einen genau so unlösbaren Gegensatz, die Strafe als etwas Böses *(Hegel)* zu verhängen, aber sie dann als etwas Besserndes *(Howard)* zu vollstrecken, wie wenn dies umgekehrt geschehen wäre.

Auch in späterer Zeit, in der niemand die Besserungs- und Resozialisierungsfunktion des Vollzugs der Sanktionen grundsätzlich ablehnte und man gerade mit diesem Ziel die Kriminalbehandlung außerhalb von Anstalten (Bewährungshilfe) schuf, sah man in Schweden hierin einen nicht überwindbaren Widerspruch. Man lehnt schon darum auch heute die klassischen Sühnetheorien der Jahrhundertwende (*Binding, Carrara* usw.) und ihre vielen neoklassi-

---

[16] Vgl. hierzu auch Norbert *Hoerster*, „Präventionstheorien der Strafe in der britischen Aufklärungsphilosophie", in Zeitschrift für die gesamte Strafrechtswissenschaft, Bd. 85 (1973), S. 210.

schen Nachfolgelehren ganz entschieden ab. Sie haben schon seit etwa einem halben Jahrhundert in den nordischen Ländern unabhängig von der verschiedenen weltanschaulichen, politischen und religiösen Überzeugung des einzelnen überhaupt keinen einzigen Anhänger mehr. Dies vermag natürlich nicht auszuschließen, daß im einzelnen Schweden — wie in jedem Menschen — nach dem Bekanntwerden erschreckender Verbrechen angeborene Aggressions- und Racheinstinkte zum impulsiven Ausdruck gelangen können. In allen nordischen Ländern wird es jedoch als elementares Gebot der Moral und Klugheit gelehrt und empfunden, diese Triebe nicht nur in sich, sondern erst recht als Grundlage des staatlichen strafrechtlichen Reagierens zu bekämpfen. Dies ist auch der heutige Standpunkt der Kirche in Schweden. „Die Rache ist mein, ich will vergelten, spricht der Herr", heißt es im Römerbrief (12, 19), was nach überwiegender Ansicht der schwedischen Theologie trotz eines anders klingenden Paulus-Wortes (Römer 13, 4) nicht nur dem einzelnen, sondern auch dem Staat das vergeltende Handeln verbietet. Aber auch die weltliche Ethik und Sozialphilosophie Schwedens bekennt sich nicht zur gesellschaftlichen Rache. Rache und Vergeltung sind sprachliche Synonyma. Die Gesellschaft hat nach völlig einmütiger schwedischer Auffassung nicht die Aufgabe zu vergelten, sondern zu schützen.

VIII.

An dem schwedischen *Strafgesetzbuch von 1864* wurde nicht weniger als 50 Jahre lang gearbeitet, es hat dann 91 Jahre lang gegolten. Es erwies sich hierbei als günstig, daß mehrere Jahrzehnte hindurch der liberale, fortschrittliche und bedeutende Kriminalist Johan Gabriel *Richert* (1784—1864) maßgebenden Einfluß ausüben konnte. Richert bejahte sowohl die Lehre der generalpräventiven Abschrekkung wie den Gedanken der individuellen Besserung, er gehörte zudem — wenn auch damals noch erfolglos — zu den Gegnern der Todesstrafe.

Im Strafvollzug war er ein Anhänger des zu dieser Zeit als Fortschritt angesehenen *Philadelphia-Systems,* für das vor allem der liberale schwedische *Kronprinz Oscar,* der nachmalige König Oscar I. (1799—1859), in einer anonym erschienenen Schrift, dem sog. „Gelben Buch", mit humanen, in vielen Einzelheiten klugen, aber im Hauptgedanken in die Irre gehenden Argumenten eingetreten war. Dieses System fand hierdurch leider Eingang in Schweden; im Jahre 1841 wurden nach langen Reichstagsdebatten die beträchtlichen Geldmittel für die Errichtung der neuartigen Gefängnisse bewilligt. Das von wohlmeinenden Quäkern schon um 1800 in Pennsylvania geschaffene, leider auch von Bentham nachdrücklich bejahte Philadelphiasystem, das die Grausamkeiten vorangegangener Zeiten ersetzt hatte, wollte in religiös fundiertem Ernst den Verbrecher nur durch totale Isolierung und Monotonie in einer engen, kahlen, düsteren, vergitterten Zelle bei gleichförmiger, fader Kost und unter gänzlichem Mangel aller Sinneseindrücke innerlich läutern. Man meinte, Dunkelheit, Eintönigkeit und Einsamkeit bedeute einen sicheren Weg zu Zerknirschung, Reue, innerer Buße und sittlicher Besserung. In Wirklichkeit machte diese mit wohlwollender Zielsetzung geschehende Grausamkeit den Gefangenen in den neuen Anstalten Schwedens zwangsläufig verzweifelt, psychisch abnorm, in seiner Persönlichkeit niedergebrochen und sozial lebensuntauglich. Kommunikation ist, wie wir heute wissen, ein elementares menschliches Lebensbedürfnis. Durch totale Isolierung tritt eine Unterbindung der Wahrnehmungs-, Emotions- und Rationalkräfte des Menschen ein. Der von allen Eindrücken und Erlebnissen ausgeschlossene Gefangene wurde daher ein Opfer seelischer Störungen, litt allmählich unter quälenden Halluzinationen und erlebte durch seine naturwidrige Isolierung und seine ganz unerträgliche Langeweile nachhaltige psychische Martern. Nach seiner Entlassung vermochte er infolge seines defekt gewordenen Zustands sich nicht mehr allen Anforderungen der gesellschaftlichen Gemeinschaft gewachsen zu zeigen und — auch in schlechter Umgebung und Konfliktsituation — gesetzestreu zu bleiben. Selbst wenn er die Anstalt mit den besten Vorsätzen verließ, wurde er deshalb rasch rückfällig. Er konnte nicht anders, er war überfordert. Aber viel Zeit verging, bis man dies erkannte oder zugestand.

Das *Strafgesetzbuch von 1864* vermied die Parteinahme für eine der Straftheorien. Man hat in der unausgesprochenen Zugrundelegung des Schuldgedankens als eines strafrechtlichen Ausgangspunktes eine Anlehnung an die klassischen Lehren gesehen. Aber der Begriff *„Schuld“* ist vieldeutig. Er wurde und wird von jeher von den schwedischen Strafrechtlern überhaupt nur selten angewandt, man spricht weit mehr von Verantwortung (ansvar). Auch wird — anders als vielfach in der heutigen deutschen Strafrechtsdogmatik — Schuld nicht als moralisch-normative „Vorwerfbarkeit“ verstanden, sie wird auch nicht als kriminalpolitischer Gegenpol der „Gefährlichkeit“ empfunden, sondern Schuld und Verantwortlichkeit sind im wesentlichen nichts anderes als das Gegenteil von Nicht-Schuld bzw. Nicht-Verantwortlichkeit. Der unschuldig Verdächtigte, der Geisteskranke, der in Notwehr oder Notstand Handelnde, der gewaltsam zur Tat Gezwungene, das nicht strafmündige Kind usw. können wegen Fehlens von Schuld nicht zur „Verantwortung“ gezogen werden. Schuld ist vor allem ein Oberbegriff von Vorsatz (dolus) und Fahrlässigkeit (culpa) und ebenso wie Verantwortlichkeit eine Voraussetzung der Bestrafungsmöglichkeit.

Der Begriff *„Tatbestandsmäßigkeit“* ist schwer ins Schwedische zu übersetzen, beim gesetzlichen (objektiven) Tatbestand spricht man von der „Tatbeschreibung“. Die einzelnen objektiven und subjektiven Tatbestandsmerkmale werden als objektive und subjektive

„Requisiten" bezeichnet. Insofern handelt es sich nur um abweichende sprachliche Ausdrucksweisen.

Im Gegensatz zu Deutschland und vielen anderen Ländern steht die schwedische Dogmatik der *„Rechtswidrigkeit"* als einem neben Schuld (Verantwortung) und Tatbestandsverwirklichung (Gesetzwidrigkeit) stets selbständigen Element der Verbrechenslehre mit Skepsis gegenüber, man hält zumeist diese Begriffsbildung für überflüssig. Dies schließt nicht aus, daß der Täter straflos bleibt, wenn sein Verhalten gerechtfertigt war. Der heute führende Strafrechtslehrer Ivar *Strahl* bezeichnet dies als einen Vorbehalt und spricht von einer „Reservation". Der Unterschied der strafrechtlichen Konstruktionen dürfte u. a. mit der verschiedenartigen Entwicklung der Gesetzesfassungen zusammenhängen. Im deutschen StGB (§ 53 a. F.) hieß es beispielsweise bei der Notwehr: „Eine strafbare Handlung ist nicht vorhanden, wenn die Handlung durch Notwehr geboten war." Das schwedische Kriminalgesetzbuch (Kap. 24 § 1) sagt: „Eine Handlung, die jemand in Notwehr begeht, führt keine Strafbarkeit mit sich." In Deutschland ging man daher bei Vorliegen von Notwehr von der Nichtexistenz einer Straftat aus (nach § 32 n. F. von der fehlenden Rechtswidrigkeit des Handelns), in Schweden vom Täter, der nicht zur Verantwortung gezogen werden darf.

Allerdings haben um 1870 der dänische Professor und zeitweilige Justizminister *Goos* und der norwegische Reichsankläger *Getz* die sog. nordische Rechtswidrigkeitslehre entwickelt. Sie bedeutete, daß der Richter auch bei gesetzwidrigem Handeln stets besonders prüfen soll, ob durch dieses ein Rechtsinteresse verletzt wurde bzw. ob eine erfolgte Integritätskränkung wegen eines diese rechtfertigenden höheren Interesses straffrei sein soll. Die nordische Rechtswidrigkeitslehre hat sich jedoch in Schweden weder in der Strafrechtslehre (*Strahl, Agge* und ihre Schüler) noch in der höchstrichterlichen Rechtsprechung generell durchsetzen können, da im Gesetz nichts darüber gesagt wird. Es kann aber hinzugefügt werden, daß niemand in Schweden die Nichtexistenz eines selbständigen und allgemeinen Rechtswidrigkeit-Elements als einen Mangel empfindet, der zu unangemessenen Verurteilungen führen kann. Dies war auch nie der Fall.

Die aus dem Code Napoléon stammende Einteilung der Straftaten in Verbrechen, Vergehen und Übertretungen (Crimes, Délits et Contraventions) war und ist dem schwedischen Strafrecht fremd. Das Gesetz von 1864 begnügte sich mit der Pönalisierung der unmittelbaren Angriffe auf die staatlichen Funktionen und auf bestimmte Rechte der Einzelpersonen. Die polizei-, wirtschafts- und ordnungsrechtlichen Übertretungen, die man in vielen anderen Ländern heutzutage in den Bereich der Ordnungswidrigkeiten überführt, blieben — eine für die damalige Zeit bemerkenswerte Systematik — als nur indirekte Kränkungen der Rechtsordnung außerhalb des Strafgesetzbuchs. Ihre Regelung wurde in das Nebenstrafrecht verlegt, und so ist es noch heute. Neu und auf weite Sicht nicht absehbar ist nur die durch die Expansion des Staates und die moderne Entwicklung bedingte enorme Ausdehnung des Nebenstrafrechts und seine quantitativ und qualitativ gestiegene Bedeutung. Ein besonders wichtiges Beispiel ist das Verkehrsstrafrecht.

Der schwedische Gesetzgeber ging — ähnlich wie noch heute der deutsche Gesetzgeber — zunächst vom Rechtsgüterschutz als der eigentlichen Strafrechtsaufgabe aus. Später sah man stattdessen die Funktion des Strafgesetzbuchs darin, Angriffe gegen *schutzwürdige Interessen* unter Strafe zu stellen. Diese Auffassung beherrscht seitdem die Strafrechtsdogmatik; die generelle, in ihrem Inhalt auch in der deutschen Dogmatik unterschiedlich definierte Lehre von den aus der „Sittenordnung" erwachsenen, allgemeingültigen „Rechtsgütern", die das Strafrecht zu schützen hat, wird in Schweden von vielen, wie z. B. dem Uppsalaer Strafrechtslehrer Alvar *Nelson*, als eine mitunter richtige, oft aber nur naturrechtlich konstruierbare Fiktion verworfen. Man scheidet nunmehr zwischen dem im Gesetz bezeichneten Angriffsobjekt einer Tat und dem (gesellschaftlichen) Interesse, das das Schutzobjekt der Strafdrohung bildet. Liegt bei dem Täter eine Beachtung verdienende Interessenkollision vor, so können Ausnahmen von der Strafbarkeit gelten, die Notwendigkeit einer „Güterabwägung" entfällt damit, immerhin gibt es auch hier eine Proportionalität (z. B. bei Notwehr).

Im Strafgesetzbuch von 1864 beseitigte man nicht den sog. *„objektiven Überschuß"*, der der deutschen „Erfolgshaftung" entspricht, obwohl dieses bedenkliche Erbe aus der Frühzeit blinder Rachetriebe nicht nur die Gerechtigkeit, sondern auch das strafrechtliche Schuldprinzip verletzte. Die einsichtige Umkehr des schwedischen Gesetzgebers erfolgte hier erst 1937 und bei einzelnen Resten sogar erst 1965. Überbleibsel haben sich — wie in der ganzen Welt — bis heute vor allem bei der Fahrlässigkeit erhalten.

Dagegen verbannte man schon damals grundsätzlich die *Analogie-Anwendung* aus dem Strafrecht, und dabei ist es bis heute geblieben. Eng umgrenzte Ausnahmen werden als zulässig angesehen, um völlig unbefriedigende Ergebnisse zu vermeiden. Mit dieser Begründung wendet man manche Regelungen des Allgemeinen Teils, z. B. über die Gültigkeit der Bestimmungen in Zeit und Raum, auch im Nebenstrafrecht an. Die Gesetzesmotive warnen vor der Ausweitung der Strafrechtsnormen durch Analogie.

Das auf das Gesetz von 1864 folgende halbe Jahrhundert ist jenes, von dem eingangs gesagt wurde, daß in ihm *konservative Vorsicht* dominierte, es an eigener Initiative fehlte und Schweden nur im Sog der allgemeinen europäischen Vorwärtsentwicklung bescheidene Verbesserungen einführte. Dies gilt freilich nur für das materielle

Strafrecht, in dem lediglich im Bereich der Vermögenskriminalität gewisse Modernisierungen erfolgten (erst 1934 wurde endlich die Erpressung strafbar), nicht für den sich in der Praxis zwar sehr langsam und unzureichend, aber in seiner Gesamttendenz stetig humanisierenden Strafvollzug. Gewiß konnte bei bestimmten Delikten, bei denen sich der Täter besonders roh oder bösartig verhalten hatte, das Gericht die Verhängung von Freiheitsstrafen noch durch die Anordnung von Dunkelhaft und hartem Nachtlager bis zu dreißig Tagen verschärfen, und bis 1884 gab es sogar auch noch Gefängnis bei Wasser und Brot. Aber diese Vorschriften, die auch für Hausfriedensbruch und Abtreibungen galten, haben zwar ziemlich lange fortbestanden, wurden von den Gerichten jedoch immer seltener angewendet, sie starben gewissermaßen von selbst aus. Im Jahre 1909 wurde nur noch in sechs Fällen zu hartem Nachtlager und in zwei Fällen zu befristeter Dunkelhaft verurteilt. Maßnahmen dieser Art verschwanden mehr und mehr auch als Disziplinarstrafen aus den Strafanstalten. Im übrigen existierten von 1864 bis 1965 zwei verschiedene Freiheitsstrafen, nämlich *„Strafarbeit"* und *„Gefängnis"*, doch führten diese Bezeichnungen allmählich irre. Strafarbeit (keineswegs dem damaligen deutschen Zuchthaus oder ähnlichen ausländischen Institutionen vergleichbar) wurde im Laufe der Zeit zur normalen Freiheitsstrafe, Gefängnis — überhaupt nur bis zu einem Jahr zulässig und in der Praxis schließlich nahezu nie für mehr als höchstens drei Monate verhängt — näherte sich der früheren deutschen Haft (Einschließung). Es wurde — außer als Ersatzfreiheitsstrafe — immer seltener und nur noch für bestimmte Tatkategorien verhängt. Im Vollzug ähnelten sich beide Strafarten mehr und mehr, sie wurden schließlich fast nur noch unterschiedliche Etiketten der gleichen Vollstreckung, wie eine ähnliche Entwicklung auch im Ausland zu beobachten war und ist.

Erwähnenswert aus dieser Zeitepoche vor der Neuorientierung ist das im Jahr 1902 erfolgte erste Eindringen moderner Anschauungen über die kriminellen *Jugendlichen*. Es wurde damals eine Jugendfürsorgeorganisation errichtet, die sich aus Jugendämtern (Jugendfürsorgeausschüssen) zusammensetzte (s. unten). Für kriminell gewordene Minderjährige zwischen 15 und 18 Jahren wurde nach ausländischen Vorbildern, unter denen die in Südengland gelegene, für Jugendliche bestimmte „Trainingsanstalt" Borstal eine entscheidende Rolle spielte, die *Zwangserziehung* geschaffen. Sie bestand bis 1947, wurde dann von einer neuen und umfassenderen Gesetzgebung für Jugendliche abgelöst (s. unten). Immerhin wurde es durch das Gesetz von 1902 dem Richter bereits möglich, in leichteren Fällen Jugendliche davor zu bewahren, eine Freiheits- oder Ersatzfreiheitsstrafe gemeinsam mit erwachsenen Kriminellen zu verbüßen und hierbei durch die verdorbene Anstaltsatmosphäre für immer verhängnisvoll beeinflußt zu werden. Statt dessen konnte das Gericht sie in einer öffentlichen Anstalt unterbringen, wo sie durch geeignete Erziehung, Anleitung, Ausbildung und Behandlung auf den rechten Weg gebracht werden sollten. Dies war ein erster, wenn auch noch unzureichender und mangelhafter Schritt in der rechten Richtung, für das Jahr 1902 ein beachtenswerter Fortschritt. Im Tatstrafrecht dieser Zeit war diese Sonderstellung jugendlicher Täter durchaus keine Selbstverständlichkeit. Erst 1908 wurde in England unter dem Einfluß des Vollzugsreformers Sir Evelyn *Ruggles-Brise* das Borstal-System durch den damaligen Prevention of Crime Act auf ganz England und Wales ausgedehnt.

IX.

Um so stürmischer und revolutionärer wurde seit dem dritten Jahrzehnt des 20. Jahrhunderts die reformerische Aktivität[17]. Der in den zwanziger Jahren zunächst noch zögernd und langsam, aber seit Mitte der dreißiger Jahre immer kraftvoller und radikaler einsetzende Wille, das hergebrachte Strafensystem in seinen kriminalpolitisch wichtigsten Teilen umzugestalten und Neues in einem von Grund auf gewandelten Geist aufzubauen, beruht auf der Überzeugung, daß in den Mittelpunkt des Strafrechts der kriminell gewordene Mensch gerückt werden muß. Es wird deshalb als unerläßlich angesehen, eine ernstere kriminelle Handlung nicht isoliert für sich nur in ihren einzelnen Tatbestandsmerkmalen zu analysieren und sie dann schematisch unter einen Paragraphen zu subsumieren, sondern ihre individuellen und sozialen Ursachen zu erforschen und die Wirkung der Sanktion auf den Täter zu prognostizieren. Dies sind auch heute entscheidende Zielsetzungen. Zweifellos wird das Kriminalgesetzbuch von 1965 hier nur eine Etappe sein.

Das schwedische Strafrecht hat sich hierdurch von einer vor allem spekulativen zu einer vor allem empirischen Wissenschaft entwickelt. Es wurde vom normativen und dogmatischen Bezirk in den sozialen Raum verlegt. Dies schließt nicht aus, daß auch in einem sozial gerichteten Strafrecht sittliche Werte wie Humanität und Menschenwürde ihren Platz haben müssen und ein wichtiges Regulativ der Gesetzgebung und Rechtsprechung bilden. Der Zweck des Strafgesetzes wird aber heute allgemein in Schweden nicht mehr darin erblickt, religiöse oder ethische Prinzipien zu verwirklichen oder abstrakten Postulaten zu genügen, sondern schädliche Konflikte zwischen Staat und Individuum oder unter Einzelpersonen zu verhindern. Die Strafe ist hierbei ein Übel, das dann nicht entbehrlich ist, wenn der Gesellschaft kein humaneres Instrument zu Gebote steht, um das soziale und rechtstreue Verhalten des einzelnen herbeizuführen. Daher

---

[17] Vgl. für die Reformen der vierziger Jahre Gerhard *Simson*, „Le système pénitentiaire en Suède", Recueil de la Commission Internationale Pénale et Pénitentiaire, Bd. 14 (1949), S. 387.

soll die Strafe die Person des von ihr Betroffenen so wenig wie möglich schädigen, sondern im Gegenteil einen möglichst positiven Sinn und Inhalt erhalten. Dies setzt voraus, das Sanktionssystem so elastisch zu gestalten, daß der Richter die für den konkreten Fall geeignetste Sanktion auswählen kann. Er kann dies nur, wenn er nicht nur einen Tatbestand feststellt, sondern so weit wie möglich auch die Persönlichkeit des Täters kennt und berücksichtigt. Dies ist heute keine bloße Zielsetzung mehr, sondern kodifiziertes schwedisches Strafrecht. Es heißt in Kap. 1 § 7 des Kriminalgesetzbuchs, daß das Gericht bei der Wahl der Sanktion unter Beachtung dessen, was zur Aufrechterhaltung der allgemeinen Gesetzesbefolgung (also der Generalprävention) erforderlich ist, besonders in Betracht zu ziehen hat, ob die Sanktion geeignet ist, die Anpassung des Verurteilten an die Gesellschaft zu fördern. Die Verhängung einer Strafe zur Vergeltung oder Sühne würde daher gegen das Gesetz verstoßen.

Der Anstoß zur Wahl dieser Ausgangspositionen kam seinerzeit von außen, Schweden fehlte es in diesem Bereich wohl damals an selbständigen Führungsgestalten. Aber die ausländischen Stimmen, die eine Neuorientierung forderten, fanden in Schweden nicht nur stärkere Bejahung, sondern auch größere Aktionsbereitschaft als in ihrer Heimat. Gewiß gab es auch in Schweden zunächst eine Opposition gegen die Hinwendung zum sog. Täterstrafrecht und zu verwandten Gedanken, aber sie war schwächer als in anderen Ländern.

Im Jahre 1876 hat der italienische Psychiater Cesare *Lombroso* (1836—1909) in der ersten Auflage seines „L'uomo delinquente" (5. Auflage 1897) die revolutionäre Behauptung wissenschaftlich zu unterbauen gesucht, der Schwerverbrecher bilde, wie sich aus bestimmten körperlichen und physiologischen Anomalien ergebe, eine besondere Spezies des Menschengeschlechts, die zwangsläufig und daher ohne eigene Schuld in das Verbrechen getrieben wird[18]. Dieses sensationelle Werk weckte in Schweden wie in der ganzen Welt erstaunte Aufmerksamkeit, wirkte erschreckend wie ein Blitz und zwang alle zur Beschäftigung mit der Verbrecherpersönlichkeit.

Innerhalb und außerhalb von Schweden bezweifelt heute niemand, daß *Lombroso* im entscheidenden Punkt geirrt und die Ergebnisse seiner kriminalanthropologischen Forschungen in unzulässiger, oft sogar unwissenschaftlicher Weise verallgemeinert hat. Es gibt keine geborenen Verbrecher als eine selbständige, abgrenzbare und in sich einheitliche Menschengruppe, sondern es existieren wahrscheinlich nur gewisse durch ihre Anlagen zum Verbrechen zwar nicht prädestinierte, aber disponierte Menschen. Immerhin erscheint vielen schwedischen Kriminalisten Lombrosos These mit der wichtigen

---

[18] Vgl. die Lombroso-Biographie des Verfassers, in Gerhard *Simson*, „Einer gegen Alle", 3. Aufl. 1972, S. 212—300.

Einschränkung akzeptabel, daß in Fällen, in denen die schwer abnorme Struktur eines Menschen mit besonders negativen sozialen Umweltbedingungen zusammentrifft, diese eine so starke Durchschlagskraft erhalten kann, daß sie ihn zwar nicht immer, aber nahezu immer zu antisozialem Verhalten oder ernster Kriminalität treiben wird.

Die berechtigte Kritik an *Lombrosos* Irrtümern und Übertreibungen ändert nicht die Feststellung, daß er für Schweden ebenso wie für die ganze Welt ein gewaltiger Anreger geworden ist. Er hat die Menschen genötigt, die überkommenen Auffassungen von Verbrechen, Verbrecher und Strafe neu zu überdenken und sich mit der Erforschung und Erkenntnis des verbrecherischen Menschen zu befassen. Er hat als Vater der Kriminologie tatsächlich nicht nur — wie es sein großer juristischer Schüler Enrico *Ferri* ausdrückte — neue Horizonte des Strafrechts geschaffen, sondern die Entwicklung der Kriminalpolitik in neuartige Bahnen gelenkt.

In Schweden wurde dies früher als in den meisten anderen Ländern durch den Psychiater Olof *Kinberg*[19] (1873—1960) gefördert. *Kinberg*, die gerichtspsychiatrische Autorität des Landes und ein bedeutender Wissenschaftler, zeigte sich für die Lehren der italienischen Kriminalanthropologie aufgeschlossen, ohne es an selbständiger Kritik fehlen zu lassen. Er hat sich hohe Verdienste um die Erkenntnis der Verbrechensgenese und die Erforschung einer sinnerfüllten Behandlung des Rechtsbrechers erworben[20].

Von der Erkenntnis ausgehend, daß jedem ernsten Verbrechen eine tiefere Ursache zugrunde liegt, die man nicht einfach als „bösen Willen" ansehen und abtun kann, forderte *Kinberg*, diese Ursache mit derjenigen individuell gestalteten Maßnahme zu bekämpfen, die das Rückfallrisiko des Täters am wirksamsten verringert. Gerade bei den schweren und schwersten Verbrechen liegt die wichtigste Verbrechensursache häufig in seelischen Störungen oder Anomalien des Täters. Hier genügt nicht eine medizinische Diagnose, sondern es ist auch nötig, als Sanktion eine psychotherapeutische Behandlungsform zu wählen. In anderen Fällen, in denen die gesellschaftliche Umwelt den entscheidenden kriminogenen Faktor bildet, sind differenzierte sozialtherapeutische Maßnahmen und Eingriffe angebracht. *Kinberg* verlangte daher individualpräventive Sanktionen, die sich nach der

---

[19] Sprich: Chinberj mit langem i.

[20] In fremden Sprachen erschien von Olof *Kinberg* u. a. „Basic problems of criminology", Kopenhagen 1935; „Criminal policy in Sweden during the last fifty years", Journal of Criminal Law and Criminology 1933 (34. Bd.), S. 313; „Strömungen der jetzigen Kriminalpolitik Schwedens", Monatsschrift für Kriminalbiologie und Strafrechtsreform 1942, S. 5; „La psychiatrie criminelle sans métaphysique", Revue de science criminelle et de droit pénal comparé 1949, S. 513; „Les situations psychologiques précriminelles", Zeitschrift „Theoria", Lund-Kopenhagen, Bd. 16 (1950), S. 185.

Natur des einzelnen Täters richten und jeweils abzustufen sind. Hierbei lehnte er es — wie *Ferri* — grundsätzlich ab, daß diejenigen Kriminalreaktionen, die man bisher als „Strafen" bezeichnet hatte, diese Benennung beibehalten.

Ferner hat *Kinberg* schon im Jahre 1917 in seiner Schrift „Über die sog. Zurechnungsfähigkeit" diesen Begriff als mystisch, fiktiv und verwirrend verworfen, und seine nachdrückliche Forderung, ihn nicht mehr zu verwenden, hatte Erfolg. Der Ausdruck „Zurechnungsunfähigkeit" wird im schwedischen Rechtsleben seit langem nicht mehr gebraucht. Unter *Kinbergs* Einfluß wird im Gesetz seit 1945 von dem „Einfluß einer Geisteskrankheit, einer Geistesschwäche oder einer sonstigen seelischen Abnormität so tiefgreifender Art, daß sie als einer Geisteskrankheit gleichstehend angesehen werden muß", gesprochen. Das Problem des psychisch abnormen Täters wurde hierdurch von jener vom Gesetzgeber geforderten biologisch-psychologischen Kombination ungleichartiger Elemente, die den ausländischen Psychiater vor allem in den kriminalistisch so relevanten Grenzfällen überfordert, in den diesem gemäßen rein medizinischen Bezirk verlegt (s. unten). Vor allem ist durch *Kinbergs* Wirken in Schweden der Begriff „verminderte Zurechnungsfähigkeit" seit vielen Jahrzehnten verpönt, weil er ein bloßes Minus zum Ausdruck bringt, statt eine bestimmte psychisch besonders geartete Tätergruppe positiv zu bezeichnen. (Gleiches würde auch für den neuen Ausdruck „verminderte Schuldfähigkeit" gelten, der freilich in Schweden nie gebräuchlich war.)

X.

Neben der sich auf *Lombrosos* und *Ferris* Gedankengut aufbauenden „Positivistischen Schule" Italiens hat besonders Franz *von Liszt* (1851—1919) außerordentliche Wirkungen auf das schwedische Strafrecht ausgestrahlt[21]. *Liszt* hat in Schweden Lehre, Gesetzgebung und Rechtsprechung zwar nicht sofort, aber doch auf manchen Gebieten früher und wirksamer beeinflußt als in seiner Heimat. Die von *Liszt* gemeinsam mit dem Belgier Adolphe *Prins* und dem Holländer G. A. *van Hamel* geschaffene „Internationale Kriminalistische Vereinigung" (IKV) wurde ein wichtiger Motor des neuen Reformwillens und fand bedeutende schwedische Mitkämpfer, die nach *Liszts* Tod die Kriminalpolitik in seinem Geist neu gestalteten.

Liszts umfassende kriminalpolitische Zielsetzungen, erstmalig im sog. „Marburger Programm" (1883) skizziert, später ausgebaut, sind so bekannt, daß sie nur in Stichworten wiedergegeben zu wer-

[21] Vgl. Gerhard *Simson*, „Franz von Liszt und die schwedische Kriminalpolitik" in der Festschrift für Karl Schlyter, Stockholm 1949, S. 308, und (gleichlautend) in Zeitschrift für die gesamte Strafrechtswissenschaft, Bd. 63 (1951), S. 274.

den brauchen: Überwindung der Vergeltungsidee durch eine soziale Zweckstrafe, Gesellschaftsschutz als entscheidende Strafrechtsgrundlage, Intensivierung einer verbrechensverhütenden Sozialpolitik, Betonung der Individualprävention durch die Täterbezogenheit jeder Kriminalsanktion, Scheidung des Gewohnheitsverbrechers vom Gelegenheitstäter, Erweiterung und Differenzierung des Reaktionssystems, Heraufsetzung des Strafmündigkeitsalters (damals in Deutschland nur 12 Jahre), Bekämpfung der kurzen Freiheitsstrafe, Sonderbehandlung jugendlicher, trunksüchtiger, arbeitsscheuer und psychisch abweichender Krimineller, Ausbau der aus dem Jugendrecht erwachsenen Umerziehungsfunktion der Strafe, Einbeziehung heilender, bessernder und sichernder Maßnahmen ohne Strafcharakter, Individualisierung und Effektivierung des Strafvollzugs unter Überwindung des unmenschlichen Philadelphiasystems, völlige soziale Rehabilitierung und Wiedereingliederung des Strafentlassenen. *Liszt* schied drei Täterkategorien mit drei Strafzwecken: Abschreckung des Augenblickstäters, Besserung des Besserungsfähigen und Unschädlichmachung des Unverbesserlichen.

Man darf sich die Wirkung von *Lombroso* und *Liszt,* die trotz ihrer vielen Gemeinsamkeiten der Zielsetzung untereinander in hitzigem Kampf über Grundfragen lagen, keineswegs so vorstellen, daß die neuen Lehren in Schweden unmittelbar zu allen geforderten Reformen führten. Auch in den nordischen Ländern erhoben sich angesichts des damaligen Konservativismus zunächst zweifelnde Stimmen, bevor diese umstürzenden Gedanken zur gesetzgeberischen Wirklichkeit werden konnten. Zudem ist hier eine Einschränkung nötig. *Liszt* hat seine kriminalpolitischen Postulate nie humanitär, sondern stets utilitaristisch und rational motiviert. Er überschätzte auch ganz wesentlich den zahlenmäßigen Anteil der Gewohnheitsverbrecher an der Gesamtkriminalität. In seinen Anfängen hat er brutale Maßnahmen gegen Schwerverbrecher gefordert, die dem Heutigen unbegreiflich erscheinen. So verlangte er im „Marburger Programm" gegen Gewohnheitsverbrecher Prügel und Fasten, den „entehrenden" Charakter unbefristeter Internierung in Sonderarbeitsanstalten, ja er regte an, diese neue Strafe als „Strafknechtschaft" zu bezeichnen[22]. Derartige Gedanken konnten im humaneren Schweden naturgemäß keinen Anklang finden, wenn auch im benachbarten Dänemark tatsächlich im Jahre 1905 die Prügelstrafe für Männer zwischen 18 und 55 Jahren als Ergänzung der Freiheitsstrafe für bestimmte Unzuchtsdelikte und andere Straftaten wiedereingeführt wurde. Auch wird man rückschauend feststellen, daß eigentlich nur Franz *von Liszt* selbst, nicht seine bedeu-

[22] Franz *von Liszt,* „Der Zweckgedanke im Strafrecht", Marburg 1883, neu abgedruckt in Erik *Wolf,* „Quellen zur Geschichte der deutschen Rechtswissenschaft", Frankfurt 1949, S. 466 f.

tenden deutschen Schüler wirklichen Widerhall in Schweden gefunden haben. Dies gilt auch für Gustav *Radbruch*, der im Norden fast unbekannt geblieben ist, obwohl sich gerade bei ihm in der Verbindung des Präventionsziels mit humanitären Prinzipien Parallelen gefunden hätten.

Für *Liszt* trat neben vielen anderen, zu denen auch der Stockholmer Strafrechtslehrer Nils *Stjernberg*[23] gehörte, vor allem der sehr aktive, einflußreiche und bedeutende Johan C. W. *Thyrén* (1861—1933) ein. Er leitete eine neue Ära ein.

XI.

Thyrén, Rektor der Universität Lund und Mitglied des Reichstags, war ein ungewöhnlich vielseitiger Geist, der nacheinander als Dozent für Philosophie, Dozent für Geschichte und Professor des Strafrechts wirkte. Er hat die zweite Hälfte seines Lebens der Entwicklung und rationalen Rechtfertigung der neuen strafrechtlichen Gedanken und der Schaffung eines sie verwirklichenden Strafgesetzbuchs gewidmet. Sein Strafgesetzentwurf, mit dessen Fertigung ihn die Regierung im Jahre 1909 betraute, erschien, nachdem er zunächst ein grundlegendes strafrechtliches Werk über Prinzipienfragen geschrieben hatte, mit umfassenden Begründungen in dreizehn Teilen (1916—1933). *Thyrén* war von *Liszt* und dessen soziologischer Strafrechtsschule beeinflußt, wenn er auch Vorbehalte machte, in manchen Grundideen weniger radikal, aber in vielen Fragen strenger als *Liszt* war. Es liegt eine gewisse Tragik darin, daß es *Thyrén* bei der Schaffung des neuen Gesetzes im wesentlichen nur vergönnt war, Vorarbeiten zu leisten. Die Zeit war offenbar für vieles noch nicht reif. Auch als er schwedischer Justizminister war (1926—1928), fand er bei Reformen, die ihm am Herzen lagen, nicht immer die Zustimmung des Reichstags. Anders war es nur mit den speziellen Schutzmaßnahmen ohne Strafcharakter, die er gegen von ihm als „atypisch" bezeichnete, für das Gefängnis ungeeignete Täterkategorien gefordert hatte. Zu ihnen rechnete er Heranwachsende, chronische Kriminelle, alkoholisierte und parasitäre Rechtsbrecher. Hier bedeutete es für ihn einen bedeutenden Teilerfolg, daß die von ihm selbst entworfenen Gesetze über die zeitunbestimmte *Sicherheitsverwahrung* abnormer chronischer Täter und die *Internierung* anderer Gewohnheitsverbrecher im Jahre 1927 verabschiedet wurden. Und immerhin durfte er drei Jahre nach seinem Abgang als Minister auch noch die von ihm erdachte radikale Reform der schwedischen *Geldstrafe* miterleben, nachdem Finnland seine Idee bereits im Jahre 1921 verwirklicht hatte.

Der Allgemeine Teil von *Thyréns* Gesetzentwurf und seine auch heute noch lesenswerten „Prinzipien einer Strafgesetzreform" (1910)

[23] Sprich: Schernberj.

sind in deutscher Übersetzung erschienen und Gegenstand deutscher Zustimmung oder Kritik geworden[24]. Die beste deutschsprachige Wiedergabe seiner Ideen stammt aus der Feder des ihm geistesverwandten Schweizer Kriminalisten Carl *Stooss*[25].

Thyrén betonte unter *Liszts* Einfluß die Individualprävention und verlangte, die strafrechtliche Reaktion nach der Persönlichkeit des Täters abzustufen. Aber er bejahte nicht nur — ebenso wie *Liszt* — die auf Abschreckung gerichtete generalpräventive Funktion der Strafe, sondern er hielt gewisse Konzessionen an die klassische Vergeltungsidee für noch unvermeidbar. Er begründete sie mit humanitären Erwägungen, aber vor allem mit der notwendigen Rücksichtnahme auf das „Rechtsgefühl" des Volkes. Er formulierte dies einmal so: „Die Prävention muß kapitulieren, wenn sie eine wesentlich strengere Behandlung erheischen sollte, als mit dem Vergeltungsprinzip verträglich wäre" („Prinzipien", deutsche Ausgabe S. 45). Als Justizminister erklärte er 1927 im Reichstag: „Es würde die Volksmeinung verwirren, wenn wegen der Natur der einzelnen Täter für die gleiche Tat gegen den einen zwei Monate Gefängnis und gegen den anderen zwei Jahre Strafarbeit verhängt werden würden". Im heutigen Schweden werden auf diesem Gebiet zwar nicht „Rechtsgefühl" und „Volksmeinung" herangezogen, zumal diese auch viel zu harte Sanktionen fordern können, doch ist es allenthalben ein ungeschriebenes, aber selbstverständliches Gesetz, daß die Generalprävention nach oben stets durch den Grundsatz der Humanität begrenzt wird. Auch die Gerichte halten sich hieran, generelle Klagen über eine Mißachtung dieser Grenze sind nie laut geworden.

Von eigenartiger Bedeutung wurde die im Ausland wenig bekannt gewordene, in Schweden umso mächtigere Philosophie der sog. *Uppsala-Schule*. Sie hat — in gewissem Umfang bis zum heutigen Tage — die schwedische Geistesart auf zahlreichen und sehr unterschiedlichen Gebieten des Denkens, der Methodik und der Zielsetzung mit außerordentlicher Stärke beeinflußt, zumal sie vor

---

[24] Johan C. W. *Thyrén*, „Vorentwurf zu einem schwedischen Strafgesetzbuch", Lund 1918 u. 1919; *ders.* „Prinzipien einer Strafgesetzreform" Teil I, Berlin 1910. Von dem streitbaren Münchener Liszt-Gegner Karl *von Birkmeyer* erschien eine gegen *Thyrén* gerichtete kritische Gegenschrift. Vgl. von sonstiger deutscher Literatur Uno *Hammarlöv*, „Das Strafsystem im Vorentwurf zu einem schwedischen Strafgesetzbuch" (Diss.), Bern 1927 und Johann *Conrad*, „Die Strafe in Thyréns förberedande utkast unter Berücksichtigung der deutschen Reform" (Diss.), Greifswald 1924/25. Auch viele heute überholte strafrechtliche Monographien *Thyréns* erschienen in deutscher Sprache.

[25] Carl *Stooss*, „Thyréns Präventionstheorie und der schwedische Strafgesetzentwurf", Schweizer Zeitschrift für Strafrecht, Bd. 31 (1918), S. 1.

allem auf den Hochschulkathedern viele Anhänger fand. Gründer der Uppsala-Philosophie war Axel *Hägerström* (1868—1939), der mit nachdrücklichster Entschiedenheit die Metaphysik und die idealistische Philosophie ablehnte. *Hägerström* hat sich — ohne Jurist zu sein — sehr viel mit rechtsphilosophischen und rechtsdogmatischen Problemen beschäftigt und einen „Rechtsrealismus" begründet[26].

Die Uppsala-Philosophie hat tief auf das Rechtsdenken in Schweden eingewirkt, sich auch mit dem Strafrecht befaßt und vor allem seine Lösung von Religion und Metaphysik gefördert[27]. Von führenden Juristen, die von *Hägerström*, dem ihm nahestehenden Philosophen Adolf *Phalén* (1884—1931) und den vielen anderen, oft sehr scharfsinnigen Vertretern dieser Schule beeinflußt waren, sind vor allem der Zivilrechtsprofessor und langjährige sozialistische Reichstagsabgeordnete Vilhelm *Lundstedt* in Uppsala (1882—1955) und der Rechtsphilosoph und Prozessualist Karl *Olivecrona* in Lund (geb. 1899), Juristen großen Formats, zu nennen[28].

Für *Hägerström* ist das einzig Existierende das in Zeit und Raum Gegebene. Die Uppsala-Schule kritisiert analytisch den Begriff der objektiven Werte und gelangt — nur dies kann hier behandelt werden — zu einem sog. *„Wertnihilismus"*. Für sie stellt jede Wertung nicht eine Eigenschaft des Objekts fest, sondern sie gibt überhaupt nur eine Gefühlslage des Wertenden wieder. Sätze wie „Dieses Bild ist schön" oder „Diese Tat ist böse" haben nichts mit Eigenschaften von Gegenstand oder Handlung zu tun, sondern werden lediglich von einem mit ihnen verbundenen Gefühl des Wertenden (seiner Lust oder Unlust, seinem Behagen oder Abscheu usw.) bestimmt. Da sich Gefühl und Wert unmöglich miteinander identifizieren lassen, sind daher alle Werte „subjektivistisch" und können weder wahr noch unwahr sein. Dies gilt auch für die Normen des Strafgesetzbuchs.

---

[26] Axel *Hägerströms* juristische Schriften sind großenteils in deutscher Sprache erschienen, u. a. „Der römische Obligationenbegriff im Licht der allgemeinen römischen Rechtsanschauung", Uppsala 1926, „Eine Kelsen-Kritik", in „Litteris", Lund 1928 und „Das magistratische Jus in seinem Zusammenhang mit dem römischen Sakralrecht", Uppsala u. Leipzig 1929. Zu verweisen ist auf *Hägerströms* Beitrag in „Die Philosophie der Lebenden in Selbstdarstellungen", 1929, Bd. VII.

[27] Vgl. Hans-Heinrich *Vogel*, „Der skandinavische Rechtsrealismus" (Alfred Metzner Verlag), Frankfurt 1972 (kenntnisreich und instruktiv, aber leider das Strafrecht nicht behandelnd).

[28] Von Vilhelm *Lundstedt* erschien in deutscher Sprache „Die Unwissenschaftlichkeit der Rechtswissenschaft", Berlin 1932, Bd. 2, Teil I, Berlin u. Leipzig 1936. In Bd. I sind auch andere deutschsprachige Schriften des Verfassers aufgeführt (S. 19). Von Karl *Olivecrona* erschien deutsch „Gesetz und Staat", Kopenhagen u. Leipzig 1940 sowie „Der Imperativ des Gesetzes", Kopenhagen 1942, englisch „Law and Facts", 2. Aufl., London 1971. (Weitere Rechtsliteratur der Uppsala-Schule in dem Buch von *Vogel*, S. 75).

Der Gesetzgeber kann nicht feststellen, daß bestimmte Taten die objektive Eigenschaft „böse" oder „unrecht" haben, sondern sie nur zur Erhaltung der von ihm gewünschten gesellschaftlichen Ordnung durch Strafdrohungen zu verhindern suchen. Nach der Lehre der Uppsala-Schule hat die „Kriminalisierung" daher die ausschließliche Aufgabe, *moralbildend* und *moralstärkend* zu wirken, indem sie allmählich die Menschen — ihnen mehr oder weniger unbewußt — hemmt, ihren sozialschädlichen Eingebungen oder Wünschen zu folgen.

Die Auffassung der Strafe als einer der Moralbildung und Moralstärkung dienenden gesellschaftlichen Einrichtung fand in Schweden weite Verbreitung und spielt auch heute eine Rolle. In ihrem Ergebnis bedeutet die Uppsala-Lehre die Rückkehr zur reinen Generalprävention, doch hat diese nicht mehr Abschreckung, sondern volkserzieherische, normenstützende, Pflichtgefühl erzeugende Moralbeeinflussung zu ihrer Aufgabe. Angesichts des Wertnihilismus *Hägerströms* ist hierbei aber Moral, die ja keine objektiven Wahrheiten und Werte zugrundelegen kann, etwa gleichbedeutend mit Gesetzesbefolgung.

Auch für *Hägerströms* Schüler Vilhelm *Lundstedt* machte das Staatswohl, d. h. der Gesellschaftsnutzen, unvermeidbar, daß bestimmte Handlungen durch unterschiedliche, nach ihrer sozialen Bedeutung abgestufte Strafdrohungen mißbilligt werden, da nur dies den Menschen zu innerer Ablehnung und tatsächlicher Unterlassung der von der Gesellschaft als schädlich angesehenen oder als minderwertig empfundenen Taten veranlassen kann. Er distanzierte sich hierbei völlig von der Bejahung der „Schuld" des Rechtsbrechers als eines sittlichen Rechtfertigungsgrundes der Strafe. Vielmehr sah er — ähnlich wie Enrico *Ferri* und die Positivistische Strafrechtsschule Italiens — ihre Rechtfertigung lediglich in ihrer sozialen Unentbehrlichkeit, damit sich die Gesellschaftsordnung nicht in das Gegenteil einer Ordnung, also in eine Anarchie oder einen Dschungel verwandelt. *Lundstedt,* trotz seiner eminenten juristischen Kenntnisse ein leidenschaftlicher Extremist, ging einmal so weit, jeden bestraften Verbrecher wegen des Fehlens seiner Willensfreiheit und des nur subjektivistischen Unrechtsgehalts seiner Tat als einen „Märtyrer" zu bezeichnen. Er hat *Thyrén* wegen seiner Beeinflussung durch *Liszts* Lehren und seiner Bejahung des Schuldprinzips in zwei Schriften scharf und hitzig angegriffen. Dieser blieb ihm freilich ebenso heftige Antworten nicht schuldig (1920 und 1921).

XII.

Die gesetzgeberische Ausbeute der umfassenden Vorarbeiten *Thyréns* war — wie schon erwähnt — zunächst nicht groß, die Reformen erfaßten in dieser Epoche nur Einzelgebiete. *Thyréns* Strafgesetzentwurf ist überhaupt nie Gesetz geworden, die Beratungen über ihn blieben stecken.

Im Jahre 1906 — also noch vor *Thyréns* Wirken — war die *bedingte Verurteilung* eingeführt worden. Dies war sehr einschneidend, aber relativ nicht sehr früh, denn schon seit 1858 gab es sie in Massachusetts, wo sie auf die Initiative des Schuhmachers John *Augustus* in Boston, eines religiösen Aktivisten zurückging, der der erste freiwillige „Probation-Officer" wurde, seit 1887 in Großbritannien, seit 1888 in Belgien, seit 1891 in Frankreich und seit 1894 in Norwegen. Man begnügte sich in Schweden mit damaliger konservativer Vorsicht damit, das belgisch-französische Vorbild des „Sursis" zu übernehmen, d. h. den bedingten mehrjährigen Aufschub der Strafvollstreckung (Bewährungsfrist) bei Ersttätern im Fall ihrer Verurteilung bis zu drei Monaten Strafarbeit oder sechs Monaten Gefängnis. Den kriminalpolitischen Gedanken der angloamerikanischen Probation, der aktivierten, sich unter Mitwirkung von Bewährungshelfern vollziehenden, resozialisierenden Kriminalbehandlung in Freiheit, die an die Stelle der Verurteilung zu einer kurzen Freiheitsstrafe tritt, wagte man noch nicht zu übernehmen. Erst 1918, also nach zwölf Jahren, erweiterte man den Anwendungsbereich der bedingten Verurteilung und baute sie im Kampf gegen die kurzfristige Freiheitsstrafe durch eine richterliche Alternative zwischen Sursis und überwachter Probation aus. Dies war damals ein bemerkenswerter Fortschritt, ein erster Auftakt zur späteren Entwicklung[29].

Im Jahre 1906 war man ferner nach langem Zögern dem irischen Vorbild (Sir Walter Frederick *Crofton*) gefolgt, die bedingte Entlassung (Parole) als letzte Stufe jenes Progressionsstrafvollzugs einzuführen, der den Gefangenen zu guter Führung veranlassen sollte[30]. Schon lange zuvor hatte der angesehene schwedische Strafrechtsprofessor Knut *Olivecrona* die bei Dublin gelegene Anstalt Lusk besucht und die Nachahmung empfohlen, der damalige Strafvollzugschef *Wieselgren* war ihm im Jahre 1890 mit einem Vorschlag gefolgt. Die bedenklichen Schattenseiten des Stufenstrafvollzugs sah man damals nicht. Auch gab es bei der bedingten Strafentlassung zu dieser Zeit noch nicht jene resozialisierende und stützende Behandlung in Freiheit, die gerade nach langer Anstaltszeit sozial so notwendig ist, damit der unmittelbare Übergang von totaler Unfreiheit zu totaler Freiheit wegen des Fehlens einer überwachten Zwischen-

[29] Vgl. Gerhard *Simson*, „Bedingte Verurteilung", Zeitschrift für die gesamte Strafrechtswissenschaft Bd. 64 (1952), S. 140.

[30] Vgl. Gerhard *Simson*, „Die bedingte Freilassung im modernen Recht", Zeitschrift für die gesamte Strafrechtswissenschaft Bd. 67 (1955), S. 48; *ders.*, „Aperçu législatif de la législation sur la libération conditionnelle", Revue de Science Criminelle et de Droit Pénal Comparé 1955, S. 257.

stufe nicht den raschen Rückfall des Entlassenen verschuldet. Immerhin hatte *Crofton* die bedingt Entlassenen, die das sog. „ticket of leave“ erhalten hatten, überwachen lassen, wenn auch durch Polizeibeamte.

Im Jahre 1921 war in Übereinstimmung mit einer Initiative *Thyréns,* der damals die fragliche Gesetzgebungskommission leitete, die *Todesstrafe* gefallen. Wie erwähnt war sie einst eine sehr häufige Strafart, und sogar noch in der zweiten Hälfte des 18. Jahrhunderts waren im dünnbesiedelten Schweden 1300 Todesurteile ergangen. Während eines einzigen Jahrzehnts sind damals allein neunzig Frauen wegen Kindestötung mit dem Beil hingerichtet worden. Ihr Anwendungsbereich wurde sukzessiv verkleinert. Im Jahre 1823 fiel sie bei der Veruntreuung öffentlicher Gelder, 1835 beim Postdiebstahl, 1855 bei qualifiziertem Diebstahl und 1858 bei Fälschungen. Als man im Jahre 1921 die Todesstrafe abschaffte, war sie in der Praxis schon verschwunden, die vorletzte Hinrichtung hatte im Jahre 1900, die letzte im Jahre 1910 stattgefunden. Norwegen war bereits 1902 vorausgegangen, Portugal sogar schon 1867, Holland 1870 und Brasilien 1890. Der sehr bedeutende damalige Justizminister Birger *Ekeberg* vertrat wirksam die die Abschaffung fordernde Regierungsvorlage. Die Debatten des Reichstags standen auf hohem Niveau, namentlich in der Ersten Kammer erörterten führende Juristen sorgsam abwägend das Für und Wider. Man behielt damals die Todesstrafe noch in den sog. Kriegsartikeln, d. h. im Kriegs- und sonstigen Bereitschaftsfall bei Hochverrat, Aufruhr u. a. bei. Erst 1973 ist sie auch aus diesem Bereich entfernt worden. Seit 1975 ist die Unzulässigkeit der Todesstrafe in der neuen Verfassung festgelegt (Kap. 8 § 1).

XIII.

Die bedeutendste Reform dieser Zeit ist die schon erwähnte radikale Umgestaltung der *Geldstrafe.* Sie wurde auf der Grundlage von *Thyréns* Ideen im Jahre 1931 von dem damaligen Justizminister Natanael *Gärde*[31], dem späteren Schöpfer des neuen Prozeßgesetzbuchs und anderer wichtiger Gesetze, wiederaufgenommen, durchgesetzt und durchgeführt.

Thyréns Gedanke, seit 1975 u. a. auch in der Bundesrepublik Deutschland (§ 40) und in Österreich (§ 19) im Gesetz verwirklicht, ist so einfach, daß man ihn fast als genial bezeichnen kann. Es erscheint, wenn man von kleinen Gesetzesübertretungen absieht, ineffektiv und nicht gerecht, daß der sehr Reiche, der Angestellte mit durchschnittlichem Einkommen und der Arme für die gleich schwere Tat zu einer gleich

[31] Sprich: Järde. Vgl. Gerhard *Simson* in Zeitschrift für Zivilprozeß Bd. 64 (1950), S. 80.

hohen Geldstrafe verurteilt werden. Andererseits ist es unangemessen, unbegründet und ungerecht, den Wohlhabenden durch eine höhere Strafe stärker zu diffamieren als den Unbemittelten[32].

Entsprechend *Thyréns* Idee setzt sich die als *Tagesbußen* (dagsböter) bezeichnete Geldstrafe aus zwei verschiedenen Teilen, ihrer Anzahl (1—120) und ihrem Betrag (derzeit 2—500 Kronen), zusammen. Jemand wird z. B. zu 20 Tagesbußen (Tagessätzen) à 30 Kronen verurteilt. Die Anzahl — 20 — wird vom Gericht auf Grund der Straftat und aller bei ihrer Würdigung zu berücksichtigenden Umstände festgesetzt. Die Höhe des vom Gericht gleichzeitig bestimmten Betrages — 30 — richtet sich ausschließlich nach der finanziellen Lage des Verurteilten und ist so festzusetzen, wie dies im Hinblick auf das Einkommen, das Vermögen, die Unterhaltspflichten und die sonstigen wirtschaftlichen Verhältnisse des einzelnen angemessen erscheint. Bei geringfügigen Fällen ist eine Senkung zulässig. Der von *Thyrén* und dem Dänen Carl *Torp* entwickelte Begriff „Tagesbuße" wurde gewählt, weil der Richter prüfen soll, wieviel jemand täglich entbehren kann, ohne in Not zu geraten oder seine Zahlungs- und Unterhaltspflichten zu gefährden. Als Ausgangspunkt wird in der Literatur und Praxis zumeist ein Tausendstel des Jahreseinkommens, also etwa ein Drittel des Tageseinkommens im Zeitpunkt des Urteilsspruchs, angesehen. Der vom Verurteilten an die Staatskasse zu entrichtende Gesamtbetrag — derzeit mindestens 10 und höchstens 60 000 Kronen — wird damit sehr variabel. Aber nur die Anzahl der Tagesbußen gibt über die richterliche Beurteilung der Straftat und ihren Schweregrad Auskunft, nur sie ist das Strafmaß, und nur sie ist von kriminalistischer Erheblichkeit.

Diese Reform von 1931 hat sich seitdem sachlich und psychologisch völlig durchgesetzt, und nicht nur der Jurist, sondern auch die Allgemeinheit einschließlich der Presse und sonstigen Massenmedien sieht nur noch in der Anzahl der verhängten Bußen das erwähnenswerte Element der einzelnen Strafe. Man kann sagen, daß das anfangs umkämpfte Tagesbußensystem heute als solches außerhalb aller schwedischen Diskussionen steht und seine Prinzipien deshalb unverändert in das Kriminalgesetzbuch übernommen worden sind. Dies schließt nicht aus, daß mitunter immer noch schwierige, kontroverse Einzelfragen, die bei der verläßlichen Errechnung der Höhe des Tagesbußenbetrags auftauchen, debattiert werden. Gewisse Schablonisierungen bei der Beurteilung der wirtschaftlichen Verhältnisse und bestimmte unvermeidliche Schematisierungen der zulässigen Abzüge haben sich gut bewährt, andere

---

[32] Vgl. für alle Einzelheiten Hans *Thornstedt*, „Skandinavische Erfahrungen mit dem Tagesbußensystem", Zeitschrift für die gesamte Strafrechtswissenschaft, Bd. 86 (1974), S. 595.

sind nicht unumstritten. Gewisse Reformen erscheinen — ganz abgesehen vom Problem der Geldentwertung — nicht unmöglich[33].

Die *direkt in einem bestimmten Betrag festgesetzten Geldstrafen* (penningböter) sind von *Thyrén* als Strafen für leichte Delikte nicht beseitigt worden. Sie existieren auch heute, und ihre Abschaffung ist derzeit keineswegs beabsichtigt. Im Gegenteil erlaubt das Nebeneinander von Tagesbußen für schwerere Delikte und von festen Geldstrafen (bis zu 500 Kronen) für leichtere Gesetzesverletzungen eine erwünschte Differenzierungsmöglichkeit, die vor allem im sog. Nebenstrafrecht (in Schweden spricht man vom Spezialstrafrecht) kaum entbehrlich erscheint. Im Kriminalgesetzbuch existiert die feste Geldstrafe derzeit nur noch bei öffentlicher Trunkenheit und Erregung öffentlichen Ärgernisses als zulässige Sanktion (s. unten).

XIV.

Nach *Thyréns* Tod ging die kriminalpolitische Führung in die starken Hände von Karl *Schlyter* (1879—1959), einem jüngeren Vetter *Thyréns* (und wie dieser ein Enkel des großen Erforschers der nordischen Rechtsquellen Carl Johan *Schlyter*) über. Damit begann in einander rasch folgenden Etappen jene umwälzende Reformepoche, deren schließliches Ergebnis das 1962 vom Reichstag verabschiedete, auf Grund des Einführungsgesetzes (Promulgationsgesetzes) von 1964 am 1. Januar 1965 in Kraft getretene Kriminalgesetzbuch geworden ist.

Die raschen, ja überraschenden Erfolge Karl *Schlyters* als des bis in sein hohes Alter unablässig treibenden Motors der schwedischen Strafrechtserneuerung verdanken ihr Zustandekommen gewiß auch dem gewandelten Zeitgeist, der neuen sozialen Sicht auf den Rechtsbrecher und dem Durchbruch kriminologischer Erkenntnisse, aber vor allem seiner ungewöhnlich kraftvollen, trotz seiner demokratischen, humanen und sozialen Denkungsart sehr autoritären und eigenwilligen Persönlichkeit. Hierzu kam seine intuitive Fülle von Lösungsideen, seine überlegene Formulierungsfähigkeit, seine taktische Geschicklichkeit, aber vor allem seine in wesentlichen Fragen unnachgiebige Energie und Beharrlichkeit[34]. Er war nicht nur Jurist (Oberlandesgerichtspräsident in Malmö), sondern auch aktiver Politiker und Abgeordneter. Infolge einer großen Fülle, ja Überfülle von öffentlichen Ämtern und Aufträgen (er war auch fast ein Jahrzehnt

---

[33] Siehe „Grundlagen der Berechnung des Tagesbußenbetrags bei Strafbescheiden", Rundschreiben des schwedischen Reichsanklägers, übersetzt von Gerhard *Simson*, Zeitschrift für die gesamte Strafrechtswissenschaft Bd. 86 (1974), S. 608.

[34] Vgl. Gerhard *Simson*, „Nachruf auf Karl Schlyter", Zeitschrift für die gesamte Strafrechtswissenschaft Bd. 72 (1960), S. 264.

lang der sehr aktive Vorsitzende des Rechtsausschusses des Reichstags und sechsunddreißig Jahre lang Herausgeber der „Svensk Juristtidning“) konzentrierte sich bei ihm so viel an tatsächlicher Einflußmöglichkeit, daß er alle seine rechtspolitischen Pionierideen — als Jurist war er keineswegs nur Kriminalist — früher oder später zu verwirklichen vermochte. Vieles im Bereich seiner Kriminalpolitik erschien nur damals radikal, ist heute längst Allgemeingut, manches hat, ohne daß dies bekannt ist, indirekt mit der Zeit auch das ausländische Strafrecht beeinflußt und verändert. Vieles andere erscheint begreiflicherweise dem Heutigen als unzureichend.

Schlyter war an theoretischen, abstrakten und dogmatischen Problemen kaum interessiert, er war ein Pragmatiker der Kriminalpolitik, der seine einzige Aufgabe darin sah, das Verbrechen wie eine Seuche oder Landplage als ein gesellschaftlich schädliches Phänomen zwar unter selbstverständlicher Wahrung von Rechtsstaatlichkeit, Menschlichkeit und Menschenachtung, aber ohne „Moralisieren“ zu bekämpfen und zu vermindern. Das gesellschaftliche Reaktionssystem sollte sich nicht an irgendeiner abstrakten Idee orientieren, sondern ein praktisch brauchbares Instrument werden, um den einzelnen Rechtsbrecher unter Berücksichtigung der generalpräventiven Notwendigkeiten der Gesellschaft anzupassen oder wiederanzupassen. Er sah die gesamte Strafrechtsaufgabe etwa so, wie man sie damals im Ausland nur im Jugendstrafrecht gesehen hat. Dies setzte die wirklichkeitsnahe Differenzierung, zielbewußte Effektivierung und kriminologisch indizierte Individualisierung der staatlichen Bekämpfungsmaßnahmen voraus[35]. Ähnlich wie Enrico *Ferri* (1856—1929) und dessen italienischer Strafgesetzentwurf von 1921 lehnte *Schlyter* den Begriff „Strafe“ als metaphysisch ab und wollte ihn durch das neutrale Wort „Sanktion“ ersetzen, was er allerdings nicht voll erreichte. Einer internationalen kriminalpolitischen Schule oder Organisation schloß er sich nie an, auch nicht der „Défense Sociale“.

Als Karl *Schlyter* im Jahre 1934 schwedischer Justizminister war, gab er den Startschuß der neuen Kriminalpolitik durch einen öffentlichen Vortrag ab, dem er den charakteristischen Titel gab: „Avfolka fängelserna“ (Entvölkert die Gefängnisse). Der Vortrag erregte weit über die Fachkreise und seine eigene Partei hinaus außerordentliches Aufsehen, fand überall Zustimmung und wurde der Wegweiser der neuen kriminalpolitischen Marschrichtung. Man hielt *Schlyters* Programm damals für ein weitliegendes Fernziel. Aber es wurde rasch zu sichtbarer Realität. Als *Schlyter* diesen Vortrag hielt, wurden jährlich 17 000 Personen in die Gefangenenanstalten eingeliefert, anderthalb Jahrzehnte danach waren es nur noch 7000.

---

[35] Gerhard *Simson*, „Grundzüge der schwedischen Kriminalrechtsreform“ (Verlag C. H. Müller), Karlsruhe 1966.

Dies ist ein Ergebnis, das eindrucksvoll bleibt, auch wenn die spätere Kriminalität die Zahlen änderte. Im Jahre 1972 gelangten 10 599 Verurteilte in ein Gefängnis, im Jahre 1973 waren es 9963.

Ein Vergleich der Gesamtzahlen von damals und heute muß jedoch ohne Analyse irreführen. Von den Gefängnisinsassen des Jahres 1972 waren 4120 wegen schwerer Verkehrstrunkenheit dorthin gelangt. Nicht weniger als 39 % aller Gefangenen waren somit verurteilt, weil sie beim Führen eines Motorfahrzeugs eine Blutalkoholkonzentration von über 1,5 Promille aufwiesen (§ 4 Verkehrsstrafgesetz). Die Verkehrstrunkenen hatten hierdurch den höchsten Anteil an der gesamten Gefängnisbelegung; auf Diebstahl, schweren Diebstahl und andere sog. Zueignungsdelikte entfielen nur 20 %, auf Gewalttaten (vorsätzliche Tötungen und schwere Körperverletzungen) 14 %, auf Narkotikahandel 4 %. Die schwedischen Gerichte pflegen bei schwerer Verkehrstrunkenheit aus generalpräventiven Motiven fast immer (nicht bedingte) Gefängnisstrafen von 1—2 Monaten zu verhängen und nur bei Alkoholgehalt zwischen 0,5 und 1,5 Promille (sog. Nichtnüchternheit) erfolgen Geld- oder sonstige Strafen. Da die Motorisierung von 1950 nur etwa ein Achtel der von 1972 betrug (1950: 340 000, 1972: 2,6 Millionen Autos), hatten damals Gefängnisurteile wegen Verkehrstrunkenheit einen sehr viel bescheideneren Umfang. Dies entstellt jeden kriminalistisch sinnvollen Zahlenvergleich. Verkehrstrunkenheit ist ein Sonderdelikt, das sich anderer ernster Kriminalität nicht gleichsetzen läßt.

Eine künftige Wende kann in gewissem Umfang nicht unmöglich erscheinen und wird derzeit erörtert. Nach neueren schwedischen Untersuchungen handelt es sich bereits bei den Verkehrstrunkenen mit einem Alkoholgehalt von über 1,2 Promille überwiegend um Personen mit ernsten sonstigen Alkoholproblemen, so daß bei diesen für ihre Mitmenschen besonders gefährlichen Tätern die Gefängnisverbüßung wenig nützt. Kraftfahrer, die keine Alkoholiker, sondern nur gelegentlich schwerbetrunken sind, pflegen sich in diesem Zustand heute sehr viel seltener an ein Steuerrad zu setzen. Eine amtliche Kommission hat daher vorgeschlagen, zur Bekämpfung der schweren Verkehrstrunkenheit von Alkoholikern andere Sanktionen als Gefängnis in den Vordergrund zu rücken, insbesondere die gerichtliche Einweisung in die soziale Alkoholbekämpfungsfürsorge (s. unten), Schutzaufsicht und Führerscheinentzug. Wird dies zur Regel, so würden sich vermutlich die schwedischen Gefängnisse erneut „entvölkern", und ihre Belegung würde schon hierdurch den niedrigen Stand von Schlyters Zeit wiedererreichen oder sogar unterschreiten. Ob eine derartige Umkehr erfolgen wird, ist freilich noch ungewiß, dieses Projekt verdient jedoch bereits Erwähnung.

XV.

Der wichtigste, als historische Tat zu bezeichnende Schritt *Schlyters* zur Erreichung seines Ziels war die Reform der *Ersatzfreiheitsstrafe*, die in Schweden als Umwandlungsstrafe bezeichnet wird. Gleich, welche Funktion man der Strafe gibt, muß es als tief unbefriedigend empfunden werden, wenn solche Verurteilte, bei denen das Gericht eine Geldstrafe als angemessen und ausreichend angesehen hat, nur wegen unverschuldeter Mittellosigkeit eine Freiheitsstrafe verbüßen müssen. Als *Thyréns* Tagesbußenreform 1932 in Kraft trat, gelangten 13 358 Personen in ein Gefängnis, weil sie die ihnen auferlegte Geldstrafe nicht zahlen konnten. Im Jahre 1947 betrug infolge von *Schlyters* Reform die entsprechende Zahl nur noch 355 Personen (2,6 %).

Auf Grund des 1937 ergangenen Gesetzes über die Vollstreckung von Geldstrafen sollte die Verbüßung einer Ersatzfreiheitsstrafe in allen Fällen vermieden werden, in denen weder Böswilligkeit noch verschuldete Säumnis vorlag. *Schlyter* schaffte zu diesem Zweck die bereits bei der Verurteilung festgesetzte Ersatzfreiheitsstrafe ab, beseitigte überhaupt die automatische Umwandlung im Nichtbeitreibungsfall und ersetzte sie durch eine erneute richterliche Verhandlung. In dieser werden die Gründe der Nichtzahlung vom Gericht geprüft, und es wird über die von ihm zu beschließende Maßnahme (Aufschub, bedingter Aufschub, Herabsetzung oder Erlaß der Tagesbuße bzw. Anordnung der Ersatzfreiheitsstrafe) entschieden. Die Besonderheiten des damaligen Verfahrens sind jetzt nicht mehr aktuell, da im Jahre 1964 ein verbessertes und modifiziertes Gesetz über die Vollstreckung von Geldstrafen ergangen ist. Heute ist Voraussetzung der Ersatzfreiheitsstrafe neben Zahlungsunwilligkeit im allgemeinen, daß sie erforderlich erscheint, um den Täter auf den rechten Weg zu führen. Hierdurch wurde die Zahl der vollstreckten Ersatzfreiheitsstrafen auf ein Minimum gesenkt. Im Jahre 1972 wurden insgesamt 263 902 Geldstrafen (Urteile, Strafbefehle oder Auferlegung von Ordnungsbußen, die in Gefängnis umwandelbar sind) verhängt, aber nur noch 78 Personen mußten im nächsten Jahre wegen Nichtzahlung der Beträge ersatzweise Gefängnis verbüßen. Die schwierige Frage der völligen Beseitigung der Ersatzfreiheitsstrafe und ihrer eventuellen Ersetzung durch Besseres wird derzeit von einer hierfür eingesetzten Kommission geprüft.

Von einer ins einzelne gehenden Behandlung der im übrigen in der *Schlyter*'schen Ära erfolgten Teilreformen und Modernisierungen kann an dieser Stelle abgesehen werden. Sie wurden mittlerweile mit gewissen Änderungen im Kriminalgesetzbuch kodifiziert, und ihre jetzigen Formen ergeben sich daher aus seinen anschließend zu behandelnden heutigen Bestimmungen.

2. Entstehung, Prinzipien und Sanktionen des schwedischen Kriminalgesetzbuchs[36]

Die Schaffung des neuen Kriminalrechts vollzog sich in zwei voneinander getrennten Gesetzgebungskommissionen. Die eine, unter Karl *Schlyters* persönlichem Vorsitz stehende, 1938 geschaffene Kommission (Strafflagberedningen) befaßte sich mit dem kriminalrechtlichen Reaktionssystem, also den Strafen und sonstigen Sanktionen, ihrer näheren Ausgestaltung und ihrer Durchführung einschließlich des Vollzugs in den Kriminalanstalten, aber auch mit einzelnen angrenzenden Gebieten (Kastration, Behandlung nichtkrimineller Asozialer, Absehen von Strafe usw.). Sie faßte 1954 ihre Ergebnisse im Entwurf eines „Schutzgesetzes" (Skyddslag) zusammen, nachdem bereits im Jahre 1945 ein neues Strafvollzugsgesetz ergangen und die oben genannten Teilreformen erfolgt waren.

Die zweite, seit dem Jahre 1937 tätige Kommission (Straffrättskommittén) hat den übrigen Teil der Strafrechtsreform, also insbesondere fast den gesamten Besonderen Teil sowie den Allgemeinen Teil unter Ausschluß des Sanktionssystems und anderer Sonderprobleme bearbeitet. Diese Kommission stand unter dem Vorsitz des schon erwähnten Birger *Ekeberg* (1880—1968), des damals angesehensten und prominentesten Juristen Schwedens, nacheinander Professor des Zivilrechts, Justizminister, Präsident des Svea-Hofgerichts und nach Erreichung der Altersgrenze bis zu seinem Tod Reichsmarschall, d. h. oberster Würdenträger des Hofes[37]. Diese Kommission hat sechzehn Jahre lang gearbeitet.

Schlyter war schon frühzeitig zu der — heute auch im Rat für Verbrechensverhütung verwirklichten — Einsicht gelangt, daß die moderne Kriminalpolitik als ein gesellschaftliches Instrument der Verbrechensbekämpfung nicht wie früher ein Reservat der Juristen sein darf; er arbeitete daher bei der Vorbereitung der neuen Gesetzgebung eng mit Psychiatern, vor allem mit Olof *Kinberg* und dem progressiven Jugendpsychiater Gustav *Jonsson,* aber auch mit führenden Sozialarbeitern, Strafvollzugsexperten, Politikern usw. zusammen. Auch in der Ekeberg-Kommission waren Nichtjuristen tätig, da juristische Sachkunde oft nicht Voraussetzung für die Beurteilung der Frage ist, was strafbar oder nicht strafbar sein soll. Von den Strafrechtsprofessoren, die zu *Schlyters* und *Ekebergs* engsten Mitarbeitern gehörten, sind *Thyréns* Nachfolger Ragnar *Bergendal* in

---

[36] Vgl. für die ausländische und inländische Literatur zum heutigen schwedischen Kriminalrecht:. *Jescheck-Löffler,* „Quellen und Schrifttum des Strafrechts", Bd. I Europa, München 1972, S. 203—211 (bearbeitet von Rudolf *Leibinger).*

[37] Vgl. Gerhard *Simson,* „Nachruf auf Birger Ekeberg", Juristenzeitung 1969, S. 208.

Lund (geb. 1890) und vor allem Ivar *Strahl* in Uppsala (geb. 1899) besonders zu nennen. *Strahl* gehörte beiden Kommissionen an. Von sonstigen an dem gesamten Reformwerk führend beteiligten Juristen sind u. a. die späteren Richter des Obersten Gerichtshofs Nils *Beckman*, Hugo *Digman*, Carl *Holmberg* und Bengt *Hult* sowie die nachmaligen Oberlandesgerichtspräsidenten Maths *Heuman*, Sture *Petrén* und Sten *Rudholm* zu erwähnen.

Die von den beiden Kommissionen vorgelegten Entwürfe eines Schutzgesetzes und eines Kriminalgesetzes wurden bei den weiteren Vorarbeiten, die vor allem beim Justizministerium lagen, zusammengefaßt und dem gemeinsamen Gesetz der Name *Kriminalgesetzbuch* (Brottsbalken) gegeben. Das Wort Strafgesetzbuch wurde beseitigt, was nicht nur Verwechslungen mit dem früheren Gesetzbuch ausschließt, sondern schon dadurch gerechtfertigt ist, daß vom Gesetz nicht nur Strafen, sondern auch Sanktionen ohne Strafcharakter behandelt und geregelt werden. Brottsbalken heißt bei wörtlicher Übersetzung „Gesetzbuch über die Straftaten"[38].

Bevor der Entwurf des neuen Kriminalgesetzbuchs von dem damaligen Justizminister Herman *Kling* dem Schwedischen Reichstag im Jahre 1962 als Regierungsvorlage (Proposition) zugeleitet wurde, waren auf Grund eingeholter Stellungnahmen zahlreicher Organe und Organisationen (sog. Remißverfahren) im Justizministerium noch vielerlei Änderungen und Modifizierungen erfolgt. Insbesondere war *Schlyters* Wunsch und Vorschlag, den Begriff Strafe (straff) völlig zu beseitigen und durch Sanktion (påföljd) zu ersetzen, bei den Juristen und in der Öffentlichkeit auf Widerstand gestoßen. Dieser wurde damals nicht mit prinzipiellen Einwendungen, sondern nur damit begründet, daß der Fortfall des Strafbegriffs die Generalprävention empfindlich abschwächen werde. Man entschloß sich daher zu einer Kompromißlösung, Sanktion ist der gesetzliche Oberbegriff geworden, aber nur zwei Sanktionen, nämlich die Geldstrafe und das Gefängnis (sowie die Amtsstrafen für Beamte und die Militärstrafen für Soldaten) werden vom Gesetz (Kap. 1 § 3) noch als Strafen bezeichnet. Die praktische Bedeutung der Unterscheidung erwies sich als geringer, als man damals annahm. Den schwedischen Nichtjuristen pflegt diese Differenzierung unbekannt oder gleichgültig zu sein.

Der Schwedische Reichstag hat im Jahre 1962 bei seinen Ausschußberatungen nur bescheidene Änderungen an der Regierungs-

---

[38] Vgl. hierzu und zum folgenden Alvar *Nelson*, „Responses to crime. An introduction to Swedish criminal law and administration", mit einer Einführung von W. E. *Burger*, South Hackensack, N. J., 1972; Ivar *Strahl*, „Les grandes lignes du nouveau Code pénal suédois", Revue de Sciences Criminelles, N. S. Brüssel, Bd. 19 (1964), S. 527; *ders.*, Quelques aspects du nouveau Code pénal suédois, ebenda, Bd. 22 (1967), S. 411—427.

vorlage vorgenommen, irgendwelche grundsätzlichen oder bedeutsamen Meinungsverschiedenheiten waren unter den im Parlament vertretenen Parteien nicht spürbar. Die Plenardebatte war kurz, sie beschränkte sich auf wenige und wenig wesentliche Einzelfragen. Hinter dem neuen Gesetz stand damals das ganze Land.

Das *Kriminalgesetzbuch* ist am 21.12.1962 erlassen und am 1.1. 1965 in Kraft getreten. Aber man kann sein tatsächliches Entstehen nicht auf diese Zeitpunkte verlegen, es ist vielmehr sukzessiv zustandegekommen, ein sehr beträchtlicher Teil hat schon vorher gegolten. *Schlyter* hatte als erfahrener Rechtspolitiker rasch erkannt, daß in einer Demokratie der Weg zu einem neuen Kriminalgesetzbuch am vorteilhaftesten über Etappen und Teilreformen geht, in die auch Strafvollstreckung und angrenzende, kriminalpolitisch relevante Probleme einbezogen werden. Ihm war klar, daß die Ausarbeitung, Beratung und endgültige Verabschiedung einer strafrechtlichen Gesamtgesetzgebung wegen der Vielfalt kontroverser Einzelprobleme unerwünscht zu großen Schwierigkeiten und endlosen Verzögerungen führen kann. Auf diese Weise ist das schwedische Kriminalgesetzbuch von 1965 nicht nur in dem oben behandelten Bereich der Geldstrafenreform, sondern auch auf vielen anderen Teilgebieten nur die — wenn auch mitunter auf Grund inzwischen gemachter Erfahrungen modifizierte — Zusammenfassung und Kodifizierung zahlreicher früherer partieller Reformen.

Auch die Ekeberg-Kommission arbeitete mit Erfolg dementsprechend. Die von dem Zusammenbruch und Selbstmord des schwedischen „Zündholzkönigs" Ivar *Kreuger*[39] (1932) hervorgerufene, sehr ernste und lange Wirtschafts- und Finanzkrise des ganzen Landes hatte u. a. bedenkliche Mängel im Vermögens- und Konkursstrafrecht offengelegt. Hier waren darum sorgfältige Reformen besonders dringend geworden. Die Kommission legte im Auftrag der Regierung nach gründlichen Vorarbeiten zunächst einen Entwurf über die Straftaten gegen das Vermögen vor, der 1942 verabschiedet wurde. Die neuen Bestimmungen brachten unter der Einwirkung der Erfahrungen des Kreuger-Krachs Erweiterungen mit sich, und frühere Lücken wurden geschlossen. Als neue Straftat wurde der „Schwindel" (Kap. 9 § 9), d. h. die Verbreitung irreführender Angaben zur Beeinflussung des Preises von Waren und Wertpapieren, eingeführt. Ferner wurden die Schuldnerstraftaten (Kap. 11) beträchtlich ergänzt und bei anderen Delikten die Tatbestandsmerkmale zweckmäßiger geformt. Derzeit ist in Aussicht genommen, daß die geltenden, aus den vierziger Jahren stammenden Bestimmungen über die Vermögensdelikte einer Überprüfung unterzogen werden, inwieweit sie den heutigen Anforderungen, Auffassungen und Notwendigkeiten ent-

[39] Sprich: Krüger.

sprechen. Der „Rat für Verbrechensbekämpfung“ sieht jetzt hierin eine seiner Aufgaben.

Im Jahre 1944 folgte ein Entwurf über die Straftaten gegen Staat und Allgemeinheit, der 1948 zu einer Neufassung dieses Gebiets führte. Dringliche Teilreformen bestimmter Bereiche (Spionage, Sabotage) waren vorangegangen. Im Jahre 1953 wurde der Entwurf über die Delikte gegen die Person vorgelegt, der aber erst zusammen mit dem im gleichen Jahre veröffentlichten Gesamtentwurf des neuen Kriminalgesetzbuchs im Jahre 1962 verabschiedet wurde. Einzelne politisch besonders heikle oder umstrittene Fragen (geheime Nachrichtentätigkeit, die sich nicht gegen Schweden richtet, Aufruhr usw.) waren zuvor gesondert behandelt worden. Die unerlaubte Nachrichtentätigkeit wurde 1949 neu geregelt. Gewisse Probleme, die sich in der Praxis ergaben, führten im Jahre 1974 zur Einsetzung einer Gesetzgebungskommission zur Überprüfung der Staatsschutzbestimmungen. Gleichzeitig mit den genannten Gesetzgebungsetappen wurden von der Ekeberg-Kommission auch Entwürfe über komplizierte generelle Bestimungen des Allgemeinen Teils vorgelegt und vom Reichstag angenommen. Dies gilt für den Versuch, die Teilnahme, die Vorbereitung und sog. Verabredung (conspiracy) schwerer Straftaten, die Konkurrenz, die Einziehung, usw.[40]. Eine ins einzelne gehende Darstellung dieser Regelungen würde den Rahmen dieser Ausführungen sprengen, es muß auf die kommentierenden Fußnoten zur Übersetzung der fraglichen Vorschriften verwiesen werden.

Durch partielle Reformen wurden umstrittene Delikte in Schweden mehrere Jahrzehnte früher straflos als in anderen Ländern, mitunter handelt es sich um einen Vorsprung von mehr als dreißig Jahren. So bildete der Ehebruch schon seit dem Jahre 1937 keine Straftat mehr[41], im gleichen Jahr fiel auch die Sodomie als Straftatbestand. Die nicht qualifizierte Homosexualität wurde — allerdings erst nach zehnjähriger Unschlüssigkeit — 1944 strafrechtlich freigegeben[42]. Aber auch sonst wurde schon frühzeitig der Umkreis der strafbaren Sexualhandlungen unter gleichzeitiger Herabsetzung der zuvor strengen Strafdrohungen erheblich verringert und moderneren Auffassungen angepaßt. Geschlechtsverkehr zwischen Verschwägerten wurde 1937 straflos, der strafbare Inzest auf Abkömmlinge und Geschwister beschränkt. Seit 1973 wird auch der Sexualverkehr zwischen Halbgeschwistern nicht mehr bestraft, und durch

---

[40] Vgl. Gerhard *Simson*, „Die schwedische Kriminalgesetzgebung 1941 bis 1951, Länderbericht“, Zeitschrift für die gesamte Strafrechtswissenschaft Bd. 64 (1952), S. 346—378.

[41] Vgl. Gerhard *Simson*, „Zur Strafbarkeit des Ehebruchs“, Neue Juristische Wochenschrift 1966, S. 963.

[42] Vgl. *Simson—Geerds*, a. a. O., S. 465 ff. über die schwedischen Erfahrungen nach Freigabe der Homosexualität.

die Neufassung der Bestimmungen des Ehegesetzes über Eingehung und Auflösung der Ehe (in Kraft seit 1974) ist die Halbgeschwistereigenschaft sogar auch als Ehehindernis dispensabel geworden[43]. Straffrei wurden ferner junge Menschen, die von ihren älteren Blutsverwandten in unangemessener Weise zu Inzesthandlungen bestimmt worden sind. Überhaupt wurde das gesamte Sexualstrafrecht in sukzessiven Reformen (1937 und 1947) unter Konzentration auf damals unentbehrlich erscheinende Straftatbestände neu orientiert und nicht mehr auf die „Sittlichkeit" als objektiviertes und abstraktes „Rechtsgut", sondern auf das schutzbedürftige Interesse der sexuellen Integrität und Selbstbestimmung des einzelnen ausgerichtet, in beträchtlichem Umfang zum Antragsdelikt. *Olaus Petris* oben wiedergegebene These, daß das Gesetz nicht alles billigt, was es nicht bestraft, wurde dabei zu einer Richtschnur der Reformen, deren Erweiterung gegenwärtig geprüft wird. Mitunter wird heute im Gesetz bei manchen Sexualtaten die Anklageerhebung auch vom Vorliegen eines öffentlichen Interesses abhängig gemacht[44]. Franz *von Liszts* Feststellung, daß es keine größere Versündigung gegen den Zweckgedanken der Strafe gibt als ihre zu häufige Verwendung, entsprach und entspricht den Auffassungen des schwedischen Gesetzgebers. Die Frage, ob in diesem Bereich weitere Beschränkungen der Strafbestimmungen (Kap. 6) möglich sind, wird im Auftrag der Regierung seit dem Jahre 1971 geprüft, Voraussagungen über Einzelheiten lassen sich derzeit noch nicht machen. Der Trend geht in der Richtung einer erweiterten Toleranz und Selbstbeschränkung des Gesetzgebers.

Besonders einschneidend waren die Reformen in dem umkämpften Bereich der *Abtreibungsgesetzgebung*. Auch hier stieß zunächst die erste, noch sehr vorsichtige schwedische *Indikationslösung* (1938) außerhalb von Skandinavien vielfach auf erschrockene Ablehnung, fand dann aber bekanntlich im Ausland später erst zögernde, dann zunehmende Nachahmung. Die gesetzliche Neuorientierung Schwedens ging auf diesem Gebiet nach äußerst sorgfältigen Vorarbeiten in mehreren Etappen vor sich. Im Jahr 1938 wurden auf der Basis umfassend begründeter Vorschläge einer besonderen Kommission durch das Gesetz über den Abbruch der Schwangerschaft bedeutsame Lockerungen zur Bereinigung des damaligen Abtreibungs-

---

[43] Vgl. Gerhard *Simson*, „Die Erleichterung von Eheschließung und Ehescheidung in Schweden von 1974", Juristenzeitung 1974, S. 404.

[44] Vgl. Gerhard *Simson*, „Die Sexualdelikte im schwedischen Strafrecht", Monatschrift für Kriminologie 1963, S. 158; *ders.*, „Grenzen des Sexualstrafrechts in Deutschland und Schweden", Juristenzeitung 1968, S. 481—487; *ders.*, Revue Internationale de Droit Pénal 1964, S. 955; *ders.*, Rivista del Diritto Matrimoniale e dello Stato delle Persone, 1964, Nr. 1, S. 1.

sumpfes geschaffen. Dieses Gesetz wurde allgemein *Abortgesetz* genannt. In vier Indikationsfällen durfte auf Grund seiner Bestimmungen die behördliche Genehmigung zum Abbruch der Schwangerschaft erteilt werden (§ 1 Ziff. 1—4).

Im Zuge dieser Entwicklung wurde im Jahre 1942 auch das Strafgesetzbuch abgeändert, die kriminalpolitische Zielsetzung richtete sich nicht mehr wie früher gegen die abtreibenden Frauen, sondern gegen Kurpfuscher und illegal tätige Ärzte. Die Schwangeren selbst wurden, was das Gesetz ermöglichte, immer seltener und mit der Zeit so gut wie gar nicht mehr angeklagt. Im Jahre 1944 legte eine weitere bevölkerungspolitische Gesetzgebungskommission unter dem Vorsitz des späteren Staatsministers (Ministerpräsidenten) Tage *Erlander* nach jahrelangen Beratungen einen wohlabgewogenen Entwurf von Abänderungen der Gesetzgebung vor, der im Jahre 1946 nach geringfügigen Umformulierungen vom Reichstag nahezu einstimmig angenommen wurde.

Ein näheres Eingehen auf die einzelnen im Abortgesetz von 1938 anerkannten, 1964 um die sog. Contergan-Fälle erweiterten Indikationen[45] erübrigt sich heute, da im Jahre 1974 nach neunjährigen weiteren Vorarbeiten, sehr umfangreichen Untersuchungen aller damit verbundenen Probleme und heftigen Diskussionen der Übergang zur *Fristenlösung* durch ein neues Abortgesetz erfolgt ist. Seit dem 1. 1. 1975 genügt bis zur 12. Schwangerschaftswoche stets die eigene Entscheidung einer schwedischen oder in Schweden wohnhaften Schwangeren. Bis zur 18. Woche darf der Abbruch nach vorangegangener besonderer Untersuchung der persönlichen Lebensumstände der Antragstellerin vorgenommen werden, sofern keine Kontraindikation vorliegt. Nach Ablauf der 18. Woche kann ein Abbruch nur noch mit Genehmigung des Sozialamts (Reichsamts für das Sozial- und Gesundheitswesen) aus ganz besonderen Gründen geschehen. Diese Genehmigung nach der 18. Woche darf nicht erteilt werden, wenn der Embryo als lebenstauglich anzusehen ist, dagegen ist sie bei medizinischer Indikation (Krankheit oder körperliche Fehler) auf Grund einer Sonderbestimmung stets zulässig.

Im Kriminalgesetzbuch sind seitdem überhaupt keine Strafbestimmungen mehr über die Abtreibung enthalten. Ist ein Schwangerschaftsabbruch unter Verletzung der Regelungen des Abortgesetzes, z. B. nach Fristablauf oder nicht durch einen Arzt, erfolgt, so finden die in diesem Gesetz enthaltenen besonderen Strafbestimmungen Anwendung, die neben Geldstrafe auch Gefängnis vor-

[45] Vgl. hierzu Gerhard *Simson*, „Die legale Schwangerschaftsunterbrechung in Schweden und ihre Praxis“ in der Sammelschrift „Sexualität und Verbrechen“, 51.—63. Tsd. 1965, S. 199 (Fischer-Bücherei), heute in manchen Teilen überholt.

sehen. Im Reichstag ergab das Abstimmungsergebnis (29. 5. 1974) 214 gegen 103 Stimmen. In fast allen Fraktionen waren die Meinungen nicht einheitlich.

Das Gesetz von 1974 brachte insofern keine faktische Neuerung, als die Fristenlösung in der Praxis so gut wie völlig vorweggenommen war. Durch die immer extensiver gewordene Auslegung so weitgefaßter Gesetzesbegriffe wie „Gesundheit", „Schwäche" und „voraussehbare ernste Herabsetzung der seelischen Kräfte" hatte sich die Zahl der legalen Eingriffe von 2792 des Jahres 1960 auf 10 490 des Jahres 1967 und — trotz der inzwischen so enorm gestiegenden Verbreitung der Pille — auf 24 170 des Jahres 1972 erhöht. Durch den für die Genehmigung zuständigen „Sozialpsychiatrischen Ausschuß" und bei den ebenfalls zulässigen sog. Zwei-Ärzte-Beschlüssen (ein Arzt mußte Amtsarzt sein) geschah eine Antragsablehnung schließlich nur noch, wenn die Schwangere offenbar gegen ihren inneren Wunsch zur Antragstellung veranlaßt worden war (ca. 3 % der Anträge). Die Kurpfuscher-Abbrüche hörten völlig auf. Die Zahl der Lebendgeburten Schwedens betrug im Jahre 1972 109 663.

Bei der sachlich geführten Plenardebatte des Reichstags begründete der Justizminister Lennart *Geijer* die Regierungsvorlage u. a. damit, daß es auf Grund der Entwicklung in der Realität seit langem nicht mehr um die Frage „Geburt oder Schwangerschaftsabbruch", sondern nur noch um die Frage „legaler oder illegaler Abbruch" gehe. Da, wie in der Regierungsvorlage ausdrücklich betont wurde, jeder Abbruch aber nur als eine Notmaßnahme geschehen soll, erfolgte gleichzeitig ein weitgehender und kostspieliger Ausbau der Präventivmittelberatung und -beschaffung auf Kosten der Krankenkassen unter Abänderung des Gesetzes von 1962 über die öffentliche Versicherung.

Im Jahre 1948 wurde das *Militärstrafgesetzbuch* abgeschafft und durch Kap. 21 des Strafgesetzbuchs ersetzt, das die einzelnen militärstrafrechtlichen Tatbestände enthält. Gleichzeitig wurden militärische Disziplinstrafen in das strafrechtliche Sanktionssystem eingefügt. Derartige Disziplinstrafen sind seit 1973 statt des als nicht mehr zeitgemäß beseitigten Arrests die *Freizeitstrafe,* d. h. das Verbot, während der Freizeit eine Kaserne, ein militärisches Lager oder ein Kriegsschiff zu verlassen, und die — leichtere — *Disziplinbuße,* die eine Sonderform der Geldstrafe darstellt. Zwar gibt es neben Kap. 21, das vom Strafgesetzbuch in das Kriminalgesetzbuch übernommen wurde, noch ein Sondergesetz von 1973 über die militärischen Disziplinstrafen gegen Soldaten (Militärpersonen), doch sind die ordentlichen Gerichte bei einzelnen Delikten für die Verhängung der genannten Disziplinstrafen zuständig (§§ 1 und 3 Militärprozeßgesetz von 1948). In anderen Fällen liegt ihre Festsetzung in erster Instanz bei bestimmten Militärbefehlshabern, wobei bei den ihr vorangehenden Ermittlungen sog. Auditeure (auditörer) mitwirken.

Gleichzeitig mit der Beseitigung des Militärstrafgesetzbuchs wurden dem Strafgesetzbuch die eng und streng formulierten *Kriegsartikel* (Kap. 22) einverleibt, die nur im Fall der Anordnung des sog. Bereitschaftszustandes (Notstands- oder Kriegszustandes) gelten. Auch diese Vorschriften sind unverändert in das Kriminalgesetzbuch überführt worden.

Andere bedeutsame Änderungen im Besonderen Teil erfolgten erst nach Inkrafttreten des neuen Kriminalgesetzbuchs, bei dem ständige Umformungen im Gang sind. Im Jahr 1965 erging eine neue Bestimmung bei den Straftaten im Amt (Kap. 20 § 4), da den Beamten das Streikrecht zugebilligt wurde, im gleichen Jahr sowie im Jahr 1972 wurden die Vorschriften über die Tierquälerei unter Einbeziehung von schwerer Fahrlässigkeit erweitert (Kap. 16 § 13), im Jahr 1970 (in Kraft 1971) wurde das heikle Pornographieproblem gesetzlich neu geregelt, was auch eine Änderung der grundgesetzlichen Druckfreiheitsverordnung nötig machte (Öffentliches Zurschaustellen und unverlangtes Übersenden pornographischer Abbildungen sind strafbar geblieben, Kap. 16 § 11), der Strafparagraph über die Verletzung des Glaubensfriedens (Gotteslästerung u. a., Kap. 16 § 9) fiel im Jahre 1970 fort. Gleiches gilt seit dem gleichen Jahr für Verunglimpfungen schwedischer und ausländischer Staatssymbole (Kap. 16 § 7, Kap. 19 § 10), die allenfalls noch als Ärgernis erregendes Benehmen bestraft werden können[46]. Dagegen wurde die Bestrafung des Glücksspiels im Jahre 1972 wegen des bedenklichen Zunehmens großstädtischer Spielhöllen verschärft, indem von der einfachen Straftat ein schwererer Tatbestand mit erhöhten Strafdrohungen (Kap. 16 § 14 a) abgespalten wurde, um gegen gewerbsmäßige und besonders gefährliche Veranstalter wirksamer als zuvor eingreifen zu können.

Besonders groß sind Umfang und Bedeutung der sukzessiven oder neuen Strafrechtsreformen im Bereich der *Sanktionsarten*[47]. Täterbezogene Kriminalreaktionen, die die Strafe zurückdrängen sollen, wurden bei den Reformen für Jugendliche und Heranwachsende, für Alkoholiker, chronische Täter und psychisch abnorme Kriminelle geformt. Die Zweispurigkeit von Strafen und Sicherungsmaßnahmen entfiel als verfehlt und grausam, der Grundsatz, daß nie Strafe und Sicherungsmaßnahme wegen der gleichen Tat verhängt werden darf,

---

[46] Vgl. Gerhard *Simson*, „Der Ehrenschutz ausländischer Staatsoberhäupter, Diplomaten und Staatssymbole im Licht der Rechtsvergleichung" in Festschrift für Ernst Heinitz, Berlin 1972, S. 737.

[47] Vgl. zu den Sanktionen des Kriminalgesetzbuchs: Michael *v. Websky*, „Das Deliktsfolgensystem des schwedischen Strafgesetzbuchs vom 1. 1. 1965 und das Strafensystem des Deutschen E 62" (Diss.), Köln 1968. Die in dieser Schrift enthaltene Übersetzung schwedischer Strafbestimmungen ist sehr frei und nicht immer zuverlässig.

wurde frühzeitig kodifiziert und allgemein akzeptiert. Eine befristete Freiheitsstrafe sollte nie mehr gegen Personen gerichtet werden, bei denen sie, wie bereits bei der Verhängung offenbar ist, ohne Wirkung bleiben wird. Der Strafvollzug wurde durch ein Gesetz von 1945 an Haupt und Gliedern erneuert[48]. Im Gesetzestext hieß es: „Der Gefangene soll mit Festigkeit und Ernst und Achtung für seine menschliche Würde behandelt werden. Er ist mit zweckmäßiger Arbeit zu beschäftigen und soll eine Behandlung erfahren, durch die seine Anpassung an die Allgemeinheit gefördert wird" (§ 24). Der Stufenstrafvollzug, der zu einem inhumanen und unwürdigen Anfangsstadium und dann vielfach zu Heuchelei und Kriechertum geführt hatte, wurde aufgegeben, die offenen Anstalten wurden vermehrt und ausgebaut, Freigang und Urlaub ermöglicht. Die Resozialisierungsaufgabe erschien damals als der Kernpunkt des Vollzugs, wobei zudem bald weitere und tiefer reichende Reformen als erforderlich angesehen wurden. Ein verbessertes Vollzugsgesetz, das sog. Behandlungsgesetz, durch das nur noch die Freiheitsentziehung selbst als die Strafe angesehen wurde, erging 1964. Ein erneut reformiertes Gesetz wurde nach heftigen Diskussionen und langdauernden Vorbereitungen im Jahre 1974 erlassen. Auf dieses sehr wichtige Gesetz kann hier aus Raumgründen leider nicht näher eingegangen werden.

Der Verlust der *bürgerlichen Ehrenrechte* (des sog. bürgerlichen Vertrauens) war als Hindernis der Resozialisierung des Entlassenen bereits im Jahre 1936 abgeschafft worden, da es mit dieser unvereinbar ist, einen Menschen trotz Verbüßung seiner Strafe für ehrlos zu erklären, aber von ihm eine ehrenhafte Lebensführung zu verlangen[49].

Die Zulässigkeit einer freiwilligen *Kastration* (1944) ermöglichte die Entlassung gefährlicher Triebkranker aus den Sicherungsanstalten; die Erfahrungen waren günstig, die Fälle nicht zahlreich[50].

Die oben behandelte Einführung der Tagesbußen erfolgte noch vor der Zeit, in der die beiden Kommissionen ihre Arbeit zur Schaffung des Kriminalgesetzbuchs aufnahmen, sie wird darum jetzt als schon fast so historisch empfunden wie die einstige Abschaffung der Todesstrafe. Dagegen hat sich seitdem die Anwendung der Geldstrafe in der Rechtspraxis erheblich gewandelt, indem ihr Bereich eine in den dreißiger Jahren nicht vorausgesehene Erweiterung erfahren hat.

---

[48] Vgl. Gerhard *Simson*, „Die neue Gestalt des schwedischen Strafvollzugs", Schweiz. Zeitschrift für Strafrecht, Jahrg. 63 (1948), S. 63—93.

[49] Vgl. Gerhard *Simson*, „Ohne Verlust der bürgerlichen Ehrenrechte", Neue Juristische Wochenschrift, 1957, S. 659.

[50] Vgl. Gerhard *Simson*, „Die rechtlichen Grundlagen der Sterilisierung und Kastration in Schweden", Monatschrift für Kriminologie, 1964, S. 97.

Diese Entwicklung wurde durch die schwedische *Systematik der Eigentumsdelikte* gefördert. Im Gegensatz zu den meisten ausländischen Rechtsordnungen hat der schwedische Strafgesetzgeber im Interesse der Differenzierung und zur Verringerung vermeidbarer Diffamierung Wert darauf gelegt, von den Haupttaten des Vermögensstrafrechts wie Diebstahl, Betrug, Unterschlagung und Hehlerei Taten von geringerer Schwere als Sekundärdelikte unter einer selbständigen und andersartigen Bezeichnung abzuspalten. Diese leichten Straftaten werden in Sonderparagraphen geregelt. Leichter Diebstahl heißt im Gesetz „Entwendung" (über den Mundraub hinausgehend), leichter Betrug „betrügerisches Verhalten", leichte Unterschlagung „Entziehung" und leichte Hehlerei „Hehlereiverfehlung". Ebenso wird eine leichte Urkundenfälschung vom Gesetz als „Urkundenentstellung" bezeichnet. Für alle diese und einige andere Sondertaten wie „eigenmächtiges Verfahren" und „Selbsthilfe", die bestimmte Beeinträchtigungen fremden Besitzes unter Strafe stellen (Kap. 8 §§ 8 und 9), ist im Kriminalgesetzbuch ein niedrigerer Strafrahmen als für die Haupttaten vorgesehen, und zwar wird vom Gesetzgeber hier stets alternativ Geldstrafe oder Gefängnis bis zu sechs Monaten angedroht. Die neuere Entwicklung hat ohne materiell-rechtliche Gesetzesänderungen mit sich gebracht, daß in diesen Fällen in der Rechtspraxis fast nur noch Geldstrafen verhängt werden; die Verurteilung zu einer strengeren Sanktion kommt gewiß vor, ist aber eine Ausnahme geworden. Möglicherweise wird sie künftig auch gesetzlich eingeschränkt werden. Hierdurch ist die Geldstrafe für die leichtere Vermögenskriminalität zur dominierenden Tatfolge geworden.

Aber auch bei bestimmten anderen Straftaten innerhalb und außerhalb des Bereichs der Vermögensdelikte, bei denen vom Gesetz alternativ Geldstrafe oder Gefängnis bis zu einem Jahr oder sogar bis zu zwei Jahren angedroht wird, werden in der Praxis jetzt nur noch selten strengere Sanktionen als Tagesbußen verhängt. Dies gilt beispielsweise für „unbefugte Verfügung", die einen Sonderfall der Unterschlagung bildet, „unerlaubte Kraftableitung", „fahrlässige Körperverletzung", „unzüchtiges Verhalten" (gegenüber einem Kind), „Hausfriedensbruch" und die in einem Zivilprozeß unter Wahrheitsversicherung erfolgte „unwahre Parteibekundung"[51].

Die Verhängung einer Geldstrafe ist prozessuell erleichtert. Sie kann nach der Tatermittlung häufig schriftlich durch einen *Strafbefehl*, den der Staatsanwalt ausfertigt und dem Beschuldigten zur Einverständniserklärung vorlegt, geschehen (Kap. 48 Prozeßgesetz).

---

[51] Vgl. die statistischen Angaben für die Jahre 1970 und 1971 von Erland *Aspelin* in Nordisk Tidsskrift for Kriminalvidenskab (Kopenhagen) 1973, S. 57 und in Svensk Juristtidning (Stockholm) 1974, S. 534. Einen „Parteieid" gibt es in Schweden nicht.

Erfolgt, was überwiegend geschieht, eine derartige Anerkennung, so ist das Gericht überhaupt nicht mit dieser Strafsache befaßt worden. Ein derartiges Verfahren ist derzeit grundsätzlich zulässig, wenn im Einzelfall nicht mehr als 50 Tagesbußen verhängt werden. Allerdings gibt es gegenwärtig noch insofern eine Einschränkung, als in den Fällen, in denen das Gesetz neben der Geldstrafe alternativ auch Gefängnis bis zu sechs Monaten androht, die Geldstrafe nur bei bestimmten, in einer Verordnung von 1970 besonders aufgeführten Delikten des Kriminalgesetzbuchs (eigenmächtiges Verfahren, Entwendung, unbefugte Verfügung, Sachbeschädigung u. a.) verhängt werden darf. Bei den anderen vom Gesetzgeber als schwerer angesehenen Straftaten (Hehlereiverfehlung, gemeingefährliche Fahrlässigkeit, fahrlässig falsche Bekundung usw.) ist bisher nur das Gericht nach erfolgter Anklageerhebung zuständig. Über eine künftige Erweiterung und Modifizierung der rechtlichen Grundlagen der Strafbefehlsmöglichkeit wird beraten, Vorschläge einer Gesetzgebungskommission liegen bereits vor.

Geldstrafen, die nicht als Tagesbußen, sondern in einem fest bemessenen Betrag zu verhängen sind (penningböter), können in leichten Fällen und unter besonderen Umständen bis zur (derzeitigen) Höhe von 250 Kronen (und in Konkurrenzfällen bis zu 400 Kronen) als sog. *Ordnungsbußen* auferlegt werden. Die Vorschriften hierüber, die u. a. für das Nebenstrafrecht von großer Bedeutung sind (s. unten), finden sich seit 1968 ebenfalls in Kap. 48 Prozeßgesetz; sie werden durch eine Ordnungsbußenverordnung vom gleichen Jahr ergänzt. Die Auferlegung erfolgt in sehr vereinfachter Form, doch gilt nicht die begriffliche Scheidung, auf Grund deren es sich in diesen Fällen nicht um Straftaten, sondern um entkriminalisierte Ordnungswidrigkeiten handelt.

Zuständig für den Erlaß von Ordnungsbußen sind die Polizeibeamten und die hierfür besonders bestimmten Staatsanwälte. Ordnungsbußbescheide dürfen — ebensowenig wie Strafbefehle — nicht erlassen werden, wenn der Beschuldigte die Gesetzesverletzung bestreitet oder gewisse sonstige Hindernisse entgegenstehen. Wegen welcher Straftaten eine Ordnungsbuße festgesetzt werden darf, wird auf Grund einer Ermächtigung des Prozeßgesetzes (Kap. 48 § 14) vom Reichsankläger, der der oberste Chef des schwedischen Staatsanwaltschaftswesens ist, im Einvernehmen mit dem Reichspolizeiamt durch einen Erlaß bestimmt. Der fragliche Bereich ist mehrfach erweitert worden, der derzeit letzte dieses Gebiet regelnde Erlaß des Reichsanklägers ist im Jahre 1973 ergangen. Diese Erlasse werden als Rechtsquelle in der Schwedischen Gesetzessammlung[52] veröffentlicht. Eine Besonderheit liegt darin, daß vom Reichs-

[52] „Svensk Författningssamling" (SFS), dem deutschen Bundesgesetzblatt vergleichbar.

ankläger in seinem Erlaß für jede einzelne Tatart ein fester Betrag festgesetzt wird, der weder erhöht noch herabgesetzt werden darf. Erscheint der fragliche Betrag im Einzelfall zu hoch oder zu niedrig, so bleibt der Weg des Strafbefehls oder der Anklageerhebung.

Der wichtigste Anwendungsbereich der Ordnungsbußen ist das Nebenstrafrecht, und hier handelt es sich vor allem um leichte Verstöße gegen die Straßenverkehrsverordnung von 1972, die viele ins einzelne gehende Bestimmungen, aber in § 5 auch eine Generalklausel über die generelle Pflicht aller Personen zu Umsicht und Achtsamkeit im Straßenverkehr enthält. Hierzu kommen das Verkehrsstrafgesetz von 1951, in dem sich zur Bestrafung von Verstößen, die nicht als leicht anzusehen sind, ebenfalls eine Generalklausel (§ 1) findet, und das sonstige Verkehrsrecht. Im Jahre 1972 wurden 127 954 Ordnungsbußen wegen leichter Verletzungen von Verkehrsvorschriften verhängt (zu denen auf Grund eines Sondergesetzes von 1960 noch 465 872 Bußen für falsches Parken kamen). Die Auferlegung erfolgt heute in diesen leichten Fällen — ernste Fahrlässigkeit im Verkehr fällt nicht hierunter — ähnlich wie in den meisten anderen Ländern in der vereinfachten Weise, daß der Polizeibeamte einen Ordnungsbescheid ausfüllt und ihn von dem „Verkehrssünder" unterschreiben läßt, der einen Durchschlag erhält. Der Betroffene hat die Ordnungsbuße nicht auf der Straße, sondern erst nachträglich mit einer ihm gleichzeitig überreichten Zahlkarte zu bezahlen; er ist auch befugt, nicht sofort zu unterschreiben, sondern zunächst eine Bedenkzeit zu erbitten, ob er den Bescheid anerkennen will oder nicht. Erfolgt sofort oder innerhalb der fraglichen Frist die Anerkennung bzw. Zahlung, so ist diese Sache völlig abgeschlossen. Die Einleitung eines Strafverfahrens bleibt auf die übrigen Fälle beschränkt, der Beschuldigte kann sie jedoch stets verlangen.

Außerhalb des Verkehrsstrafrechts, zu dem u. a. auch die vorschriftswidrige Beschaffenheit und Ausrüstung von Fahrzeugen (Gesetz von 1972) gehört, ist die Verhängung einer Ordnungsbuße bisher nur in verhältnismäßig wenigen Bereichen zulässig. Bei den im Kriminalgesetzbuch geregelten Straftaten beschränkt sich die Möglichkeit ausschließlich auf die — zahlenmäßig allerdings sehr bedeutsame — *öffentliche Trunkenheit* (s. unten), im übrigen handelt es sich nur um wenige Bagatelldelikte des Nebenstrafrechts wie die Nichtanmeldung von Radio- und Fernsehapparaten (Gesetz von 1967) u. ä. Die künftige Entwicklung bleibt abzuwarten. Die in Deutschland schon früh entstandene, fortschrittliche Einrichtung der Ordnungsbußen hat gewiß — wenn auch spät — in Schweden bei der entsprechenden Institution Pate gestanden (erstmalig 1960 bei der schon genannten Buße für falsches Parken), doch gibt es ersichtlich nicht unbeträchtliche Unterschiede, der schwedische Anwendungsbereich ist bisher enger, und eine völlige begriffliche Scheidung von den Strafen ist nicht erfolgt.

Immerhin hat bereits die jetzige Regelung den Strafgerichten sehr erhebliche prozeßökonomische Entlastungen gebracht. Im Jahre 1972 wurden 263 902 Geldstrafen verhängt, von denen 166 964 auf anerkannte Strafbefehle und weitere 38 098 auf anerkannte Ordnungsbußbescheide entfielen. (Die oben bereits genannten 127 954 Bußen im Bereich des Verkehrsstrafrechts sind in diesen Zahlen nicht enthalten).

In den noch verbliebenen 58 840 Fällen eines gerichtlichen Geldstrafenverfahrens ist ebenfalls eine Vereinfachung erfolgt, über weitere Modifizierungen unterschiedlicher Art wird beraten; ein Gesetzentwurf liegt vor. Schon jetzt ist in Fällen, in denen überhaupt nur die Verhängung einer Geldstrafe gesetzlich zulässig ist, ein Einzelrichter ohne Schöffen zuständig. Besteht im Einzelfall kein Anlaß, eine schwerere Sanktion als eine Geldstrafe zu verhängen, so darf in Abwesenheit des Angeklagten verhandelt werden, was die mündliche Verhandlung naturgemäß beschleunigt. Wird nur auf eine Geldstrafe erkannt, so kann das Urteil in vereinfachter Form ausgefertigt werden.

Die Entwicklung der gestiegenen Anwendung der Geldstrafe als strafrechtlicher Sanktion ist noch im Fluß. Die Ansichten, wie stark die general- und individualpräventive Wirkung der Geldstrafe ist, sind trotz der erfolgreichen Individualisierung und Effektivierung durch das Tagesbußensystem nicht unumstritten, doch ist derzeit eine Tendenz zu erhöhter Anwendung der Geldstrafe spürbar. Dies gilt vor allem für leichtere Vermögensdelikte. Verbale und ähnliche Beleidigungen werden in Schweden kaum noch vor den Strafrichter gebracht. Bei Beleidigungen durch eine Druckschrift (Buch, Zeitung, Zeitschrift usw.) findet die Druckfreiheitsverordnung, die ein Grundgesetz mit besonderen materiellen und prozessuellen Bestimmungen ist, Anwendung. Zumeist wird nur ein Schmerzensgeld (ersättning för sveda och värk) verlangt.

Bei der mittelschweren Kriminalität wurde im Sanktionssystem vor allem die *Kriminalbehandlung ohne Freiheitsentziehung* zum Schwerpunkt des Strafrechts. Sie wird jetzt oft mit dem verkürzten Ausdruck *Freipflege* (frivård) bezeichnet[53]. Die an sie von modernen Reformern geknüpften Erwartungen waren und sind groß, inwieweit sich alle erfüllen können, bleibt abzuwarten. Kritische skandinavische Stimmen heben hervor, daß dieses Institut nicht jenes von manchen Optimisten erhoffte Allheilmittel bilden kann, das die Resozialisierungsaufgaben überall da zu lösen vermag, wo das Ge-

[53] Sprich: Friword mit langem o. Die deutschen Ausdrücke „Bewährung" und „Bewährungshilfe", aber auch „Führungsaufsicht" u. ä. lassen sich schwer ins Schwedische übersetzen.

fängnis versagt hat[54]. Immerhin fehlen der Freipflege die schädigenden und kriminogenen Wirkungen der Anstaltsatmosphäre.

Die zunehmende Ausbreitung der Freipflege ging in Schweden sukzessiv vor sich, doch wurde ihre steigende Entfaltung seit den sechziger Jahren vom Auftauchen und häufigen Gebrauch des vieldiskutierten und umstrittenen Postulats *„Behandlung statt Strafe"* gefördert und von einem zunehmenden Mißtrauen gegen den verbrechensmindernden Effekt der Freiheitsstrafe getragen[55]. Von Kritikern wurde vor allem hervorgehoben, daß ein nicht zu leugnender Widerspruch darin liegt, einen Menschen der Gesellschaft anpassen zu wollen und ihn dabei aus der Gesellschaft zu entfernen. Vor allem wurde, je kürzer die verhängten Freiheitsstrafen wurden — im Jahre 1973 waren nur noch etwa 35 Prozent der neu aufgenommenen Gefängnisinsassen zu Strafen von mehr als fünf Monaten und nur 10 Prozent zu solchen von einem Jahr oder länger verurteilt — desto geringer auch die Möglichkeit, während des Anstaltsaufenthalts eine wirklich erfolgreiche Behandlungsarbeit in der Erwartung zu leisten, das Rückfallrisiko beträchtlich zu vermindern. Bei sehr kurzem Aufenthalt entfällt, wie man heute in Schweden erkannt hat, diese Möglichkeit fast völlig. Jede Behandlung benötigt eine „Anlaufzeit"; in den ersten Wochen pflegt ihr der Insasse oft starken inneren Widerstand entgegenzusetzen. Der Anstaltsbehandlungs-Optimismus der *Schlyter*'schen Ära verblaßt daher bei vielen Kriminalisten, was aber nicht bedeutet, daß man die Aufgabe des Kriminalvollzugs im bloßen Bewachen der Insassen sieht.

Die Hinwendung von der Freiheitsstrafe zur Freipflege vollzog sich nicht nur durch die in Etappen vor sich gegangene Erweiterung, Verfeinerung und erhöhte Abstufung der gesetzlichen Bestimmungen über die fraglichen Sanktionen, sondern auch dadurch, daß die Strafrichter ihrerseits bei solchen mittelschweren und ernsteren Vergehen, bei denen die Verhängung von Tagesbußen nicht ausreichte, in der Verurteilung zu Gefängnis nur noch eine ultima ratio sahen.

Die Freipflege erschien ihnen, namentlich wenn es sich nicht um eine Rückfallstat handelte, mehr und mehr als die im Rahmen des Möglichen vorzuziehende Sanktion. Generelle Ausnahmen bildeten — wie oben schon erwähnt — neben einigen wenigen anderen Tatarten mit der Zeit nur noch die schwere Verkehrstrunkenheit (mehr als 1,5 Promille Blutalkoholgehalt) und die Verkehrsflucht, bei denen

---

[54] Vgl. u. a. Inkeri *Antilla* (Strafrechtsprofessorin in Helsinki), „Kriminalvård i frihet", Referat zum 7. Nordischen Kriminalistentag 1973, Nordisk Tidsskrift for Kriminalvidenskab (Kopenhagen) 1973, S. 24.

[55] Vgl. Gerhard *Simson*, „Behandlung statt Strafe?", Zeitschrift für Rechtspolitik (ZRP) 1972, S. 262.

die Verbüßung einer kurzen Gefängnisstrafe als eine generalpräventive Notwendigkeit erschien.

Nach dem geltenden Gesetzeswortlaut kann bei Straftaten, die mit Gefängnis bedroht sind, stets zu einer Freipflegesanktion verurteilt werden, wenn dem nicht durch die Schwere der Tat und die gebotene Rücksicht auf die allgemeine Gesetzesbefolgung (Generalprävention) Hinderungsgründe entgegenstehen. Entscheidend soll immer sein, ob im Hinblick auf den Charakter des Täters und seine sonstigen persönlichen Verhältnisse die Annahme begründet ist, daß tiefer in sein Leben eingreifende Maßnahmen zur Abhaltung von weiterer Kriminalität nicht erforderlich erscheinen. Dies ist eine dehnbare Formulierung, die von den Gerichten allmählich weit ausgelegt wurde. Einer zu weitgehenden Erstreckung auf die Schwerkriminalität (Hochkriminalität) wird vom Gesetz jedoch dadurch vorgebeugt, daß die Verurteilung zu einer Freipflegesanktion bei Straftaten, bei denen die Mindeststrafe mehr als ein Jahr Gefängnis beträgt, nur „aus ganz besonderen Gründen" zulässig ist. Dies geschieht bisher in der Praxis auch tatsächlich nicht oft.

Bei der sonstigen Kriminalität spielt heute durch den Wandel der Anschauungen über Nutzen und Wirkungen der Freiheitsstrafe die Anordnung und Durchführung der Freipflege eine Rolle, die man noch vor wenigen Jahrzehnten für eine Illusion gehalten hätte. Schweden hat die zugrundeliegende kriminalpolitische Idee — wie oben bereits dargelegt wurde — nicht selbst entdeckt, sondern sie im Jahre 1906 aus dem Ausland übernommen. Aber die Besonderheiten des allmählichen Ausbaus und der abgestuften Differenzierung der schwedischen Regelungen haben dann auch außerhalb der Landesgrenzen mehr oder weniger modifizierte Nachahmungen gefunden. Im gegenwärtigen Zeitpunkt ist wahrscheinlich, daß die gesetzliche Fortentwicklung auf diesem Gebiet in Schweden noch längst nicht ihren Abschluß gefunden hat. Radikale Kreise und vor allem Soziologen fordern schon seit längerer Zeit die fast völlige Beseitigung des Gefängnisses als einer menschenunwürdigen, naturwidrigen, Gesellschaftshaß erzeugenden und vor allem Verbrechen fördernden Daseinsform. Andere wollen die strafrechtliche Freiheitsentziehung auf gesellschaftliche Schädlinge, wie die Organisatoren des Narkotikahandels, große Steuerbetrüger und ähnliche gemeinschädliche Tätergruppen, sowie auf die wenigen für ihre Mitmenschen physisch wirklich gefährlichen Elemente beschränken. Sie vertreten dabei die Ansicht, daß es sich in Schweden nur um einige hundert Gewalttäter handelt, bei denen auch künftig zum Gesellschaftsschutz die Absonderung in einer Anstalt aus Sicherheitsgründen ganz unvermeidlich ist. Ebenso werden, worüber noch zu sprechen ist, das Jugendgefängnis sowie die Internierungsmöglichkeit bei reinen Vermögensdelikten bekämpft. Aber Forderungen dieser Art stoßen — schon angesichts des unbefriedigenden Trends der Kriminalitätskurven — auch auf Widerspruch. Verläßliche Voraussagen über die Weiterentwicklung lassen sich daher nicht machen, zumal sehr unterschiedliche Faktoren über sie bestimmen werden.

Auch die Anschauungen über die Gesellschaftsgefährlichkeit von Taten und Tätern sind in Schweden im Wandel begriffen. So wurde im Hinblick auf den Umfang der Steuerhinterziehungen — die Steuerbelastung ist in Schweden eine der größten der Welt, die Steuerprogression sehr hoch, das Dunkelfeld der Steuerdelikte gar nicht schätzbar — im Jahre 1971 ein neues, zum Nebenstrafrecht gehörendes, von generalpräventiven Erwägungen getragenes Steuerkriminalitätsgesetz (skattebrottslag) geschaffen, das an die Stelle des sehr viel milderen früheren Steuerstrafgesetzes von 1943 trat. In dem neuen Gesetz ist die vorsätzliche Hinterziehung von Steuern und Abgaben als „Steuerbetrug" klassifiziert und diffamiert worden. Die Strafdrohung beträgt nur noch Gefängnis bis zu zwei Jahren und in schweren Fällen, in denen es sich um bedeutende Beträge oder um besonders gefährliche Begehungsformen handelt, Gefängnis bis zu sechs Jahren. Eine Geldstrafe darf bei vorsätzlichen Taten lediglich in leichten Fällen, die im Gesetzeswortlaut nicht als Steuerbetrug, sondern nur als „Steuerverfehlung" bezeichnet sind, verhängt werden (§§ 2—4). Auch für andere vorsätzlich begangene steuerliche Delikte unterschiedlicher Art wurden die Strafrahmen in diesem Gesetz erheblich verschärft.

Als im Jahre 1906 der oben erwähnte, erste und tastende Versuch mit dem Bewährungsgedanken unternommen wurde, handelte es sich im Grunde nur um einen in sehr leichten Fällen zulässigen bedingten Erlaß der Strafverbüßung mit Hilfe einer gesetzlich geregelten Bewährungsfrist. Die Neuregelung des Jahres 1918 brachte insofern einen Fortschritt, als nicht nur der Anwendungsbereich erweitert wurde, sondern das Gericht den Verurteilten während der Bewährungsfrist auch unter Aufsicht stellen durfte. In der Praxis bedeutete dies zugleich — wenn auch in noch ganz bescheidenem Umfang — eine gewisse Stützung, Beratung und resozialisierende Hilfe. Die hiermit gemachten günstigen Erfahrungen führten zu *Schlyters* entscheidender Reform von 1939, die aber wegen der Kriegsverhältnisse erst 1944 in Kraft trat[56]. Die damaligen Prinzipien haben heute Eingang in die Strafgesetze fast aller Länder gefunden.

[56] Vgl. hierzu Hardy *Göransson*—Gerhard *Simson*, „Courtes peines privatives de libérté en Suède. Moyens de les éviter et les réorganiser", Recueil de documents en matière pénale et pénitentiaire, Bern XII (1948), S. 366 und Gerhard *Simson*, „Short Term Imprisonment and its Alternatives", Rapport für den Haager Internationalen Strafrechts- und Gefängniskongreß von 1950, S. 7 ff.

Der schwedische Gesetzgeber hatte früh erkannt, daß die Funktion der bedingten Verurteilung in nicht schweren Fällen vor allem darin liegen wird, den Gelegenheitstäter aus Gründen der Menschlichkeit und Klugheit vor der Bekanntschaft mit dem Gefängnisdasein zu bewahren, um ihn nicht den verbrechensfördernden Einflüssen der verderblichen dort herrschenden Atmosphäre und den üblen Einwirkungen kriminell avancierter Mitgefangener auszusetzen. Aber in ernsten Fällen, so erkannte man bald, erfüllt die bedingte Verurteilung ihre soziale Aufgabe nur dann, wenn sie mit geeigneten Weisungen und Auflagen, die in die persönliche Lebenssphäre eingreifen, die Eingliederung oder Wiedereingliederung des Verurteilten in das gesellschaftliche Leben fördert. Der hierfür üblich gewordene, wohl erstmalig in Skandinavien gebildete Ausdruck lautet *Resozialisierung;* der an sich bessere Ausdruck „Sozialisation" ist in Schweden noch ungebräuchlich. Das Wort Resozialisierung ist begrifflich nicht sehr glücklich gebildet, da auch der Verbrecher nach schwedischer Auffassung ein Glied der Gesellschaft ist und sich daher nie außerhalb von ihr befunden haben kann. Gemeint ist, daß ein Täter durch kriminelles Verhalten von den Gesellschaftsnormen abweicht und dabei die Gemeinschaft gefährdet. Die Resozialisierungsaufgabe besteht dann darin, zu erreichen, daß er künftig ohne Zwangsmaßnahmen jene grundsätzlichen und allgemeinverbindlichen Normen einhält, die als Bedingungen des gesellschaftlichen Gemeinschaftslebens gelten, sich also sozial und rechtstreu verhält. Oft ist erforderlich, ihn hierfür erst tauglich zu machen, bekanntlich genügt bei strukturell divergierenden oder durch ihre Umwelt asozial geprägten Menschen der bloße gute Willen nicht immer. Die Erfüllung dieser Zielsetzung setzt voraus, daß die Bewährungszeit mit positivem Inhalt gefüllt und so ausgestaltet wird, daß sie einer wirklich nachhaltigen Individualprävention zu dienen vermag. Diese Erkenntnis ist mittlerweile überall ein kriminalistisches Gemeingut geworden.

In *Schlyters* Reformgesetzgebung von 1939, die als ein Wendepunkt der schwedischen Kriminalpolitik anzusehen ist, wurde, um den Bestrebungen nach größtmöglicher Elastizität, Individualisierungsmöglichkeit und Effektivität zu genügen, dem Richter die alternative Befugnis eingeräumt, im Urteil unter Festsetzung einer Bewährungsfrist je nach der Eigenart der Täterpersönlichkeit und den Bedürfnissen des einzelnen Falles entweder unter Bemessung einer Freiheitsstrafe den Aufschub der Strafvollstreckung (Sursis) oder unter Schuldigerklärung den Aufschub der Strafverhängung (Probation) zu bestimmen. In beiden Fällen wurde es in die Entscheidung des Richters gestellt, es hierbei zu belassen oder zugleich eine Bewährungsaufsicht (Überwachung) anzuordnen oder darüber hinaus dem Verurteilten die Befolgung geeigneter, individualisierter Weisungen aufzuerlegen.

Beließ es der Richter beim bloßen Aufschub der Strafverhängung oder der Strafverbüßung, so bedeutete das Strafurteil nur eine Art qualifizierter Verwarnung des Täters, wobei ihn die drohende Verbüßung einer Freiheitsstrafe zu Rechtstreue und sozialem Verhalten veranlassen sollte. Dies glückte fast immer. In den anderen ernsteren und kriminalistisch bedeutsameren Fällen sollte die Verurteilung eine resozialisierende Behandlung des Täters ermöglichen, um sein Absinken in chronische Kriminalität zu verhindern und ihm zu einer „normalen" Lebensführung zu verhelfen.

Voraussetzung für die Erfüllung der neuen Zielsetzungen war, daß dem Gericht eine Kriminal- und Sozialprognose des Angeklagten ermöglicht wurde. In Erweiterung früherer Vorschriften erging deshalb ein bedeutsames Gesetz über die *Personenuntersuchung in Strafverfahren* (Neufassung von 1964). Es bestimmte, daß in nicht leichten Fällen bei allen Anklagen vor der Gerichtsverhandlung sorgfältige Ermittlungen über die Art und Psyche der Täterpersönlichkeit, ihren Werdegang, ihren sozialen Hintergrund und ihre Besonderheiten angestellt werden (s. unten). In dem dem Gericht vorgelegten Personen-Gutachten wird — was sehr bedeutsam ist — darüber hinaus auch zu der Frage Stellung genommen, ob im Fall eines Schuldspruchs und des Vorliegens der sonstigen Voraussetzungen eine bedingte Verurteilung mit oder ohne Aufsicht usw. angebracht erscheint oder nicht.

Eine Notwendigkeit für die Resozialisierungsarbeit war die Errichtung einer ständig wachsenden Organisation von hauptberuflichen *Schutzkonsulenten* und *Schutzassistenten* sowie von *privaten Bewährungshelfern*, die dem Reichsamt für Kriminalvollzug unterstellt wurde. Diese große und bedeutungsvolle Organisation hat das Bild der schwedischen Kriminalpolitik bereits in den vierziger Jahren tiefgreifend verändert. Ende 1973 bestanden in Schweden 45 Schutzkonsulentenbezirke, zu denen noch die ihnen entsprechende sog. „Schutzwehr" von Stockholm hinzukommt. Seit 1972 gibt es daneben noch die in Stockholm befindliche „Behandlungszentrale", an die Personen überwiesen werden, die sich durch ernsten Alkohol- oder Narkotikamißbrauch in sehr schlechtem physischen oder psychischen Zustand befinden. Die Freipflegeorganisation beschäftigte im Jahre 1973 insgesamt 422 Beamte, darunter 243 Schutzkonsulenten und -assistenten, im Jahre 1974 wurden weitere 73 Assistenten sowie sonstiges Personal neu angestellt. Die Zahl der freiwilligen Bewährungshelfer betrug Ende 1973 insgesamt 12 368, sie betreuten zumeist nur 1—2 Überwachte und erhielten für Person und Monat 50 Kronen. Die im Zusammenhang hiermit stehenden vielfältigen Einzelprobleme der Freipflege und ihrer Entwicklung können hier aus Raumgründen nicht behandelt werden. Am 1. Januar 1973 erfaßte die Freipflege 23 188 Personen (einschl. von 2388 bedingt aus einem Gefängnis Entlassenen), während 12 207 Täter im Jahre 1972 erstinstanzlich zu Gefängnis verurteilt wurden und die tägliche Durchschnittsbelegung der Gefängnisse im Jahr 1973 nur 3243 Personen betrug.

Die ersten guten Erfahrungen waren für *Schlyter* ein Anlaß, in seinem Entwurf eines „Schutzgesetzes" einen bedeutsamen weiteren Schritt zu tun, der im Ausland bisher kaum nachgeahmt wurde, aber in Schweden Aufnahme in das neue Kriminalgesetzbuch gefunden hat, also geltendes Recht ist.

Schlyter verselbständigte die bedingte Verurteilung, indem er sie völlig von der Freiheitsstrafe trennte. Eine derartige Verurteilung erfolgt nun nicht mehr, wie dies anfangs der Fall war, anstelle einer an sich verwirkten Gefängnisstrafe oder unter ihrer Aussetzung oder überhaupt in einem Zusammenhang mit ihr. Statt dessen handelt es sich jetzt um freistehende, völlig selbständige, mit besonderen Bezeichnungen versehene Sanktionen. Diese begriffliche und tatsächliche Abtrennung der Freiheitsstrafe von den Sanktionen der Freipflege hat andererseits zur Folge, daß Gefängnis nur unbedingt verhängt werden darf und — falls nicht eine Begnadigung erfolgen sollte — daher auch immer verbüßt werden muß. Eine bedingte Verurteilung zu Gefängnis oder dessen gerichtliche Aussetzung existiert nicht mehr.

Auf *Schlyters* Vorschlag ist eine Zweiteilung erfolgt, die ihre tieferen Wurzeln im Unterschied von „Sursis" und „Probation" hatte. Wird eine derartige Sanktion unter Anordnung einer Bewährungsfrist von zwei Jahren ohne Überwachung und Weisungen verhängt (Kap. 27), so trägt sie die — für den Deutschsprachigen etwas verwirrend klingende — Bezeichnung *„Bedingte Verurteilung"* (villkorlig dom), es wird also zu Bedingter Verurteilung verurteilt. Diese ist eine strengere Sanktion als die Tagesbuße, auch nicht nur ein einfacher Tadel oder eine Verwarnung mit Strafvorbehalt. Der Verurteilte soll sich während der genannten Bewährungsfrist gut führen, sich nach Kräften selbst unterhalten und gegebenenfalls alles ihm Mögliche tun, um den durch seine Tat entstandenen Schaden wiedergutzumachen. Das Gericht darf dies näher regeln. Kommt der Verurteilte den hierfür erteilten Weisungen nicht nach, so kann eine gerichtliche Warnung ausgesprochen, sowie die Schadensersatzleistung neu geregelt werden. Bleibt auch dies erfolglos, so darf das Gericht eine andere Sanktion festsetzen. In der Praxis wird dies kaum jemals nötig.

In ernsteren Fällen (Kap. 28) erfolgt die Verurteilung mit einer Bewährungsfrist von drei Jahren und mindestens zweijähriger Überwachung durch einen Bewährungshelfer sowie mit eventuellen Weisungen. Sie heißt dann *„Schutzaufsicht"* (skyddstillsyn). Die Bestimmungen über die Aufsichtsführung wurden im Jahre 1973 revidiert und die zulässigen Weisungen hierbei verringert, da sich nicht alle bewährt hatten. Sie finden sich in Kap. 26 § 15 und Kap. 28 § 6. Zulässig ist auch die Anordnung von ärztlicher oder therapeutischer Behandlung in einer Anstalt. Die Bewährungshilfetätigkeit ist bei lokalen Aufsichtsausschüssen konzentriert (s. unten).

Die Effektivität dieser beiden Sanktionen ist — auch dies geht auf *Schlyters* Initiative zurück — dadurch erheblich verstärkt worden, daß sie stets — auch wenn das Gesetz hierüber nichts sagt — noch mit *zusätzlichen Geldstrafen* bis zu 120 Tagesbußen verbunden werden dürfen. Dies geschieht häufig und insbesondere bei der Verurteilung zu Schutzaufsicht.

Für diese gilt ferner noch eine Besonderheit. Gewiß ist die Schutzaufsicht grundsätzlich „Freipflege", wird also außerhalb einer Anstalt vollzogen. Aber es gibt hiervon eine Ausnahmemöglichkeit. Das Gericht ist befugt, in seinem Urteil anzuordnen, daß auch eine *Anstaltsunterbringung* von 1—2 Monaten Bestandteil der verhängten Schutzaufsicht sein soll, wenn dies erforderlich erscheint, um den Verurteilten auf den rechten Weg zu führen, also aus Gründen der Individualprävention (Kap. 28 § 3). Diese nur für ernstere Fälle bestimmte Sondervorschrift wird in der Praxis hauptsächlich bei noch jungen Tätern (Mindestalter: 18 Jahre) angewandt und soll ihnen den Ernst der erfolgten Verurteilung nachdrücklich vor Augen führen. Im Jahre 1973 geschah dies bei 623 Personen. Im allgemeinen beginnt in diesen Fällen die Schutzaufsicht mit dem Anstaltsaufenthalt, der die Freipflege vorbereiten soll. Hierbei ist praktisch bedeutsam, daß die Vollstreckung vom Gericht ohne Rücksicht auf die Rechtskraft des ergangenen Urteils beschlossen werden darf, damit sofort nachdrücklich in eine asoziale Lebensführung eingegriffen werden kann. Eine derartige Anstaltsunterbringung darf vom Gericht auch während der Bewährungsfrist beschlossen werden, wenn hierfür besonderer Anlaß besteht. Hat der fragliche Anstaltsaufenthalt 1 Monat gedauert, so darf vom Aufsichtsausschuß die Entlassung beschlossen werden. In der Praxis pflegt dies zu geschehen, wenn damit zu rechnen ist, daß der Entlassene in geordnete Verhältnisse gelangen und sich durch Arbeit selbst unterhalten wird.

Kommt der zu Schutzaufsicht Verurteilte seinen Obliegenheiten nicht nach, so darf der Aufsichtsausschuß nicht nur die Weisungen ändern, sondern ihm auch eine Warnung erteilen. Auch eine Änderung der Weisungen und eine Verlängerung der Aufsicht ist zulässig. Erweist sich alles dies als ergebnislos, und ist nicht damit zu rechnen, daß sich der Verurteilte auf diese Weise auf den rechten Weg führen läßt, so kann sich der Aufsichtsausschuß im äußersten Fall an den Staatsanwalt mit dem Ersuchen wenden, beim Gericht die Aufhebung der Schutzaufsicht zu beantragen. Das Gericht darf dann eine andere Sanktion bestimmen (Kap. 28 § 9). Alle Maßnahmen dieser Art sind aber in der Praxis sehr selten (1973: 107 Warnungen, 28 Verlängerungen der Aufsichtsdauer, nur 6 Anträge auf eine Anstaltssanktion). Weit häufiger ist dagegen die Verkürzung der Aufsichtsfrist wegen einwandfreier Führung (1973: 1533 Personen). Im Jahre 1971 wurde in 4658 Fällen „Bedingte Verurteilung" und in 8648 Fällen „Schutzaufsicht" verhängt.

Im Jahre 1943 wurden auch die Bestimmungen über die *bedingte Entlassung* reformiert, wobei als Neuheit neben der fakultativen die obligatorische bedingte Entlassung ohne Rücksicht auf die Führung des Anstaltsinsassen nach Verbüßung von $^5/_6$ einer sechs Monate überschreitenden Freiheitsstrafe eingeführt wurde. Man ging davon aus, daß gerade die am schlechtesten Gearteten eine überwachte Übergangszeit benötigten und nahm an, daß die vorzeitige Entlassung für sie ein Ansporn zu sozialem Verhalten während dieser Restzeit würde. Dies hat sich nicht bewährt und wurde deshalb später wieder beseitigt. Der Verurteilte rechnete sofort die Übergangszeit von der Strafdauer ab, er empfand sich daher gar nicht als vorzeitig entlassen und wegen einer Vergünstigung zu besonderer Dankbarkeit veranlaßt.

Seitdem gibt es nur noch die *fakultative bedingte Entlassung,* die nach Verbüßung eines mehr als viermonatigen Gefängnisaufenthalts zulässig ist, falls zwei Drittel oder in besonderen Fällen die Hälfte der Strafzeit verbüßt worden sind (Kap. 26 § 6). Die bedingte Entlassung nach Verbüßung von zwei Dritteln der Strafzeit kommt in der Praxis einer obligatorischen Entlassung ziemlich nahe, doch geschehen Ausnahmen. Entscheidende Kriterien sind die voraussichtliche Einwirkung eines weiteren Anstaltsaufenthalts auf den Insassen und die Verhältnisse, in die er nach seiner Entlassung gelangen wird. Die sog. „gute Führung" wird im Gesetzeswortlaut seit 1974 nicht mehr besonders genannt (Kap. 26 § 7). In dem Beschluß über die bedingte Entlassung ist eine Bewährungsfrist von 1—3 Jahren, bei hohem Strafrest von 5 Jahren festzusetzen.

Ist die Verurteilung zu Gefängnis auf *Lebenszeit* erfolgt, was im Gesetz nie als absolute Strafe vorgeschrieben ist, so pflegt zumeist eine Begnadigung durch die Regierung in der Weise zu erfolgen, daß eine Umwandlung der lebenslangen in eine befristete Strafe geschieht. Als Strafdauer werden dann im allgemeinen 12—15 Jahre festgesetzt, am häufigsten sind derzeit 14 Jahre. Findet die Regierung, daß die lebenslange Strafe im Gnadenweg in eine solche von z. B. 14 Jahren verwandelt werden soll, so ergeht der Beschluß hierüber in der Regel unmittelbar vor dem Ende einer Verbüßungsdauer von sieben Jahren. Auf diese Weise besteht die Möglichkeit, den Verurteilten im Einklang mit den geltenden Voraussetzungen nach Ablauf der halben Strafdauer entlassen zu können. Geschieht dies dann nicht, so erfolgt die bedingte Entlassung im allgemeinen spätestens, nachdem zwei Drittel der befristeten Strafzeit verbüßt worden sind.

Daß das Behandlungsprinzip frühzeitig seinen sichtbarsten Ausdruck im Ausbau des *Jugendstrafrechts* gefunden hat, liegt nahe. Trotzdem läßt sich kaum feststellen, daß die Behandlung mit dem Ziel der Besserung zunächst nur im Jugendstrafrecht akzeptiert wurde und erst von dort aus die kriminalpolitische Gesamtentwicklung beeinflußt hat, wie dies für andere einst rein klassisch orientierte kontinentaleuropäische Länder gilt. Vielmehr bewegten sich die schwedischen Reformen des Jugend- und Erwachsenenstrafrechts ungefähr gleichzeitig und mit dem gleichen Zweckgedanken vor Augen in der Richtung einer resozialisierenden Behandlung, wenn eine solche zur Anpassung an die Gesellschaft erforderlich erschien[57].

Das *Strafmündigkeitsalter* betrug und beträgt in Schweden von jeher 15 Jahre, wenn auch bis 1902 — was praktisch aber schon damals bedeutungslos war — unter ganz besonderen Umständen bereits Vierzehnjährige für bestimmte schwere Verbrechen bestraft werden durften. Die von vielen Seiten viele Male geforderte generelle Erhöhung der Strafmündigkeit auf 17 oder 18 Jahre ist schon deshalb nicht erfolgt, um nicht die Möglichkeit auszuschließen, gegen Jugendliche, z. B. Lehrlinge, für verkehrswidrige und ähnliche Handlungen Geldstrafen oder Ordnungsbußen zu verhängen, zumal Ordnungswidrigkeiten ja in Schweden begrifflich Straftaten geblieben sind. Um so größer und bedeutsamer wurden die strafrechtlichen und sonstigen jugendrechtlichen Sonderregelungen für Jugendliche und Heranwachsende. Sie sind durch ihre flexiblen Möglichkeiten etwas verwickelt und unterscheiden sich von denen der meisten anderen europäischen Länder. So gibt es u. a. keine Jugendgerichte, und ihre Einführung ist nicht geplant.

Trotz Beibehaltung der Strafmündigkeit von 15 Jahren hat sich das schwedische Jugendstrafrecht mehr und mehr mit dem Ziel vor Augen entwickelt, daß Jugendliche unter 18 Jahren bei Begehung einer Straftat nicht immer, ja möglichst selten vor Gericht gestellt und von diesem zu Sanktionen verurteilt werden sollen. Statt dessen sollen in geeigneten Fällen die Jugendämter, also die kommunalen *Jugendfürsorgeausschüsse* (barnavårdsnämnder), berechtigt sein, die erforderlichen erzieherischen und sonstigen Maßnahmen gegen sie zu bestimmen und durchzuführen. Den Organen der Jugendfürsorge wurden zu diesem Zweck zunehmend Aufgaben und Befugnisse übertragen, die in Deutschland und vielen anderen Ländern nur dem Vormundschafts- oder Jugendrichter zustehen. Der schwedische Staatsanwalt ist in Fällen, in denen ein Jugendlicher zwischen 15 und 17 Jahren eine Straftat begangen hat, berechtigt, die Nicht-

---

[57] Vgl. Gerhard *Simson*, „Die strafrechtliche Behandlung junger Rechtsbrecher über achtzehn Jahren (in Schweden)", Zeitschrift für die gesamte Strafrechtswissenschaft Bd. 69 (1957), S. 153.

erhebung einer Anklage zu beschließen und den Täter statt dessen dem Jugendfürsorgeausschuß zur Beschlußfassung über die erforderlichen fürsorgerischen Maßnahmen zu übergeben. Dies setzt die vorherige Anhörung des Jugendfürsorgeausschusses voraus, der dann später seinen Beschluß faßt. Dieser Beschluß kann die zwangsweise Unterbringung in einer sog. Jugendfürsorgeschule (Fürsorgeanstalt) mit sich führen.

Zu dieser administrativen Freiheitsentziehung auf Grund von Straftaten ist zu bemerken, daß nach dem Gesetzeswortlaut in den Jugendfürsorgeausschüssen möglichst stets auch „juristische Sachkunde" vertreten sein soll und daß durch besondere Vorschriften über das Verfahren vor diesen Ausschüssen der Rechtssicherheit Rechnung getragen wird. Zudem ist gegen die Beschlüsse des Jugendfürsorgeausschusses im Beschwerdewege die Anrufung des zuständigen Provinzialverwaltungsgerichts (Länsrätt) zulässig, und gegen dessen freiheitsentziehende Entscheidung kann eine weitere Beschwerde beim Kammergericht (Kammarrätt), das ein höheres Verwaltungsgericht ist, eingelegt werden. Es liegt der Vorschlag vor, stets das Provinzialverwaltungsgericht zur ersten Beschlußinstanz bei derartigen administrativen Freiheitsentziehungen zu machen, doch ist dies noch eine Frage der späteren Zukunft. Auch besteht immer eine Alternativmöglichkeit. Erscheint dem Staatsanwalt angebracht, daß im einzelnen Fall eine Entscheidung des Strafgerichts ergeht, so ist die Anklageerhebung möglich, gegebenenfalls kann auch der Erlaß eines Strafbefehls in Frage kommen. Eine Sonderbestimmung macht bei Personen unter 18 Jahren die Herabsetzung der gesetzlichen Strafe möglich (Kap. 33 § 4).

Der Weg zu diesem Nebeneinander, das der Eigenart von Täter und Tat Rechnung tragen soll, öffnete sich 1944, als der Staatsanwaltschaft die später durch das jetzt geltende Gesetz von 1964 neugestaltete Befugnis eingeräumt wurde, nach erfolgter Anhörung des Jugendfürsorgeausschusses bei Jugendlichen unter 18 Jahren die Nichterhebung der Anklage zu beschließen, damit an die Stelle einer Bestrafung eine von diesem Organ zu bestimmende Fürsorgeanordnung oder ähnliche Maßnahme treten konnte. Im Jahr 1972 geschah dies in 8860 (1970: 7751) Fällen, also in einer für Schweden sehr großen Anzahl. Gleiches galt auch im Fall der erfolgten Anklageerhebung, da das Gericht seinerseits Entsprechendes nach Anhörung der Jugendbehörde beschließen konnte. Auch heute ist dies möglich. Man wählte zunächst das Instrument der bedingten Verurteilung, doch ist seit 1952 zulässig, daß das Gericht auf Grund der Hauptverhandlung die unmittelbare Einweisung des schuldigen Jugendlichen in die Jugendfürsorge anordnet (vgl. Kap. 31 § 1). Voraussetzung ist die Überzeugung, daß dies der Anpassung des Jugendlichen an die Gesellschaft am besten dient. Im Jahre 1972 erfolgte in 994 (1970: 1089) Fällen eine derartige gerichtliche Einweisung. Darüber, welche

Maßnahme ergriffen wird, entscheidet auch hier dann der Jugendfürsorgeausschuß. In ernsten Fällen, in denen ein kraftvolles Eingreifen erforderlich erscheint, bringt auch dies oft mit sich, daß der kriminelle Jugendliche zwangsweise in einer Jugendfürsorgeschule untergebracht wird, also eine zeitunbestimmte Freiheitsentziehung erfolgt. Sie findet — wie stets — ihr Ende, sobald sich ein Erfolg prognostizieren läßt. Auch hierüber sind besondere Vorschriften ergangen. Neben der Einweisung in Jugendfürsorge ist das Gericht immer auch befugt, noch zusätzlich eine Geldstrafe zu verhängen.

Das in der schwedischen Praxis sehr bedeutsame und detaillierte *Jugendfürsorgegesetz* (barnavårdslag) ist 1960 neugefaßt und modernisiert worden. Es gewährt den Jugendfürsorgeorganen vielfältige, differenzierte und weitreichende Befugnisse[58]. Die Jugendfürsorgeausschüsse sind grundsätzlich für Jugendliche bis zu 17 Jahren zuständig, doch kann die erfolgte Unterbringung in einer Jugendfürsorgeschule u. U. auch noch bis zum 20. Lebensjahr bestehen bleiben. Für den Bereich der Jugendkriminalität ist es ein Grundprinzip, daß alle zu treffenden Maßnahmen nur dem Besten des Jugendlichen dienen sollen. Demgemäß soll nicht die Vergangenheit des Jugendlichen, also auch nicht die einst begangene Straftat und ihr Schweregrad entscheidend oder allein entscheidend sein, sondern die Frage, ob die im Zeitpunkt der Beschlußfassung vorliegenden Gesamtumstände eine Maßnahme erforderlich machen und welches die dann geeignetste und wirksamste ist[59]. Freilich strahlt von der Möglichkeit der zeitunbestimmten Unterbringung in einer Fürsorgeschule stets auch ein beträchtlicher generalpräventiver Effekt aus. Für die Jugendfürsorgeschulen ist in ganz Schweden das Reichsamt für Sozial- und Gesundheitswesen (Socialstyrelsen) allein zuständig.

Überweist ein Gericht den Jugendlichen unter 18 Jahren nicht den Jugendfürsorgeorganen, so sind grundsätzlich alle gesetzlichen Sanktionen zulässig, also vor allem Geldstrafen, Bedingte Verurteilung und Schutzaufsicht. Die Verurteilung zu zeitbestimmtem Gefängnis ist ein Ausnahmefall und soll dies nach dem Gesetzeswortlaut auch sein. In Frage kommen hier beispielsweise ernste Verkehrsdelikte in betrunkenem Zustand, bei denen zwar eine fühlbare freiheitsentziehende Sanktion angebracht ist, aber die langdauernde Umerziehung in einer Fürsorgeschule keine adäquate und sinnvolle Maßnahme wäre. Im Jahr 1973 wurden nur 27 (1970: 42) Jugendliche zu zeitbestimmtem Gefängnis (also nicht Jugendgefängnis) verurteilt.

---

[58] Vgl. Fußnote zu Kap. 31 § 1.

[59] Vgl. hierzu auch Gerhard *Simson*, „Die schwedische Verbrechenskommission von 1973“, in Kriminalistik 1974, Heft 2, S. 55; vgl. *ders.*, ebenda, 1974, Heft 8, S. 366.

Anders als in der Bundesrepublik Deutschland ist das im Jahre 1935 nach englischem und dänischem Vorbild geschaffene *Jugendgefängnis,* das zeitunbestimmt ist, nicht für kriminelle Jugendliche, sondern für kriminelle Heranwachsende zwischen 18 und 20 Jahren bestimmt. Die Erstreckung auf jüngere Täter oder auf solche bis zu 23 Jahren ist zulässig, erfolgt aber nicht sehr oft. So wurden im Jahre 1973 überhaupt nur 10 Jugendliche unter 18 Jahren und 7 junge Täter der Alterskategorie 20—23 Jahre in ein Jugendgefängnis eingeliefert. Der Begriff „Jugendgefängnis" ist zwar hergebracht, aber erscheint heute wenig glücklich, da es sich um eine Sanktion handelt, die keine Strafe ist. Jugendgefängnis ist daher auch nur die Sanktionsbezeichnung des Kap. 29, die Vollzugsanstalten werden allgemein als Jugendanstalten, die Insassen als Schüler (elever) bezeichnet. Auch beginnt zwar die Vollstreckung in einer Anstalt, setzt sich dann aber außerhalb der Anstalt fort (Kap. 29 § 2).

Die beiden bekanntesten Jugendanstalten Schwedens sind die offene Anstalt für „Normalfälle" von *Skenäs* und die im Jahre 1955 mit damals hohem Kostenaufwand errichtete von *Roxtuna,* die eine psychotherapeutische Anstalt ist. Insgesamt wurden im Jahre 1972 383 Personen — erstmalig 214, wiedereingeliefert 169 — in ein Jugendgefängnis gebracht, die Durchschnittsbelegung des gleichen Jahres belief sich auf 390 Personen. Im Jahr 1973 betrug sie nur noch 359, die Zahl der erstmaligen Neuaufnahmen ging auf 187, die Zahl der Wiedereinlieferungen auf 123 zurück.

Jugendgefängnis ist — wie erwähnt — grundsätzlich eine zeitunbestimmte Sanktion, doch gelten wichtige Begrenzungen. Der Anstaltsaufenthalt soll mindestens ein Jahr dauern und darf drei Jahre nicht überschreiten. Ist die Prognose positiv, so darf der Verurteilte die Anstalt zumeist aber schon nach zehn Monaten zur Freibehandlung verlassen. Die Gesamtdauer von Anstaltsdauer und Behandlung außerhalb einer Anstalt kann nicht mehr als fünf Jahre betragen. Der Beschluß über die Überführung in Freipflege — die Wiederunterbringung in der Anstalt ist durch einen neuen Beschluß zulässig — wird grundsätzlich von dem für ganz Schweden zentralen Jugendgefängnisausschuß gefaßt, doch liegt die Überwachung usw. bei einem lokalen Aufsichtsausschuß (s. unten).

Der Anstaltsaufenthalt hat zur Aufgabe, dem Heranwachsenden eine erzieherische und ausbildende Behandlung zu gewähren, neben Arbeit in Werkstätten erfolgt Unterricht auf verschiedenen Gebieten. Besonderes Gewicht wird auf die Anregung zu sinnvoller Freizeitgestaltung gelegt, wobei die natürlichen Interessen des einzelnen gefördert werden sollen. Die Bildung kleiner Gruppen innerhalb der einzelnen Anstalten wird als wertvoll angesehen und durchgeführt.

Die Entwicklung des Jugendgefängnisses verlief anders, als sie sich der Gesetzgeber gedacht hatte. *Schlyter* schwebte vor, daß diese Sanktion für auf Abwege geratene, aber, wie er sich unter Zitierung des führenden dänischen Kriminalisten Stephan *Hurwitz* ausdrückte, „flinke Jungens" (dänisch: raske drenge) bestimmt sei. Er erklärte im Reichstag, daß debile, abnorme und unverbesserliche Heranwachsende durch ihre Anwesenheit in diesen Anstalten die Erzielung guter Resultate bei den Besserungsfähigen gefährden würden. Trotzdem wurden in der Praxis häufig gerade diese nicht erwünschten Elemente zu Jugendgefängnis verurteilt, was die Atmosphäre ungünstig beeinflussen mußte. Nach dem Vorbild der dänischen Anstalt Herstedvester wurde deshalb die genannte schwedische Jugendanstalt *Roxtuna* errichtet, die psychotherapeutischen Charakter hat und für solche psychisch belasteten oder divergierenden jungen Kriminellen bestimmt ist, die eine entsprechende Behandlung benötigen.

Trotzdem sind die Ergebnisse der Sanktion des Jugendgefängnisses nicht mehr zufriedenstellend, und dies ist ein leider zunehmendes Phänomen. Dieser Trend läßt sich nicht von dem in Schweden — wie in allen Demokratien — im letzten Jahrzehnt zu beobachtenden allgemeinen Steigen der Heranwachsenden-Kriminalität trennen. Dieses beruht vor allem auf der aus mehrschichtigen Gründen verminderten inneren Achtung der jungen Generation vor Staat und Gesetz. Diese Tatsache und ihre Hintergründe können hier als bekannt vorausgesetzt werden. Die Rückfallshäufigkeit nach dem Ablauf der Sanktion ist daher bedenklich groß. Aber bereits während jener überwachten Behandlung in Freiheit, die der bedingten Anstaltsentlassung folgt, geschehen oft erneute Straftaten, bei denen vom Jugendfürsorgeausschuß die Wiederunterbringung in der Anstalt beschlossen werden muß. In derartigen Fällen erlaubt eine Bestimmung dem Staatsanwalt, von neuer Anklageerhebung abzusehen.

Reformen werden erwogen, die 1974 erfolgte Reform des gesamten Kriminalvollzugs bezieht sich auch auf den Vollzug in den Jugendanstalten. Die moderne Zuspitzung der Generationengegensätze, die in den größeren Städten Schwedens ähnlich wie in anderen Ländern zu Gruppenbildungen junger Menschen mit „Subkulturen" geführt hat — vor allem antiautoritär eingestellte, öffentlich aggressiv auftretende, sexuell ungehemmte Heranwachsende spielen hier eine Rolle — und das Hinzutreten des gerade junge Menschen in einen tragischen Abgrund stürzenden Narkotikaproblems bringen mit sich, daß es sich hier um eine der allerschwierigsten, aber auch allerernstesten kriminal- und sozialpolitischen Aufgaben der Gegenwart handelt. Vermutlich hängt es mit den unbefriedigenden Rückfall-Ergebnissen zusammen, daß die Zahl der Verurteilungen zu Jugendgefängnis so niedrig geworden ist und gegen Angehörige der fraglichen Alterskategorie häufiger Schutzaufsicht verhängt wird. Die Abschaffung des heutigen Jugendgefängnisses wird von einer Gesetzgebungskommission, die im Jahre 1974 eingesetzt wurde, geprüft und erscheint derzeit wahrscheinlich. Die Frage der Alternative ist hier freilich besonders schwierig und noch nicht gelöst.

Wie oben bereits erwähnt wurde, gelang es *Thyrén* im Jahre 1927, erstmalig für gewisse Kategorien der sog. *Gewohnheitsverbrecher* (dieser Ausdruck wird im schwedischen Gesetz allerdings nicht verwendet) zeitunbestimmte Sondersanktionen zu schaffen[60]. *Thyrén* stand dabei unter dem Einfluß von Franz *von Liszt* und der Forderungen der Internationalen Kriminalistischen Vereinigung. Schon 1902 war Norwegen vorangegangen, 1908 folgte England mit seinem damaligen Prevention of Crime Act, in dem die Verbringung dieser Täter auf die Isle of Wight vorgeschlagen wurde, im gleichen Jahr entschloß sich Ägypten zu ähnlichen Maßnahmen.

Thyrén führte für zwei unterschiedliche Kategorien chronischer Verbrecher, die für Person oder Eigentum ihrer Mitbürger besonders gefährlich erschienen, zwei voneinander geschiedene Sanktionen ein, die als „Verwahrung“ (Sicherungsverwahrung) und „Internierung“ bezeichnet wurden. Der wichtigste Unterschied zwischen diesen beiden Instituten war, daß die Internierung für sog. Normalfälle, die Verwahrung für Abnormfälle bestimmt war, in beiden Fällen mußte es sich um schwere Straftaten und gefährliche Täter handeln. Im Jahr 1937 wurde eine Erweiterung des gesetzlichen Anwendungsbereichs beschlossen, wobei die beiden Sanktionsformen in einem gemeinsamen Gesetz behandelt wurden[61]. Dieses Gesetz konnte wegen des Kriegsausbruchs und der von ihm bedingten Knappheit der Haushaltsmittel erst im Jahre 1946, also nach neun Jahren in Kraft treten. Es leitete zur heutigen Sicht auf die Behandlung der chronischen und gefährlichen Täter über, die in den umgestalteten Bestimmungen des Kriminalgesetzbuchs zum Ausdruck gelangt ist.

Die Entwicklung verlief auch hier anders, als es sich die Gesetzgeber der zwanziger und dreißiger Jahre vorgestellt hatten. Während anfangs, wenn auch relativ selten, zu Internierung verurteilt wurde, verdorrte dieses Institut mit der Zeit völlig, zu Verurteilungen kam es nahezu nie mehr. Es hatte sich ergeben, daß es unter den zeitunbestimmt zu verurteilenden chronischen Tätern keine Normalfälle im Sinne des Gesetzes gab, sondern bei fast allen Tätern dieser Kategorie war eine Abnormität festzustellen, die die Verurteilung zu Internierung rechtfertigte. Im heutigen Gesetz ist diese Unterscheidung daher beseitigt, es gibt unter der Bezeichnung „Internierung“ nur eine einheitliche Sanktion (Kap. 30).

---

[60] Vgl. zum folgenden Knut *Sveri*, „Die Behandlung der gefährlichen Gewohnheitsverbrecher in den nordischen Ländern“, Zeitschrift für die gesamte Strafrechtswissenschaft Bd. 80 (1968), S. 176 ff.

[61] Vgl. Gerhard *Simson*, „Le traitement des délinquents d'habitude en Suède“, Revue de Science Criminelle et de Droit Pénal Comparé 1949, S. 693.

Entscheidend für diese Entwicklung war, daß nach dem Gesetzeswortlaut (Kap. 30 § 1) in allen Internierungsfällen Voraussetzung ist, daß für die Straftat Gefängnis von mehr als zwei Jahren zu verhängen wäre und eine zeitunbestimmte Freiheitsentziehung notwendig erscheint, um künftiger schwerer Kriminalität vorzubeugen. Bei der Beurteilung dieser Frage sind die gegenwärtige und frühere kriminelle Betätigung des Täters, seine Geistesart, seine Lebensführung und seine sonstigen Lebensumstände zu berücksichtigen. Von der schwedischen Psychiatrie und Judikatur wird die psychische Verfassung eines chronischen Schwertäters in der Regel als „abnorm" angesehen, wenn die frühere Verbüßung längerer Freiheitsstrafen bei ihm völlig ohne jede Wirkung geblieben ist. Der den Außenstehenden leicht in die Irre führende Begriff „abnorm" im Sinn der fraglichen Bestimmungen wurde daher anders ausgelegt als im psychiatrischen Sinn der mentalen Krankheit (vgl. Kap. 33 § 2). Im Vordergrund stand und steht, ob mit normaler oder nichtnormaler Wirkung einer befristeten Freiheitsstrafe auf den Täter zu rechnen ist oder nicht. (Die Internierung von Ersttätern ist zwar zulässig, aber fast ohne praktische Bedeutung).

Hat ein Gericht über die Anordnung einer Internierung zu entscheiden, so hat es grundsätzlich zuvor eine Äußerung des für ganz Schweden zuständigen zentralen Internierungsausschusses (s. unten) einzuholen, ob diese Sanktion im Fall der Verurteilung angebracht erscheint (Kap. 38 § 7).

Daß — wie bei allen Maßnahmen des schwedischen Kriminalrechts — bei der Internierung „Einspurigkeit" herrscht, wurde oben bereits gesagt. Sie ist für den schwedischen Kriminalisten von jeher eine Selbstverständlichkeit. Die „Zweispurigkeit", also das von der klassischen Schule geforderte Nacheinander von Freiheitsstrafe und Sicherungsmaßnahme, wird in Schweden nicht nur als kriminalpolitisch verfehlt angesehen, sondern als inhuman und darum als untragbar entschieden verworfen; es gibt niemanden, der sie befürwortet. Das Gesetz verbietet die Zweispurigkeit ausdrücklich (Kap. 1 § 5). Es gibt darüber hinaus — anders als in Norwegen und anderen Ländern — auch kein formelles „Vikariieren" von Strafe und sonstiger Sanktion.

Eine Proportionalität zwischen der Schwere der individuellen Kriminalität und der verhängten Internierungssanktion soll durch die gerichtliche Festsetzung einer Mindestfrist, die von 1 Jahr bis zu 12 Jahren reichen darf, gesichert werden. Über die Beendigung der Internierung bzw. die probeweise Überführung aus der Anstalt in Freibehandlung entscheidet der Internierungsausschuß. Er ist bei der Verlängerung der Mindestfristen an gewisse zeitliche Begrenzungen gebunden; sollen diese Fristen überschritten werden, so muß das Gericht mitwirken (Kap. 30 § 8). Nach Ablauf jedes Halbjahrs nach dem Ende der Mindestfrist findet eine automatische Prüfung durch den Internierungsausschuß statt.

Als 1927 die Internierung eingeführt wurde, sah man in ihr vor allem eine Maßnahme zur Absonderung Unverbesserlicher; mittlerweile ist auch hier das Resozialisierungsziel ganz in den Vordergrund getreten. Aber die Ergebnisse sind nicht ermutigend, etwa 80 % der Entlassenen werden innerhalb von fünf Jahren rückfällig. Von manchen schwedischen Kritikern (*Sveri* u. a.) wird geltend gemacht, daß zur Erzielung besserer Behandlungsresultate die Rehabilitierungsarbeit mit größeren finanziellen und sonstigen Mitteln vor sich gehen sollte und daß hier vor allem zu wenig an psychiatrischer Therapie geschehe. Ein Urteil ist angesichts der keineswegs einheitlichen Eigenart dieser Täterkategorie schwierig. Oft handelt es sich nicht um echte Schwerverbrecher, sondern um Personen, die unablässig mittelschwere Vermögensdelikte oder Gewalttaten begehen und an Alkohol- oder Narkotikaproblemen leiden. Die Frage einer Reform ist Gegenstand von Überlegungen.

Die größte Internierungsanstalt liegt in *Hall* (nicht weit von Stockholm), aber es gibt auch offene oder halboffene Anstaltsabteilungen oder Kolonien. Im Jahre 1973 gelangten 319 Personen in erstmalige oder erneute Internierung, die Gesamtzahl ist also klein, zumal nur 49 von ihnen Ersteingelieferte waren; die restlichen 270 Personen waren auf Grund einer Entscheidung des Gerichts oder Internierungsausschusses erneut in die Internierungsanstalt aufgenommen worden. Die Durchschnittsbelegung der fraglichen Anstalten betrug im gleichen Jahr insgesamt 495 (1972: 526) Internierte. Diese niedrige Zahl ist seit einiger Zeit in fast ständigem Sinken begriffen, 1967 hatte sie sich noch auf 769 belaufen. Vermutlich spielten in der Gerichtspraxis dabei die schlechten Behandlungsergebnisse eine gewisse Rolle.

Bei der Bekämpfung der schwedischen Kriminalität mußte von jeher dem *Alkoholproblem* ganz besondere Beachtung gewidmet werden, da es sich hier lange um den häufigsten kriminogenen Faktor handelte und vermutlich auch heute noch handelt. Die Rolle des Alkohols bei der Begehung von Straftaten aller Art ist erschrekkend groß und war es prozentuell noch stärker in jenen vergangenen Zeiten, in denen die gesamte schwere Kriminalität des Landes viel niedriger war. Das Alkoholproblem Schwedens war jahrhundertelang und ist trotz gewisser Wandlungen des letzten Jahrzehnts noch immer in erster Linie ein Branntweinproblem, und dies rückt die Problematik und Gesetzgebung in ein spezielles Licht. Der Verfasser hat an anderer Stelle den Zusammenhang von Alkoholmißbrauch und schwedischer Kriminalität zu analysieren und mit statistischem und sonstigem Material zu beleuchten versucht und muß hier auf diese Ausführungen verweisen, obwohl die seitdem vergangene Zeit einzelne Neuerscheinungen mit sich gebracht hat[62]. Der Ernst des Problems ist geblieben.

Trotz der naturgemäßen Häufigkeit von Übergängen zwischen den beiden Täterkategorien der kriminellen Gelegenheitsbetrunkenen und der kriminellen Personen mit chronischen Alkoholproblemen (Alkoholiker) wurde und wird von der schwedischen Kriminalpolitik gerade hier der Differenzierung der strafrechtlichen Bekämpfungsmethodik besondere Bedeutung beigemessen. Dies ist schon deshalb notwendig, weil die strafrechtliche Generalprävention bei der einen Kategorie eine wirksame Rolle spielen kann, bei der anderen völlig versagt. Diese Erkenntnis hat den schwedischen Gesetzgeber, der nur täterbezogene und effektive Sanktionen verwenden will, seit langem beeinflußt.

Bei akutem Alkoholeinfluß ist es meistens der unnatürlich gesteigerte Betätigungsdrang, das herabgesetzte Urteilsvermögen und die verhängnisvolle Verringerung von Selbstkontrolle und Selbsthemmung, die für die Begehung der Straftat kausal sind. Chronische Trunksucht führt dagegen zu sozialem Absinken, moralischem Stumpfwerden und parasitärer Lebensführung. Sie erzeugt einen kranken, asozialen, oft gesellschaftsgefährlichen Typus, der eine spezifische Behandlung benötigt. Dies macht hier besondere Reaktionsformen notwendig, um nicht das Symptom statt seiner Ursache zu bekämpfen.

Die quantitative Bedeutung des komplizierten Sonderproblems der *Verkehrstrunkenheit* wurde oben bereits berührt. Es soll hier auf diese Fragen nicht eingegangen werden, da bei diesem nicht im Kriminalgesetzbuch geregelten Tatbestand Reformen erwogen werden, die sich noch nicht übersehen lassen. Die Ansichten gehen auseinander. Bei Straftaten dieser Art findet das Verkehrsstrafgesetz von 1951, das nur aus fünf Paragraphen besteht, aber von sehr hoher Bedeutung ist, Anwendung[63]. Wie oben bereits erwähnt, wird derzeit in § 4 zwischen Verkehrstrunkenheit (1,5 ‰) und Nichtnüchternheit (0,5 bis 1,4 ‰) geschieden, was in der gerichtlichen Praxis für die Strafzumessung von hoher Bedeutung ist.

Die bloße *Trunkenheit an einem öffentlichen Ort* ist, wenn sie sich aus Gebärden oder Reden ergibt, in Schweden immer noch strafbar (Kap. 16 § 15), wenn auch die Aufhebung dieser bis auf das Jahr 1733 zurückgehenden, 1841 neu erlassenen, heute veralteten und ineffek-

---

[62] Gerhard *Simson* in „Die Behandlung der Trunkenheit im Strafrecht" (Arbeiten zur Rechtsvergleichung, Bd. 8), Frankfurt 1960, S. 66 ff. (Verlag Alfred Metzner).

[63] Vgl. zum schwedischen Verkehrsstrafrecht, das als Bestandteil des Nebenstrafrechts trotz seiner eminenten Bedeutung für das Kriminalwesen hier aus Raumgründen nur gestreift werden kann, Carl-Johan *Cosmo*, „Verkehrsrecht in Schweden", ADAC-Schriftenreihe Bd. 12, München 1968 (übersetzt von Gerhard *Simson*).

tiven Vorschrift schon 1968 von einer Gesetzgebungskommission vorgeschlagen wurde[64]). Es beleuchtet jedoch den Umfang des Alkoholmißbrauchs, daß trotz der gar nicht schätzbaren und vor allem auch von der unterschiedlichen Aktivität der einzelnen örtlichen Polizeiorgane abhängigen Höhe der Dunkelziffer im Jahre 1972 69 700 Geldstrafen und Ordnungsbußen auf Grund dieser Bestimmung verhängt wurden. Ordnungsbußen sind bei öffentlicher Trunkenheit erst seit 1970 zulässig. Die vom Täter anzuerkennende polizeiliche Ordnungsbuße beträgt nach einem Erlaß des Reichsanklägers von 1970 50 Kronen und, wenn Ärgernis erregendes Verhalten hinzukommt, 100 Kronen. Es kann aber auch ein Strafbefehl ergehen oder Anklage erhoben werden. Zulässig ist dann nach dem Gesetzeswortlaut eine feste Geldbuße bis zu 500 Kronen.

Die Zahl der Fälle, in denen öffentliche Betrunkene wegen ihres Zustands zwangsweise in Polizeigewahrsam gebracht werden mußten, belief sich 1973 auf 111 673 (1967: 125 600). Der Unterschied zur Zahl der verhängten Geldstrafen und Ordnungsbußen beruht vor allem darauf, daß von der Anklageerhebung bzw. dem Erlaß eines Strafbefehls abgesehen werden soll, wenn Alkoholfürsorgemaßnahmen erfolgen (s. unten).

Aus Gründen der Generalprävention bewirkt von jeher ein selbstverschuldeter Rausch, und dies gilt auch für den Vollrausch — sofern es sich nicht um den sehr seltenen Sonderfall eines pathologischen Vollrausches handelt — nicht, daß eine in diesem Zustand begangene Tat straflos wird. Diese hart erscheinende Fiktion der vollen strafrechtlichen Verantwortlichkeit des Berauschten ist in das Kriminalgesetzbuch (Kap. 1 § 2) übernommen worden. Auf die dogmatische Konstruktion eines Gefährdungsdelikts nach ausländischem Vorbild hat man verzichtet, da das Ergebnis für den Betroffenen zumeist das gleiche bleibt. Kein Land erklärt die im Rausch begangene Tat als straflos. Und auch beim Gefährdungsdelikt des Auslandes wird in der Praxis die Strafe bei dem berauschten Täter nicht proportional zur Schuld, sondern zum Erfolg (begangene Tat) bemessen.

Wie erwähnt reagiert das schwedische Strafrecht gegenüber dem Gelegenheitstrinker anders als gegenüber dem *chronischen Alkoholiker*. Dieser wird als Kranker angesehen und behandelt. Entweder war er bereits krank, als er der Trunksucht verfiel oder er ist es durch sie geworden. Dieser Erkenntnis wird auch bei kriminellen Taten Rechnung getragen, da nicht die funktionellen Störungen, sondern die kriminogenen Ursachen bei der gesellschaftlichen Reaktion auf die Tat des Alkoholikers im Blickpunkt stehen sollen. Spezifische Maßnahmen der Trunksuchtsbekämpfung können an die Stelle der Strafe treten. Über umfassende Erweiterungen der Be-

[64] In Finnland und Norwegen erfolgte die Aufhebung der entsprechenden Strafbestimmungen.

handlung (Alkoholkliniken u. a.) wird diskutiert, doch setzen diese kostspielige Neuerungen voraus.

Die schwedischen Sanktionen gegenüber dem kriminellen Trinker lassen sich nur im Zusammenhang mit der gesamten *Alkoholpolitik* des Landes verstehen. Die früher an erster Stelle stehende, aber noch immer sehr beklagenswerte Rolle, die der Branntwein-Mißbrauch als Ursache von Elend, Krankheit, Exzessen, Asozialität und Kriminalität in Schweden gespielt hat, hat seit langem zu besonders intensiver, vielfältiger und mit großem Ernst betriebener Bekämpfungsarbeit geführt. Ein 1916 in Kraft getretenes Gesetz erlaubte erstmalig Zwangsmaßnahmen gegen chronische, asozial gewordene Trinker, und damals wurde auch die erste Alkoholikeranstalt in *Venngarn* geschaffen. Eine Volksbefragung von 1922 über die Einführung völliger Prohibition ergab für eine solche zwar eine sehr starke Minorität, aber keine volle Mehrheit und wurde daher nicht eingeführt, während sie in den beiden Nachbarländern Norwegen und Finnland zeitweise gegolten hat. Es kam jedoch in Schweden in der Zeit bis 1955 zu dem nach ihrem Initiator, dem Psychiater Ivan *Bratt* (1878—1956), genannten *Brattsystem*[65], das sehr einschneidende Restriktionen einführte. Durch dieses System wurde — und dies ist bis heute so geblieben — die Alkoholbewirtschaftung vom Staat monopolisiert und bestimmten staatlichen Organisationen übertragen. Der Verkauf von Spirituosen erfolgte lediglich in öffentlichen Verkaufsstellen, den sog. System-Läden, und setzte die jedesmalige Eintragung in ein nicht übertragbares Empfangsbuch (motbok)[66] voraus. Hierbei war das Quantum von hochprozentigem Alkohol rationiert und die Ration nach dem Lebensalter, dem Geschlecht (weibliche Personen erhielten weniger) und sehr lange auch nach dem versteuerten Einkommen variabel. Hinzu kamen noch viele andere Beschränkungen, die sich auch auf den ebenfalls rationierten Ausschank von alkoholischen Starkgetränken in hierfür konzessionierten Gaststätten, die Verpflichtung, gleichzeitig mit Alkohol ein warmes Gericht in bestimmter Mindestpreislage zu bestellen, die Alkoholreklame und viele andere Fragen erstreckten.

Die Rationierung wurde durch die Verordnung über den Verkauf alkoholischer Getränke von 1954 mit Wirkung vom 1. Oktober 1955 schließlich wieder aufgehoben. Sie hatte sich nicht bewährt. Einer ihrer negativen psychologischen Effekte war der Wunsch des Empfangsbuchbesitzers, seine Monatsration keinesfalls verfallen zu lassen, und dies führte — trotz gesetzlicher Strafbarkeit — zu einem allgemeinen, ja unausrottbaren Schwarzhandel. Manche Restriktionen verschiedener Art gelten auch heute noch, an erster Stelle

---

[65] Vgl. zum folgenden: Sten *Walberg*, „Die neue schwedische Alkoholgesetzgebung", Juristenzeitung 1955, S. 185.

[66] Sprich: Mutbuk.

steht die völlige Monopolisierung durch den Staat und der ausschließliche Verkauf von Alkohol in den öffentlichen „Systemläden". Lediglich Bier mit einem nach oben begrenzten prozentualen Alkoholgehalt, der nach einem langen und zähen Meinungskampf in den sechziger Jahren erhöht wurde, aber derzeit infolge gewisser Unzuträglichkeiten (bedenklich zunehmender Kauf durch Jugendliche u. a.) erneut diskutiert wird, ist ausgenommen.

Im Bereich des Strafrechts ist die verzweigte und sehr aktive staatliche bzw. kommunale Organisation der Alkoholbekämpfung von Bedeutung, die als *Nüchternheitsfürsorge* (nykterhetsvård)[67] bezeichnet wird. Ihre rechtliche Grundlage ist das umfassende, sehr sorgfältig ins einzelne gehende Gesetz von 1954 über die Nüchternheitsfürsorge. Dieses Gesetz kann auch bei Kriminaltaten von Alkoholikern Anwendung finden und ermöglichen, daß die Bestrafung durch eine spezifische Fürsorgemaßnahme ersetzt wird.

Von einem chronischen und schweren Alkoholiker wird eine Geld- oder Ordnungsbuße wegen öffentlicher Trunkenheit mit Gleichgültigkeit hingenommen, und auch ein kurzer Gefängnisaufenthalt bleibt wirkungslos. Wird die Geldstrafe daher nicht bezahlt, und war der Verurteilte mindestens dreimal innerhalb von zwei Jahren aus gleichem Anlaß (den aktuellen Fall einbegriffen) bestraft, so braucht keine Umwandlung in eine Ersatzfreiheitsstrafe zu erfolgen. Die Angelegenheit wird statt dessen vom Staatsanwalt dem kommunalen Nüchternheitsausschuß zugeleitet. Dieser kann, wenn die gesetzlichen Voraussetzungen hierfür vorliegen, dann bei dem zuständigen Provinzialverwaltungsgericht (Länsrätt) die Unterbringung in einer Alkoholikeranstalt beantragen. Wird diesem Antrag stattgegeben, so entfällt die Umwandlung in eine Ersatzfreiheitsstrafe. Dies muß jedoch nicht bedeuten, daß der Unterbringungsbeschluß sofort vollstreckt wird, es kann ein Aufschub bewilligt werden. Vielmehr soll der Verurteilte mitunter die Zulässigkeit der Einlieferung in eine Anstalt zunächst nur als eine über ihm schwebende Drohung empfinden, um die einer ambulanten Fürsorge-Behandlung dienenden, zumeist mit Überwachung verbundenen Anordnungen und Weisungen der Nüchternheitsbehörden zu befolgen. Darüber hinaus ist der zuständige Nüchternheitsausschuß von der Polizei oder Staatsanwaltschaft stets zu unterrichten, wenn sich jemand der öffentlichen Trunkenheit schuldig gemacht oder Spirituosen zum Schaden für sich selbst oder Dritte mißbraucht hat. (§ 19 Nüchternheitsfürsorgegesetz). In begrenztem Umfang sind hier auch Ärzte anzeigepflichtig.

Die *zwangsweise Unterbringung* eines Trinkers in einer Alkoholikeranstalt (es gab 1972 26 öffentliche Anstalten) ist eine letzte Möglichkeit der Fürsorgeorgane, sie setzt voraus, daß andere Maßnahmen versagt haben oder ganz aussichtslos erscheinen. Sie erfolgt in

---

[67] Sprich: Nückterhetsword mit langem o.

abnehmendem Umfang, im Jahre 1963 geschah sie in 1976, aber im Jahre 1970 nur noch in 1387 Fällen. Andererseits ließen sich 1963 830 und 1970 1427 (1973: 1793) Personen freiwillig in einer derartigen Anstalt unterbringen, was jedoch häufig nur geschieht, um einer Freiheitsstrafe oder Zwangsunterbringung zu entgehen, also dann keinen großen Unterschied bedeutet. Zum Verständnis dieser Zahlen ist hinzuzufügen, daß im Jahre 1970 insgesamt 12 429 (1972: 10 200) Personen wegen Alkoholmißbrauchs in der Fürsorge der Nüchternheitsorgane gestanden haben, also zu mehr als Dreiviertel ambulant betreut und behandelt wurden.

Die relative Seltenheit der zwangsweisen Anstaltsunterbringung, deren Beibehaltung diskutiert wird, steht im Zusammenhang damit, daß ihre Ergebnisse unbefriedigend sind. Sehr viele probeweise Entlassene werden rückfällig, 1970 wurden bei insgesamt 2416 Aufnahmen 666 Personen zum zweiten und 597 zum dritten Mal in einer Alkoholikeranstalt untergebracht. Das Schwergewicht ist daher auf die stützenden Hilfsmaßnahmen ohne Freiheitsentziehung verlagert worden. Diese können nach den Bestimmungen des Nüchternheitsfürsorgegesetzes (§ 14) sehr differenzierter Art sein und sollen anstreben, die positive Mitarbeit des Alkoholikers zu erlangen. Jedes Moralisieren wird unterlassen, es würde ohnehin wirkungslos bleiben. Als Hilfen kommen solche sozialer, medizinischer und persönlicher Art (z. B. Verminderung der Alkoholverlockungen durch Ortswechsel, Beschaffung einer dem Betreuten zusagenden Arbeit usw.) in Frage, u. a. aber auch die kurzfristige Unterbringung in der Alkoholikerabteilung eines Krankenhauses oder einer psychiatrischen Anstalt. Doch auch Zwangsmaßnahmen auf Grund anderer Gesetze pflegen zu erfolgen, z. B. die Entziehung des Führerscheins (§ 32 Straßenverkehrsordnung) und die Eintragung in die Sperrliste der obengenannten Systemgeschäfte (§ 18 Alkoholverkaufsverordnung). Letztere pflegt allerdings nach den vorliegenden Erfahrungen nur in kleineren Orten wirklichen Erfolg zu haben. In den Großstädten haben sich Legitimationszwang und Kontrolle als zu zeitraubend und daher undurchführbar erwiesen, man beschränkt sich auf Stichproben. Auch ist es für Alkoholiker nicht schwer, sich durch Dritte Alkohol besorgen zu lassen. Die Frage des Fortfalls aller Sperrlisten wird daher diskutiert, wie überhaupt die gesamte Alkoholpolitik des Landes Gegenstand von Beratungen ist und möglicherweise zu gewissen weiteren Reformen führen wird. Eine Gesetzgebungskommission, die von 1965 bis 1974 tätig war, hat Vorschläge vorgelegt, die bedeutsamer, aber nicht umstürzender Art sind.

Das schwedische Strafrecht erstrebt, Voraussetzungen dafür zu schaffen, daß offene Fürsorgearbeit der Nüchternheitsorgane oder freiwilliges Aufsuchen einer Alkoholikeranstalt erfolgen und an die Stelle von Strafen treten können. So darf der Staatsanwalt in allen Fällen, in denen keine höhere Strafe als Gefängnis von sechs Monaten in Frage kommt, die Nichterhebung der Anklage beschließen, wenn der Beschuldigte zwangsweise oder auf eigenen Antrag mit einer Bereitwilligkeitserklärung, dort mindestens sechs Monate zu bleiben, in eine Alkoholikeranstalt aufgenommen ist (§ 57 Nüchternheitsfürsorgegesetz). Dies geschah im Jahre 1972 in 5944 Strafverfahren, also häufig. Ist offene Nüchternheitsfürsorge angebracht, so kann diese mit Hilfe einer gerichtlichen Verurteilung zu Schutzaufsicht erreicht werden. Schließlich gibt es im Kriminalgesetzbuch eine Sondervorschrift (Kap. 31 § 2), die dem Gericht unter bestimmten Voraussetzungen ermöglicht, nach vorheriger Anhörung des kommunalen Nüchternheitsausschusses anstelle einer Strafe zu Einweisung in die Nüchternheitsfürsorge zu verurteilen. Derartige gerichtliche Einweisungen geschahen im Jahre 1972 in 358 Fällen. Nach dem Gesetzeswortlaut soll eine solche Verurteilung nur aus besonderen Gründen erfolgen, wenn eine strengere Strafe als sechs Monate Gefängnis vorgesehen ist.

Die schwedischen Nüchternheitsfürsorgeorgane arbeiten auf der Grundlage umfassender Registrierungen und Ermittlungen mit großer Aktivität, Intensität und Hingabe. Zugleich wird der sozialmedizinischen Erforschung des Alkoholproblems, seiner Ursachen und seiner Therapie mit modernen Methoden besondere Sorgfalt gewidmet. Wenn die Ergebnisse trotzdem unzureichend und unbefriedigend sind und der Alkoholismus weiter eine quantitativ und qualitativ sehr gefährliche Rolle als Kriminalitätsursache spielt, so liegt dies daran, daß ernster, chronischer Alkoholismus eine außerordentlich schwer zu heilende Krankheit ist. Die Wirkung aller Maßnahmen einschließlich der Anstaltsunterbringung ist zeitlich begrenzt, früher oder später werden diese Patienten rezidiv, selbst wenn bei ihnen — was oft der Fall zu sein pflegt — guter Wille vorhanden ist. Wirklich bleibende Resozialisierungen lassen sich zumeist überhaupt nur dann erzielen, wenn im ganzen Wesen des Alkoholikers eine völlige innere Wandlung vollzogen ist; Organisationen ausgeprägt religiöser Art mit strengen Anforderungen an den einzelnen, aber auch freiwillige Zusammenschlüsse von Alkoholikern zur gegenseitigen Hilfe haben in Schweden bei der Erreichung eines derartigen Persönlichkeitswandels die relativ besten Erfolge. Die Fürsorgebehörden sollen u. a. anraten, derartigen Vereinigungen beizutreten.

Im Bereich der *Narkomanie* gelten Sonderbestimmungen außerhalb des Kriminalgesetzbuchs[68]. Neben der Narkotikaverordnung von 1962 wurde im Jahre 1968 ein besonderes Narkotikastrafgesetz geschaffen. In ihm erfolgte im Jahre 1972 eine Heraufsetzung der Höchststrafe für die schwersten Fälle des illegalen Narkotikahandels

---

[68] Vgl. hierzu Gerhard *Simson*, „Die schwedische Verbrechenskommission von 1973“, in Kriminalistik 1974, Heft 2, S. 51.

von acht auf zehn Jahre Gefängnis (§ 3). Ferner gelten für die Einfuhr und den Verkauf von Injektionsinstrumenten zur Bekämpfung des mit ihrer Hilfe geschehenden Narkotikamißbrauchs strafrechtlich geschützte Beschränkungen (Verordnung von 1968). Im strafprozessuellen Ermittlungsverfahren kann, wenn es sich um Narkotikadelikte handelt, vom Gericht ohne Rücksicht auf den Schweregrad der einzelnen Tat auf Grund eines befristeten Sondergesetzes von 1969, das alljährlich verlängert werden muß, das Abhören von Telefongesprächen genehmigt werden. Im Kriminalvollzug wurde im Jahr 1973 bei Narkotikadelinquenten die Bewilligung von Anstaltsurlaub erheblich eingeschränkt. Weitere Bekämpfungsmaßnahmen werden erwogen, doch sind die Schwierigkeiten groß, die bisherigen Erfolge nicht befriedigend.

Das als solches zum Nebenstrafrecht gehörende Narkomanieproblem wird hier deshalb behandelt, weil es auch für den Anwendungsbereich des Kriminalgesetzbuchs von verhängnisvoller Bedeutung geworden ist. Die meisten, oft noch jungen Narkomanen können ihren Narkotikabedarf, von dem sie sich ohne sachkundige fremde Hilfe nicht mehr allein befreien können, nur durch die unablässige Begehung von ernsten Straftaten (eigenem Narkotikahandel, Überfällen, Einbrüchen usw.) finanzieren. Dies hat die schwedische Gesamtkriminalität beträchtlich und bedenklich erhöht. Die Bekämpfung dieser direkten und indirekten Narkotikataten wird dadurch besonders erschwert, daß die den illegalen Handel organisierenden, selbst nicht narkomanen, raffiniert und skrupellos im Hintergrund planenden Großhändler nur selten gefaßt werden. Es handelt sich um eine Kriminalität mit internationaler Verflechtung, bei der sich die Hauptfiguren oft im Ausland befinden.

Im Jahre 1973 gelangten 18 915 Delikte gegen das Narkotikastrafgesetz zur Kenntnis der Polizei, wobei die Dunkelziffer zweifellos besonders erheblich ist und sich verläßlichen Schätzungen entzieht. Die Schwere dieses kriminogenen Phänomens wird dadurch erhöht, daß sich die Entwöhnung, Resozialisierung und Rehabilitierung krimineller Narkomanen als besonders schwierig erwiesen hat und oft nur vorübergehend oder gar nicht glückt. Es handelt sich hier um weitgehend noch nicht bewältigte, sorgenvolle Probleme von großem Ernst, die bekanntlich Parallelen in anderen Ländern haben.

In einem täterbezogenen Strafrecht, wie es das schwedische Kriminalgesetzbuch zu verwirklichen sucht, kommt der Reaktion auf die kriminelle Tat eines *psychisch gestörten Rechtsbrechers* spezielle und erweiterte Bedeutung zu[69]. Der schwedische Gesetzgeber betrachtet

---

[69] Vgl. hierzu Gerhard *Simson*, „Der psychisch gestörte Täter im schwedischen Strafrecht", Monatsschrift für Kriminologie 1969, S. 49—56; *ders.*, in Journal of Offender Therapy (New York) 1965, S. 33.

auf diesem Gebiet seine mehrfach verbesserten und ausgebauten Neuregelungen noch nicht als abgeschlossen und hat im Jahre 1971 eine derzeit noch tätige Kommission damit betraut, in wichtigen Teilfragen, die psychisch divergierende Kriminelle betreffen, Reformvorschläge auszuarbeiten. Die psychische Anomalie ist nicht nur für die Frage des Geisteszustandes bei der Tatbegehung erheblich, sondern auch für die Verhängung und richtige Formung der für diesen Täter angebrachten gerichtlichen Sanktion. In Abänderung des zuvor geltenden Rechts hat der schwedische Strafgesetzgeber hier weitgehende, im Ausland unbekannte Folgerungen gezogen. Zu ihnen gehört, daß ein Täter im Fall eines krankhaft gestörten Geisteszustands nicht mehr freigesprochen oder — wie früher in Schweden — für straffrei erklärt, sondern zu der für ihn geeigneten Sanktion verurteilt wird. Natürlich schließt dies — genau wie beim Normalen — einen Freispruch dann nicht aus, wenn vom Gericht festgestellt werden sollte, daß der Angeklagte die ihm zur Last gelegte Tat nicht begangen hat oder daß diese straflos gewesen ist. Sonst ist nur in praktisch vereinzelten Ausnahmefällen, z. B. wenn ein im Zeitpunkt der Tatbegehung Geistesgestörter inzwischen wieder völlig gesund geworden ist, vom Gericht zu bestimmen, daß der Angeklagte frei von jeder Sanktion sein soll (Kap. 33 § 2 Abs. 2). Dies ist aber mit einem Freispruch nicht identisch. Für alle anderen Fälle sieht das Gesetz die Verhängung einer Sanktion vor, doch enthält es hierfür einschränkende Bestimmungen, insbesondere scheiden Bedingte Verurteilung, Gefängnis und Internierung ganz aus.

Grundsätzlich zulässig ist bei den geisteskranken und geistesschwachen (entwicklungsgestörten) Tätern oder den diesen infolge schwerer psychischer Abnormität gleichstehenden Personen die Verurteilung zu einer Geldstrafe (jedoch ohne Ersatzfreiheitsstrafe), zu Schutzaufsicht (oft mit einem Arzt als Aufsichtsperson), zur Einweisung in geschlossene Anstaltsbehandlung (nur in Übereinstimmung mit der Beurteilung des begutachtenden Gerichtspsychiaters zulässig) und zur Einweisung in offene psychiatrische Behandlung. Hierzu kommen gegebenenfalls die oben behandelten Einweisungen in Alkohol- oder Jugendfürsorge.

Daß ein Geisteskranker in Kenntnis seines Zustands zu einer Geldstrafe verurteilt werden darf, erscheint als eine auffällige Sonderheit. Sie wäre bei völlig konsequenter Durchführung des sog. Schuldprinzips nicht möglich, da eine Geldstrafe ja auch in Schweden eine Strafe und nicht nur eine Sanktion ist (Kap. 1 § 3). Die praktische Bedeutung dieser neuen Bestimmung ist aber sehr gering, sie wurde aus rein pragmatischen Motiven geschaffen. Für sie sprach, daß im Strafverfahren nach einer gesetzlichen Bestimmung eine gerichtspsychiatrische Untersuchung nur in besonderen Ausnahmefällen zulässig ist, wenn nach Ansicht des Gerichts für die fragliche Straftat lediglich eine Geldstrafe in Frage kommt (§ 2 Gesetz von

1967 über gerichtspsychiatrische Untersuchungen). Nach dem Wortlaut des Kriminalgesetzbuchs (Kap. 33 § 2) ist zudem die Verhängung einer Geldstrafe in diesen Fällen nur dann zulässig, wenn sie zweckmäßig erscheint, um den Täter von weiterer Kriminalität, beispielsweise von dem bei diesen Personen nicht seltenen unausgesetzten Schreiben verleumderischer oder obszöner Briefe, abzuhalten. Es erschien aber auch sonst dem Gesetzgeber tragbarer, daß in Grenzfällen Menschen von zweifelhafter mentaler Verfassung zu einer nicht umwandelbaren Geldstrafe verurteilt, als wegen eines Bagatelldelikts der Peinlichkeit und dem Stress einer eingehenden psychiatrischen Untersuchung ausgesetzt werden. Wie bereits erwähnt, wird in der Praxis von dieser Möglichkeit ganz selten Gebrauch gemacht; bei psychisch Schwerkranken scheidet sie schon wegen ihrer voraussehbaren Wirkungslosigkeit völlig aus.

Die Einweisung in *offene* (ambulante) *psychiatrische Pflege* erfolgt entsprechend den Erwartungen des Gesetzgebers sehr selten, da es an gesetzlichen Zwangsmitteln für ihre Durchführung fehlt. Im Jahre 1972 geschahen nur 32 derartige Maßnahmen. Die Gerichte ziehen in Fällen dieser Art die Verhängung von Schutzaufsicht vor, da mit ihr ohne weiteres die Überwachung des psychisch kranken oder abnormen Verurteilten verbunden ist und sich auch auf diesem Wege seine psychiatrische Behandlung in geeigneter Form herbeiführen läßt. Auch hat die Praxis ergeben, daß in vielen Fällen sowohl eine medizinische Therapie wie eine soziale Kontrolle und effektive Lenkung erforderlich ist. In Frage kommt diese Sanktion vor allem, wenn der künftige Durchbruch einer geistigen Störung ernsthaft zu befürchten ist und der Verurteilte deshalb ständige psychiatrische Betreuung benötigt.

Die einschneidendste und wegen ihrer Zeitunbestimmtheit am meisten gefürchtete Sanktion gegen psychisch kranke oder psychisch schwer abnorme Kriminelle ist naturgemäß die *Einweisung in eine geschlossene Anstalt.* Sie ist bei den oben bereits genannten drei Täterkategorien der Geisteskranken, der Geistesschwachen und solcher Personen zulässig, deren psychische Abnormität einer Geisteskrankheit gleichzuerachten ist[70]. Wie oben bereits ausgeführt wurde, ist unter dem Einfluß von Olof *Kinberg* der frühere (negative und unscharfe) Begriff der Zurechnungsunfähigkeit (Schuldunfähigkeit) durch rein medizinische Begriffe ersetzt worden. Psychiater und Gericht ist hierdurch ein weniger beengter Spielraum ihrer Beurteilung ermöglicht worden, der begutachtende Psychiater braucht nie — wie z. B. nach dem deutschen StGB (§ 51 a. F., § 20 n. F.) — die „intellektuelle Unrechtseinsichtsfähigkeit“ mit der „willensmäßigen Steuerungsfähigkeit des Handelns nach dieser Einsicht“ zu kombi-

[70] Vgl. für die nähere Bestimmung dieser Abnormgruppen Gerhard *Simson,* Monatschrift für Kriminologie 1969, S. 51 ff.

nieren (biologisch-psychologische Methode), um dem Gesetzeswortlaut gerecht zu werden. Er darf sich damit begnügen, auf der Grundlage der medizinischen Wissenschaft und Erfahrungen eine Psychose, eine Oligophrenie oder eine diesen Krankheiten im Schweregrad gleichstehende psychische Andersartigkeit zu diagnostizieren. Dabei kommt naturgemäß der sog. „Gleichstehenden-Kategorie" besondere Bedeutung zu, und es wird zur Zeit von einer Gesetzgebungskommission näher untersucht, wie sich dieser Begriff am besten konkretisieren und abgrenzen läßt, um nach Möglichkeit ungleiche Ergebnisse zu vermindern. Wie erwähnt sind diese sehr schwierigen Probleme im Fluß. Die Kausalität zwischen derartigen Krankheitszuständen und der Tatbegehung wird vom Gesetz als „Einfluß" bezeichnet, er wird aber in der schwedischen forensischen Praxis fast immer bejaht. Es wird erörtert, ob diese Kausalitätsbestimmung überhaupt im Gesetz beizubehalten ist. Im übrigen darf in besonderen Fällen, in denen Anstaltsbedürfnis vorliegt, durch das Gericht auch ohne derartigen Einfluß die Einweisung in geschlossene Anstaltspflege erfolgen, z. B. wenn der Täter nach der Tat erkrankt und seine weitere Kriminalität zu befürchten ist.

Im Jahre 1972 erfolgten 433 derartige gerichtliche Einweisungen. In weiteren 898 Fällen, in denen die genannten psychischen Krankheitszustände vorlagen, wurde aber vom Staatsanwalt keine Anklage erhoben, was diesem in einem begrenzten Rahmen durch eine im Jahre 1964 geschaffene Bestimmung des Prozeßgesetzes (Kap. 20 § 3 Ziff. 4) ermöglicht ist. Eine Erweiterung dieser Befugnis des Staatsanwalts wird gegenwärtig geprüft, da ja ein derartiges Prozeßverfahren mitunter nicht nur sinnentleert, sondern für den Patienten sogar schädlich sein kann. Erforderlichenfalls erfolgt in diesen Fällen eine eventuelle Anstaltsunterbringung bei Vorliegen der gesetzlichen Voraussetzungen auf Grund des Gesetzes von 1966 über die Gewährung psychiatrischer Pflege (§ 4).

Für die Entlassung dieser Anstaltsinsassen gelten in bestimmten Fällen Sondervorschriften. Handelt es sich um kranke oder abnorme Kriminelle, die vom Gericht in geschlossene Pflege eingewiesen sind oder ein Gewaltdelikt begangen haben, so ist hierfür wie auch für andere Entscheidungen eine spezielle, bei jeder Anstalt bestehende Entlassungskommission zuständig. Ihr Vorsitzender muß Richterqualifikation besitzen, von den beiden anderen Mitgliedern, die ebenfalls den Richtereid ablegen, ist einer ein in der Anstalt nicht tätiger Psychiater, einer ist Laie. Die Entlassung geschieht zumeist auf Probe, wobei auch eine ambulante Weiterbehandlung oder anderes angeordnet werden kann. Die Entlassung soll erst nach einer mündlichen Verhandlung erfolgen, an der sowohl der Anstalts-Oberarzt wie der Patient teilnehmen.

Bei den psychisch abnormen Kriminellen bleibt die Frage, wie die Sanktionen für solche Täter beschaffen sind, die im Ausland als

„vermindert zurechnungsfähig“ oder *„vermindert schuldfähig“* bezeichnet, aber im schwedischen Kriminalgesetzbuch überhaupt nicht mehr genannt werden. Es handelt sich vor allem um solche Personen, die unter den heute sehr umstrittenen psychiatrischen Sammelbezeichnungen der „schweren Psychopathen“ und „schweren Neurotiker“ zusammengefaßt werden und denen nur gemeinsam ist, daß infolge ihres psychischen Zustands nicht ihr Intellekt, sondern ihre seelische Verfassung vom Normalen erheblich abweicht, ohne daß sie Geisteskranken gleichzustellen sind.

Da über diese Täterkategorie im Kriminalgesetzbuch nichts Spezielles gesagt wird, gilt für sie wie für alle Täter nur die schon genannte Bestimmung, daß stets diejenige zulässige Sanktion auszuwählen ist, die am geeignetsten erscheint, um die Anpassung des Verurteilten an das gesellschaftliche Leben zu fördern (Kap. 1 § 7). Grundsätzlich ist daher, wenn es sich um Täter dieser Art handelt, im Rahmen der gesetzlichen Bestimmungen die Verhängung sämtlicher Sanktionen möglich. Daß in den allerschwersten und allerernstesten Fällen die Einweisung seelisch Abnormer in psychiatrische Pflege zu erfolgen hat, wurde dargelegt. In allen anderen Fällen psychischer Andersartigkeit ist die dem einzelnen Fall adäquateste Sanktion zu verhängen, die nach den gesetzlichen Regelungen zulässig ist. In mittelschweren Fällen spielt die Schutzaufsicht wegen ihrer Flexibilität und ihrer Möglichkeit, sie mit psychiatrischer Therapie, ja sogar Anstaltsbehandlung zu kombinieren, eine besondere Rolle. Bei chronisch rückfälligen Abnormen, die durch Strafen nicht beeinflußbar erscheinen, erfolgt bei Vorliegen der gesetzlichen Voraussetzungen die Internierung, während deren Vollzug ebenfalls psychiatrische Behandlung möglich sein soll. Grundsätzlich sind auch weder Geldstrafe noch Gefängnis ausgenommen. Es gehört daher zu den verantwortungsvollsten Aufgaben des schwedischen Strafrichters, auf der Grundlage der im Verfahren über Tat und Täter getroffenen Feststellungen die zulässigen Sanktionen gegeneinander abzuwägen und die individuell geeignetste zu verhängen. Dieses von *Kinberg* und *Schlyter* geschaffene Prinzip hat sich als solches in der Praxis bewährt.

Unerläßliche Voraussetzungen hierfür und — nach schwedischer Auffassung — überhaupt für ein täterbezogenes und gerechtes Strafurteil ist, daß dem Richter stets eine auf verläßlichen und sachkundigen Untersuchungen beruhende Beurteilung der Persönlichkeit des Täters ermöglicht wird. Seit langem wird in Schweden das bloße Vorliegen eines Strafregisterauszugs und der bekanntlich allzu leicht täuschende Eindruck der Hauptverhandlung als hierfür unzureichend angesehen.

Seit 1939 muß daher bei allen nicht leichten Straftaten eine sog. *Personenuntersuchung* der Verurteilung vorangehen. Ihre gesetzliche Grundlage ist, wie schon erwähnt wurde, jetzt das Gesetz von

1964 über die Personenuntersuchung im Strafverfahren. In ihm wird eine doppelte Zielsetzung festgelegt. Die Untersuchung soll die persönlichen Verhältnisse des Beschuldigten, also seine menschliche Entwicklung und seine gegenwärtigen Lebensumstände erforschen, sowie ferner einen Vorschlag enthalten, welche Sanktion im Fall der Verurteilung die Anpassung des Täters an die Gesellschaft fördern würde (§ 1). Nach der zu diesem Gesetz erlassenen Ausführungsverordnung von 1964 soll diese Personenuntersuchung mit Sorgfalt geplant, den individuellen Umständen angepaßt und so geführt werden, daß dem Betroffenen und seinen Angehörigen alle vermeidbaren Ungelegenheiten erspart bleiben. Zuständig für sie ist der Schutzkonsulent, der damit seinerseits eine andere hierfür geeignete Person betrauen darf. In einer 1974 ergangenen Novelle wird erhöhter Wert darauf gelegt, daß diese Tätigkeit nur bei geschulten und hierfür besonders ausgebildeten Sozialarbeitern liegt.

Handelt es sich um Täter, bei denen psychische Abnormität oder Krankheit in Frage kommt, so erhält § 7 dieses Gesetzes von 1964 Bedeutung, der dann auch die Heranziehung eines Arztes bei der Personenuntersuchung vorsieht. Dies geschieht häufig. Man spricht darum vielfach von dem „§ 7-Gutachten" oder der „kleinen" psychiatrischen Untersuchung, die oft schon in einem frühen Stadium des Verfahrens erfolgt. Sie soll insoweit klären, ob später die sog. „große" gerichtspsychiatrische Untersuchung angebracht oder erforderlich ist und dient so zugleich als ein sinnvolles Sieb, um für den psychiatrischen Gutachter zeitraubende, für den Beschuldigten beschwerende, mit quälender Wartezeit verbundene, umfassende Untersuchungen zu vermeiden. Leider ist seit langem die Überlastung der in Frage kommenden, seit 1940 in einer Organisation zusammengefaßten Gerichtspsychiater sehr groß, was viele Sorgen bereitet. Das Gesetz verlangt zwar grundsätzlich, daß das Gutachten schon sechs Wochen nach dem Eingang des Beschlusses vorliegen soll, doch muß der Psychiater zumeist Fristverlängerung beantragen. Hat das Gericht Bedenken gegen ein Gutachten, so kann es zwar nicht einen zweiten Gerichtspsychiater heranziehen, wohl aber das Gutachten einem beim Sozialamt (Reichsamt für das Sozial- und Gesundheitswesen) bestehenden „Rat der Gerichtsärzte" zur Stellungnahme zuleiten. Dies geschah 1972 in 71 Fällen.

Die gerichtspsychiatrische Untersuchung beruht auf einem Gesetz von 1966, in dem der zuvor übliche Ausdruck „Untersuchung auf den Geisteszustand" als veraltet und unzureichend vermieden wird. Bei Fehlen eines Geständnisses oder bei nicht völliger Klarheit der Tatumstände muß zunächst in der Hauptverhandlung festgestellt werden, ob der Angeklagte als der Tat überführt anzusehen ist. Erst dann wird gegebenenfalls vom Gericht seine gerichtspsychiatrische Untersuchung angeordnet, so daß in diesen Fällen eine Art Zweiteilung der gerichtlichen Verhandlung entsteht. Zu den Aufgaben des gerichtspsychiatrischen Gutachters gehören dabei nicht nur mentale Feststellungen für den Zeitpunkt der Tatbegehung und Klärungen des psychiatrischen und kriminologischen Hintergrundes, sondern er soll auch eine motivierte Prognose stellen und die ihm geeignet erscheinende Sanktion und Behandlung empfehlen. Der Psychiater wirkt damit nicht nur als Gutachter, sondern auch bei der Formung der geeignetsten Sanktion mit.

In den obigen Ausführungen wurde mehrfach von *Ausschüssen* berichtet (der schwedische Begriff „nämnd" ist schwer sinngetreu zu verdeutschen, er bezeichnet ein Kollegium stimmberechtigter Personen), denen wichtige kriminalrechtliche Funktionen zufallen. Dies bedeutet nicht, daß damit richterliche Entscheidungen in die Hände reiner Verwaltungsorgane gelegt werden. Die Vorsitzenden aller derartigen Ausschüsse müssen Richter sein oder gewesen sein, alle Ausschußmitglieder legen den im Prozeßgesetz enthaltenen Richtereid ab, sie unterliegen auch den Befangenheitsbestimmungen. Die Beisitzer der Ausschüsse unterscheiden sich von den Schöffen der Strafverfahren nur durch besondere gesetzliche Anforderungen an ihre Sachkunde. Andererseits ist auf das Verfahren das Prozeßgesetz nicht voll anwendbar.

Es ist zwischen den lokalen und zentralen Ausschüssen zu scheiden. Die lokalen Ausschüsse heißen *Aufsichtsausschüsse* und bestehen im allgemeinen aus fünf Personen unter dem Vorsitz eines von der Regierung ernannten Richters; in großen Städten haben sie mehrere selbständige Abteilungen. Im Jahre 1970 bestanden 47 derartige Ausschüsse. Die Beisitzer werden vom Regierungspräsidium (Länsstyrelsen) bestellt, sie sollen Erfahrungen in der Jugendfürsorge, Arbeitsvermittlung oder auf sonstigen sozialen Gebieten haben, nicht selten ist auch ein Arzt als Beisitzer tätig. Die Ausschüsse sind mit dem Vorsitzenden und zwei Beisitzern beschlußfähig.

Dem Aufsichtsausschuß fällt eine zweifache Funktion zu. Er ist das zuständige Organ, das über die bedingte Entlassung von Personen entscheidet, die zu höchstens einem Jahr Gefängnis verurteilt worden sind, er darf gegebenenfalls auch die bedingte Entlassung für verwirkt erklären. Ferner leitet der Ausschuß die durch die Schutzkonsulenten-Organe erfolgende gesamte Freibehandlung, also die Behandlung aller unter Überwachung (Aufsicht) stehender Krimineller und ist in diesem ganzen Bereich zur Fassung der zahlreichen vom Gesetz vorgesehenen Beschlüsse zuständig. Es handelt sich dabei somit sowohl um vorherige Anstaltsinsassen, die aus einer der unterschiedlichen Anstalten entlassen wurden, aber noch außerhalb der Anstalten zu betreuen, zu behandeln und zu überwachen sind, wie um diejenigen Personen, über die vom Gericht Schutzaufsicht verhängt worden ist. Die durchschnittliche Zahl dieser Personen — man spricht in Schweden von der Freibehandlungsklientel — betrug im

Laufe des Jahres 1973 23 349, von denen 19 736 (85 %) zu Schutzaufsicht verurteilt worden waren. Dagegen belief sich — wie erwähnt — die sog. Anstaltsklientel, also die durchschnittliche Anzahl der Insassen der verschiedenen Kriminalanstalten aller Art (einschließlich der Untersuchungsgefangenen), im gleichen Jahr nur auf 4559 Personen, von denen 3243 Gefängnisinsassen waren, die restlichen Personen befanden sich in Jugendgefängnissen und Internierungsanstalten, in Schutzaufsicht mit Anstaltsbehandlung usw.

Auf die umfassenden und praktisch besonders bedeutsamen Einzelheiten der heutigen Freibehandlung, ihre Prinzipien, ihre Handhabung und ihre Ausbaupläne kann hier nicht eingegangen werden. Sie gehören zum Bereich des Sanktions- und Strafvollzugs.

Zentrale Ausschüsse sind der *Kriminalpflegeausschuß*, der *Internierungsausschuß* und der *Jugendgefängnisausschuß*. Zum Vorsitzenden dieser drei Ausschüsse pflegt von der Regierung bisher stets ein Justizrat, d. h. ein Richter des Obersten Gerichtshofs (Högsta Domstolen), bestellt zu werden. Zu den Mitgliedern gehört immer der Generaldirektör (Präsident) des Reichsamts für Kriminalvollzug (früheren Strafvollzugsamts); beim Internierungs- und Jugendgefängnisausschuß soll auch einer der Beisitzer ein Psychiater sein.

Der *Kriminalpflegeausschuß* ist auf Grund einer Verordnung von 1965 in erster Instanz für die bedingte Entlassung solcher Gefängnisinsassen zuständig, die mehr als ein Jahr zu verbüßen haben. Im übrigen amtiert er vor allem als Beschwerdeinstanz für die meisten Beschlüsse der örtlichen Aufsichtsausschüsse. Dies bringt mit sich, daß er die Grundprinzipien für die Tätigkeit dieser Ausschüsse schafft und einer ungleichartigen Praxis entgegenwirkt.

Dem *Internierungs-* und dem *Jugendgefängnisausschuß* steht eine weitreichendere Entscheidungsbefugnis zu, weil Internierung und Jugendgefängnis zeitunbestimmte Sanktionen sind, wenn es auch gewisse zeitliche Begrenzungen gibt. Diese Ausschüsse entscheiden daher darüber, ob ein Anstaltsinsasse von der Anstaltsbehandlung in Freibehandlung zu überführen ist, über deren Beendigung, sowie bei schlechter Lebensführung u. a. über die Wiederunterbringung in der Anstalt. Darüber hinaus sollen die Ausschüsse vom Gericht in der Regel schon vor einer Verurteilung zu diesen Sanktionen darüber gehört werden, ob die Verhängung von Internierung oder Jugendgefängnis in Frage kommt (s. oben). Im übrigen sind die Ausschüsse bei den beiden fraglichen Personengruppen anstelle des Kriminalpflegeausschusses als Beschwerdeinstanz für die Beschlüsse der lokalen Aufsichtsausschüsse zuständig.

In Schweden gilt von alters her das als „Anklagezwang“ bezeichnete *Legalitätsprinzip*, wenn es auch immer schon viele Straftaten gegeben hat, die nur auf Antrag des Verletzten zu verfolgen sind. Die Frage des Übergangs zum Opportunitätsprinzip, wie es in

Frankreich, England und anderen Ländern gilt, wird erörtert und geprüft. Dies würde jedoch wahrscheinlich keine so großen Änderungen wie in anderen Rechtsordnungen bewirken, da schon weitgehende Lockerungen des Legalitätsgrundsatzes bestehen. Die wichtigsten, im Laufe der Zeit erweiterten Regelungen dieses Gebiets finden sich im Prozeßgesetz (Kap. 20 § 7). Danach darf die Staatsanwaltschaft in allen Fällen, in denen offenbar nur eine Geldstrafe verhängt werden würde, die Nichterhebung der Anklage beschließen, wenn die Strafverfolgung nicht unter dem Gesichtspunkt der Allgemeinheit, also aus Gründen der Generalprävention, erforderlich erscheint. Ein derartiger Beschluß erging 1971 in 5834 Fällen, der Anwendungsbereich der Vorschrift war am 1. 7. 1971 erweitert worden. Immerhin ist aus generalpräventiven Gründen in der Praxis eine restriktive Handhabung festzustellen.

In diesem Zusammenhang ist für die Rechtspraxis des Alltags bedeutsam, daß generell auch jedem Polizeibeamten die Befugnis zusteht, in unbedeutenden Fällen, z. B. bei Verkehrsverstößen, Ordnungsstörungen usw., von der Erstattung einer Meldung an seinen Vorgesetzten abzusehen. Man bezeichnet dies in Schweden als *Rapportunterlassung,* die gesetzlichen Vorschriften über sie finden sich in der Polizeiinstruktion von 1972 (§ 12 Abs. 2). Auf Grund dieser Instruktion darf seitdem in etwas anderer Form auch bei bagatellartigen Entwendungen (z. B. in einem Selbstbedienungsgeschäft) von dieser Möglichkeit Gebrauch gemacht werden. In diesen Fällen darf der die Ermittlungen leitende Polizeibeamte, dem Meldung erstattet ist, mit Rücksicht auf den geringfügigen Wert der Sache und die sonstigen Tatumstände die Weiterleitung des Rapports an die Staatsanwaltschaft unterlassen und sich mit einer sog. Erinnerung, d. h. einer Art von Rüge, begnügen (§ 12 Abs. 3).

Darüber hinaus besteht die Möglichkeit einer Durchbrechung des Legalitätsprinzips auch in schwereren und sogar schweren Ausnahmefällen. Die Entscheidung hierüber steht aber — nach einem sehr viel älteren dänischen und norwegischen Vorbild — nur dem Reichsankläger, also dem obersten Anklagebeamten des Landes, dem sämtliche Staatsanwälte unterstellt sind, zu. Das Gesetz (Kap. 20 § 7 Ziff. 3 Prozeßgesetz) sagt, daß der Reichsankläger die Nichterhebung der Anklage beschließen darf, wenn eine Sanktion offenbar nicht erforderlich ist, um den Beschuldigten von weiterer Kriminalität abzuhalten, und die Anklageerhebung auch sonst mit Rücksicht auf die besonderen Umstände nicht angebracht erscheint. Es handelt sich hier um eine nur ausnahmsweise angewandte Vorschrift, zumal in der Praxis zumeist ein Geständnis des Beschuldigten vorliegen muß. Auch bleibt das im schwedischen Strafprozeß generell bestehende (praktisch allerdings wenig bedeutsame) Recht des Verletzten, seinerseits Anklage zu erheben, wenn dies nicht durch den Staatsanwalt geschieht, hiervon unberührt. Gedacht ist an Fälle, in denen ein Erpreßter Strafanzeige erstattet hat, ein Fahrlässiger selbst aufs schwerste verletzt ist, ein Täter bösartig provoziert wurde, ein Dieb oder Betrüger eine Handlung tätiger Reue nicht mehr zu Ende führen konnte, usw.

Dieser prozessualen Befugnis des Reichsanklägers entspricht eine Bestimmung des materiellen Strafrechts (Kap. 33 § 4), die dem Gericht die Möglichkeit einräumt, aus ganz besonderen Gründen und unter Beachtung der Generalprävention eine mildere als die gesetzlich vorgesehene Strafe zu verhängen oder sogar ganz von der Festsetzung jeder Sanktion abzusehen. Die Bestimmung könnte z. B. auch bei bestimmter Sterbehilfe aus Barmherzigkeit[71] Anwendung finden, doch liegt hier noch kein höchstrichterliches Präjudikat vor. Immerhin wird die Möglichkeit in den Gesetzesmotiven erwähnt, und es liegt eine positive erstinstanzliche Entscheidung (Freispruch) von 1965 vor, bei der die Staatsanwaltschaft das eingelegte Rechtsmittel zurücknahm.

Über die Möglichkeit, das Legalitätsprinzip zu durchbrechen und keine Anklage zu erheben, wenn es sich um Personen handelt, die von Sozialorganen betreut werden (Jugendliche, Alkoholiker, psychisch Abnorme, bei Internierung probeweise Entlassene), wurde oben berichtet. Bemerkenswert ist darüber hinaus, daß das Legalitätsprinzip auch im Besonderen Teil des Kriminalgesetzbuchs nicht uneingeschränkt gilt. Bei einer Reihe von Straftaten heißt es im Gesetz, daß Anklage nur aus besonderen oder ganz besonderen Gründen oder nur bei Vorliegen eines öffentlichen Interesses oder unter dem Gesichtspunkt der Allgemeinheit (Generalprävention) zu erheben ist oder daß in leichten Fällen, z. B. bei sonst strafbarem Versuch, keine Bestrafung erfolgen soll. Man kann hier zwar nicht von der Geltung des Opportunitätsprinzips sprechen, doch ist das Ergebnis diesem verwandt. Auch in den Ländern, die dem Opportunitätsgrundsatz folgen, hat dieses Prinzip im allgemeinen nur bei leichten Straftaten praktische Bedeutung.

Ein Strafrecht ist unvollkommen, wenn es nur an den Täter und nicht auch an das *Opfer der Tat* denkt. Hier ist es nötig, mit aktiven Maßnahmen eingreifen zu können, um dem durch eine Straftat Geschädigten die Möglichkeit zu schaffen, unter Umständen aus Staatsmitteln finanzielle Hilfe zu erhalten. Zumeist ist der Schadensersatzanspruch gegenüber dem Täter nur von geringer praktischer Durchsetzbarkeit, die Vollstreckung kann darüber hinaus mitunter die Resozialisierung erschweren.

---

[71] Vgl. *Simson—Geerds*, a. a. O., S. 62; Gerhard *Simson*, „Ein Ja zur Sterbehilfe aus Barmherzigkeit", Festschrift für Erich Schwinge (Peter Hanstein Verlag, Köln) 1973, S. 89; *ders.* „Fragen der Abtreibung und Sterbehilfe. Bericht über zwei Kriminalfälle", Juristenzeitung 1965, S. 636.

Seit dem Jahre 1971 existiert daher ein schwedischer Fonds, aus dem unter bestimmten, einstweilen noch eng umgrenzten Voraussetzungen bestimmte *Zahlungen an Verbrechensopfer* erfolgen. Es handelt sich bisher nur um Personenschäden, doch wird an Erstrekkungen und einem erheblich erweiternden Ausbau dieses Systems gearbeitet. Gewissen Problemen muß hier besondere Aufmerksamkeit gewidmet werden. Eine Überkompensation des möglicherweise versicherten Geschädigten soll vermieden werden, die Frage des Mitverschuldens oder der Provokation der Tat verdient Beachtung, und auch die allgemeinen wirtschaftlichen Verhältnisse des Opfers sollen eine Rolle spielen. Man steht in Schweden auf diesem Gebiet noch an einem Anfang. In der geplanten Verbesserung und Vervollkommnung dieser Regelungen wird jedoch eine besonders wichtige Zukunftsaufgabe gesehen.

Kriminalgesetzbuch

(Brottsbalken)

gegeben im Schloß Stockholm am 21. Dezember 1962,
in Kraft getreten am 1. Januar 1965, nach dem Stand vom
1. Januar 1975.

Wir Gustaf Adolf, von Gottes Gnaden König von Schweden, der Göten und Wenden, geben bekannt, daß Wir gemeinsam mit dem Reichstag für gut befunden haben zu verordnen, daß in das Gesetzbuch des Schwedischen Reiches (Sveriges Rikes Lag) unmittelbar nach dem Handelsgesetzbuch ein neuer Gesetzesabschnitt unter der Bezeichnung Kriminalgesetzbuch mit folgendem Wortlaut aufgenommen wird:

ERSTER ABSCHNITT

Allgemeine Bestimmungen

KAP. 1

Straftaten und Straftatfolgen

§ 1

Die Straftat ist eine Handlung, für die in diesem Gesetzbuch oder in einem anderen Gesetz oder einer Verordnung eine Strafe der nachstehend genannten Art bestimmt worden ist[1].

§ 2

Eine in diesem Gesetzbuch behandelte Tat ist, wenn nichts anderes gesagt ist, nur dann als eine Straftat anzusehen, wenn sie vorsätzlich begangen ist[2].

---

[1] Die schwedische Rechtsterminologie unterscheidet begrifflich nicht zwischen Verbrechen, Vergehen und sonstigen mit Strafe bedrohten Handlungen oder Unterlassungen. Die ihnen gemeinsame Bezeichnung „brott" (Delikt) wird hier mit „Straftat" übersetzt.

[2] Der Begriff „Vorsatz" (uppsåt) wird vom Gesetz nicht definiert. Die

Ist die Handlung in selbstverschuldetem Rausch begangen worden oder war der Täter sonstwie durch eigenes Verschulden vorübergehend seiner Sinne nicht mächtig, so darf dies nicht bewirken, daß die Handlung nicht als eine Straftat angesehen wird.

§ 3

Unter einer Sanktion[3] für eine Straftat sind in diesem Gesetzbuch zu verstehen:

die allgemeinen[4] Strafen Geldstrafe und Gefängnis,

die Amtsstrafen Suspendierung und Amtsenthebung für Inhaber einer Amtsstellung, mit der Amtsverantwortlichkeit[5] verbunden ist, und die Disziplinstrafen für Soldaten[6], sowie

Bedingte Verurteilung, Schutzaufsicht, Jugendgefängnis, Internierung und Einweisung in besondere Pflege[6a].

---

deutsche rechtsterminologische Unterscheidung von „Vorsatz" und „Absicht" (auf die Handlung bzw. auf den Erfolg gerichtet) existiert sprachlich nicht, was zu Übersetzungsschwierigkeiten führt. Die schwedische Doktrin und Praxis unterscheidet drei Formen von Vorsatz (dolus), den direkten, den indirekten und den Eventualvorsatz (dolus directus, indirectus und eventualis). Direkter Vorsatz liegt vor, wenn jemand einen anderen tötet, weil er diesen haßt oder beerben will. Als Fall von „indirektem Vorsatz" wird angesehen, wenn jemand in ein Flugzeug Sprengstoff legt, um einen Versicherungsbetrug zu begehen; der Tod fremder Personen ist dann nur indirekt zur unredlichen Erlangung des Versicherungsbetrags gewollt. Ein anderer aktuell gewordener Fall war die Veröffentlichung von Staatsgeheimnissen, um das angeblich fehlerhafte Verhalten von Behörden zu enthüllen. Eventualvorsatz setzt — ähnlich wie in der deutschen Dogmatik — voraus, daß jemand die Verwirklichung eines Risikos wissentlich in Kauf nimmt. Gebraucht der schwedische Gesetzgeber die Worte „um zu" (för att), so ist „dolus directus" Voraussetzung der Strafbarkeit. Gleiches gilt zwar im allgemeinen bei der nur selten erfolgenden Verwendung der beiden Ausdrücke „Absicht" (avsikt) und „Zweck" (syfte), doch gibt es im Nebenstrafrecht Ausnahmen, in denen die „Absicht" alle Dolusformen umfaßt.

[3] påföljd; wörtlich: Folge bzw. Rechtsfolge (Tatfolge).

[4] Das schwedische Wort allmän bedeutet sowohl „allgemein" wie „öffentlich".

[5] Der schwedische Begriff „Amtsverantwortlichkeit" (ämbetsansvar) bedeutet, daß der Inhaber der Dienststellung von einem ordentlichen Gericht wegen der Führung seines Amtes strafrechtlich zur Verantwortung gezogen werden kann (vgl. Kap. 20 § 12).

[6] Siehe für den Begriff des Soldaten (krigsman) im Sinn dieses Gesetzbuchs die Definitionen in Kap. 21 § 20 und Kap. 22 § 14, für den Begriff der Disziplinstrafe Kap. 32 § 6.

[6a] Suspendierung und Amtsenthebung von Inhabern einer Amtsstellung fallen ab 1. 1. 1976 als Amtsstrafen fort und werden durch disziplinäre Maßnahmen außerhalb des KrimG ersetzt werden (Gesetz Nr. 667 vom 26. 6. 1975).

§ 4

Für die Verhängung der Strafen gilt im allgemeinen das in den Vorschriften über die einzelnen Straftaten Bestimmte. Die übrigen Sanktionen dürfen gemäß den hierfür geltenden Vorschriften auch dann verhängt werden, wenn sie in diesen Bestimmungen nicht erwähnt sind[7].

Gefängnis, Suspendierung und Amtsenthebung sind als schwerere Sanktionen anzusehen als Geldstrafen und Disziplinstrafen.

§ 5

Für dieselbe Straftat darf nicht zu mehreren Sanktionen verurteilt werden, wenn hierüber nichts anderes bestimmt ist.

Eine Suspendierung oder eine Amtsenthebung ist neben einer anderen Sanktion zu verhängen, von der befunden wird, daß der Angeklagte zu ihr zu verurteilen ist.

§ 6

Ist jemand wegen mehrerer Straftaten zu verurteilen, so ist für diese eine gemeinsame Sanktion zu verhängen, wenn hierüber nichts anderes bestimmt ist.

Liegen besondere Gründe hierfür vor, so darf wegen einer oder mehrerer Straftaten neben einer Sanktion für andere Kriminalität auch zu einer Geldstrafe sowie neben Bedingter Verurteilung oder Schutzaufsicht für die sonstige Kriminalität auch zu Gefängnis verurteilt werden.

§ 7

Bei der Wahl der Sanktion hat das Gericht unter Berücksichtigung dessen, was zur Aufrechterhaltung der allgemeinen Gesetzesbefolgung[8] erforderlich ist, besonders in Betracht zu ziehen, ob die Sanktion geeignet ist, die Anpassung des Verurteilten an die Gesellschaft zu fördern.

§ 8

Eine Straftat kann außer der Verurteilung zu einer Sanktion auch die Einziehung von Vermögensgegenständen oder eine andere besondere Rechtswirkung gemäß den hierüber ergangenen Bestim-

---

[7] Abs. 1 koordiniert die Strafen und sonstigen Sanktionen (vgl. Kap. 1 § 7).

[8] Rechtstreue, wörtlich Gesetzesgehorsam (laglydnad), d. h. Generalprävention.

mungen[9] veranlassen sowie die Verpflichtung zur Leistung von Schadensersatz herbeiführen.

KAP. 2

Anwendbarkeit des schwedischen Rechts[10]

§ 1

Eine in Schweden begangene Straftat ist nach schwedischem Recht und von einem schwedischen Gericht abzuurteilen. Gleiches gilt, wenn ungewiß ist, wo die Straftat verübt wurde, aber Gründe für die Annahme vorliegen, daß sie in Schweden begangen worden ist.

§ 2

Eine außerhalb von Schweden begangene Straftat ist nach schwedischem Recht und von einem schwedischen Gericht abzuurteilen, wenn die Tat verübt wurde:

1. von einem schwedischen Staatsangehörigen oder von einem Ausländer mit schwedischem Wohnsitz,
2. von einem Ausländer ohne schwedischen Wohnsitz, der nach Begehung der Straftat schwedischer Staatsangehöriger geworden ist oder seinen Wohnsitz nach Schweden verlegt hat oder dänischer, finnischer, isländischer oder norwegischer Staatsangehöriger ist und sich in Schweden befindet, oder
3. von einem anderen Ausländer, wenn er sich in Schweden befindet und für die Straftat nach schwedischem Recht Gefängnis von mehr als sechs Monaten verhängt werden kann.

Abs. 1 gilt nicht, wenn die Tat nach dem Recht des Tatortes straflos ist[11] oder wenn sie in einem Gebiet begangen wurde, das keinem Staat gehört und für sie nach schwedischem Recht keine schwerere Strafe als eine Geldstrafe verhängt werden kann.

In den in diesem Paragraphen behandelten Fällen darf keine strengere Sanktion verhängt werden, als sie nach dem Gesetz des Tatortes als schwerste Strafe für die Straftat bestimmt ist.

---

[9] Kap. 36 §§ 1—12.

[10] Kap. 2 ist im Zusammenhang mit der Ratifizierung der Europäischen Konvention vom 28. 5. 1970 über die internationalen Rechtswirkungen von Strafurteilen (Schwedisches Gesetz Nr. 260 vom 2. 6. 1972 über die internationale Zusammenarbeit bei der Vollstreckung von Strafurteilen) neugefaßt worden (Gesetz Nr. 812 vom 28. 12. 1972).

[11] wörtlich: frei von strafrechtlicher Verantwortung (fri från ansvar). Der Begriff „ansvar“, d. h. Verantwortung wird im Strafrecht zumeist in dem deutschen Sinn „zur Verantwortung ziehen“ gebraucht.

§ 3

Eine außerhalb von Schweden begangene Straftat ist auch in anderen als den in § 2 genannten Fällen nach schwedischem Recht und von einem schwedischen Gericht abzuurteilen,

1. wenn die Straftat auf einem schwedischen Schiff oder Luftfahrzeug verübt ist, sowie auch sonst, wenn sie im Dienst vom Befehlshaber oder einem Angehörigen der Besatzung eines derartigen Fahrzeugs begangen ist,
2. wenn die Straftat von einem Soldaten in einem Gebiet begangen ist, in dem sich eine schwedische Militärtruppe[12] befand, oder auch, wenn sie nicht von einem Soldaten verübt wurde, dann, wenn sich die Truppe in diesem Gebiet zu einem anderen Zweck als dem einer Übung befunden hat,
3. wenn die Straftat gegen Schweden, eine schwedische Kommune oder andere schwedische Personengruppe[13] oder eine öffentliche schwedische Einrichtung begangen ist,
4. wenn die Straftat in einem Gebiet begangen ist, das keinem Staat gehört und gegen einen schwedischen Staatsangehörigen, eine schwedische Vereinigung[14] oder private Einrichtung oder gegen einen Ausländer, der seinen Wohnsitz in Schweden hat, verübt ist,
5. wenn die Straftat die Kaperung eines Luftfahrzeugs, Luftfahrtsabotage oder eine strafbare Verletzung des Völkerrechts sowie versuchte Luftfahrzeugkaperung oder Luftfahrtsabotage bildet[15], oder
6. wenn die mildeste im schwedischen Gesetz für die Straftat bestimmte Strafe Gefängnis von vier Jahren oder darüber beträgt[16].

§ 4

Eine Straftat gilt als dort begangen, wo die strafbare Handlung erfolgte, sowie als dort, wo die Straftat vollendet wurde, oder im Fall

---

[12] wörtlich: Abteilung der Militärmacht.

[13] Das schwedische Wort „menighet" bezeichnet eine größere Anzahl von Personen, die sich an einer Stelle versammelt haben, z. B. die Besucher eines Gottesdienstes.

[14] wörtlich: Zusammenschluß.

[15] Die Kaperung von Luftfahrzeugen ist im Jahre 1971 durch Gesetz Nr. 964 in die damalige Ziff. 4 eingefügt worden und die Änderung am 1. 4. 1972 in Kraft getreten. Eine Erweiterung auf Flugzeugsabotage und den Versuch dieser Taten erfolgte durch Gesetz Nr. 342 vom 25. 5. 1973 (vgl. Kap. 13 § 5 a).

[16] Vgl. ferner u. a. Gesetz Nr. 965 vom 10. 12. 1971 über im Ausland begangene Verkehrsdelikte.

des Versuchs als dort, wo die beabsichtigte Straftat hätte vollendet werden sollen.

§ 5

Anklage wegen einer Straftat, die in Schweden auf einem ausländischen Schiff oder Luftfahrzeug von einem Ausländer, der Befehlshaber oder Angehöriger der Besatzung dieses Fahrzeugs war oder sonst auf diesem fuhr oder flog, begangen und gegen einen derartigen Ausländer oder ein ausländisches Interesse gerichtet ist, darf nicht erhoben werden, ohne daß dies von der Regierung oder der von der Regierung hierzu ermächtigten Person angeordnet worden ist[17].

Anklage wegen einer Straftat, die außerhalb von Schweden verübt worden ist, darf nur auf Grund einer Anordnung der in Abs. 1 genannten Art erhoben werden. Ohne eine derartige Anordnung darf jedoch Anklage erhoben werden, wenn die Straftat verübt wurde:

1. auf einem schwedischen Schiff oder Luftfahrzeug oder im Dienst vom Befehlshaber oder einem Angehörigen der Besatzung eines derartigen Fahrzeugs,
2. von einem Soldaten in einem Gebiet, in dem sich eine schwedische Militärtruppe befunden hat,
3. in Dänemark, Finnland, Island oder Norwegen oder auf einem Schiff oder Luftfahrzeug im regelmäßigen Verkehr zwischen Orten, die in Schweden oder einem der genannten Staaten gelegen sind, oder
4. von einem schwedischen, dänischen, finnischen oder norwegischen Staatsangehörigen gegen ein schwedisches Interesse[18].

§ 5 a

Ist die Frage der Bestrafung einer Tat in einem rechtskräftigen Urteil geprüft worden, das in dem ausländischen Staat des Tatorts oder in einem ausländischen Staat, der der Europäischen Konvention vom 28. Mai 1970 über die internationalen Rechtswirkungen von Strafurteilen beigetreten ist, erlassen wurde, so darf der Angeklagte wegen der gleichen Tat nicht in Schweden gerichtlich verfolgt werden:

---

[17] Diese Ermächtigung ist durch Verordnung Nr. 44 vom 25. 2. 1972, ergänzt am 28. 12. 1972 (Nr. 818) für bestimmte Fälle dem Reichsankläger erteilt worden. (Der Reichsankläger ist der höchste Anklagebeamte Schwedens).

[18] § 5 ist durch Gesetz vom 10. 12. 1971 (Nr. 964) abgeändert worden und die Änderung auf Grund einer Verordnung vom 25. 2. 1972 am 1. 4. 1972 in Kraft getreten.

1. wenn er freigesprochen worden ist[19],
2. wenn er der Straftat für schuldig erklärt ist, ohne daß eine Sanktion verhängt wurde,
3. wenn die verhängte Sanktion völlig vollstreckt oder die Vollstreckung im Gang ist, oder
4. wenn die verhängte Sanktion gemäß dem Recht des ausländischen Staats fortgefallen ist.

Abs. 1 gilt nicht für die in § 1 oder in § 3 Ziff. 5 oder Ziff. 6 behandelten Straftaten, soweit die gerichtliche Verfolgung nicht von dem ausländischen Staat auf Grund des Ersuchens einer schwedischen Behörde erfolgt ist.

Ist die Frage der Bestrafung einer Tat in einem von einem ausländischen Staat erlassenen Urteil geprüft worden, und liegt auf Grund des oben in diesem Paragraphen Gesagten gegen die gerichtliche Verfolgung kein Hinderungsgrund vor, so darf wegen der Tat in Schweden Anklage nur auf Grund einer Anordnung der Regierung oder der von der Regierung hierzu ermächtigten Person[20] erhoben werden.

§ 6

Wird jemand in Schweden wegen einer Tat verurteilt, für die gegen ihn eine Sanktion außerhalb von Schweden verhängt worden ist, so ist bei der Festsetzung der Sanktion angemessene Rücksicht auf die außerhalb von Schweden erfolgte Vollstreckung zu nehmen. Wird befunden, daß gegen ihn eine Geldstrafe oder Gefängnis verhängt werden soll, und ist er im Ausland zu einer freiheitsentziehenden Sanktion verurteilt worden, so ist ihm bei der Festsetzung der Sanktion die erfolgte Vollstreckung völlig anzurechnen.

In den in Abs. 1 behandelten Fällen darf zu einer milderen als der für die Straftat bestimmten Strafe verurteilt oder von der Verhängung einer Sanktion völlig abgesehen werden[21].

§ 7

Für die Frage der Anwendbarkeit des schwedischen Rechts und der Zuständigkeit eines schwedischen Gerichts sind über die Bestim-

---

[19] wörtlich: von strafrechtlicher Veranwortung freigesprochen worden ist.

[20] Reichsankläger (Schwedische Gesetzessammlung — SFS — 1972 Nr. 818), vgl. Fußnote 17.

[21] Gleichzeitig ist § 5 des Gesetzes vom 10. 12. 1971 (Nr. 965), in Kraft seit dem 1. 4. 1972 über die Bestrafung im Ausland begangener Verkehrsdelikte, mit Ablauf des Monats Juni 1973 außer Kraft gesetzt worden (Gesetz Nr. 813 vom 28. 12. 1972). Diese Bestimmung sah Straflosigkeit vor, wenn die Verkehrshandlung am Tatort nicht bestraft werden konnte. (In Fällen dieser Art gilt jetzt Kap. 2 § 2 Abs. 2 KrimG.)

mungen dieses Kapitels hinaus auch die Beschränkungen zu berücksichtigen, die sich aus allgemein anerkannten völkerrechtlichen Grundsätzen oder auf Grund der hierüber ergangenen besonderen Vorschriften aus Übereinkommen mit ausländischen Staaten ergeben[22].

§ 8

Für die Auslieferung wegen begangener Straftaten gelten besondere Bestimmungen[23].

Bedingungen, die bei einer Auslieferung an Schweden von einem ausländischen Staat gestellt worden sind, sind in Schweden einzuhalten.

---

[22] Im Gesetz Nr. 543 vom 29. 6. 1964 über bestimmte Begrenzungen der Anwendbarkeit des schwedischen Rechts und der Zuständigkeit eines schwedischen Gerichts werden bei Personen, die in Schweden auf Grund einer Ladung als Angeklagte, Zeugen oder Sachverständige eingereist sind, die Konvention zwischen Schweden und Belgien vom 26. 4. 1870 über die gegenseitige Auslieferung von Straftätern, das Abkommen zwischen Schweden und Frankreich vom 7. 5. 1956 über gegenseitige Rechtshilfe und die europäische Konvention über das gleiche Gebiet vom 20. 4. 1959 genannt.

[23] Gesetz über die Auslieferung wegen begangener Straftaten vom 6. 12. 1957, deutsche Übersetzung nach dem Stand vom 1. 1. 1967 von Gerhard *Simson* in „Internationaler Rechtshilfeverkehr in Strafsachen“, herausgegeben von Heinrich *Grützner*, sowie Gesetz über die Auslieferung wegen begangener Straftaten nach Dänemark, Finnland, Island und Norwegen vom 5. 6. 1969.

ZWEITER ABSCHNITT

Straftaten

KAP. 3

Straftaten gegen Leben und Gesundheit[24]

§ 1

Wer einen anderen des Lebens beraubt, wird wegen *Mordes* zu Gefängnis von zehn Jahren oder auf Lebenszeit verurteilt[25].

§ 2

Ist eine Straftat der in § 1 genannten Art mit Rücksicht auf die Umstände, die die Tat veranlaßt haben, oder in sonstiger Hinsicht[26] als weniger schwer anzusehen, so ist wegen *Totschlags* zu Gefängnis von mindestens sechs und höchstens zehn Jahren zu verurteilen.

§ 3

Tötet eine Frau ihr Kind bei der Geburt oder sonst zu einem Zeitpunkt, in dem sie sich auf Grund der Niederkunft in aufgewühltem Sinneszustand oder in schwerer Bedrängnis befindet, so ist sie wegen *Kindestötung* zu Gefängnis von höchstens sechs Jahren zu verurteilen.

---

[24] Ergänzend: Gesetz vom 20. 3. 1964 über die Bestrafung von Völkermord (Genocide) gemäß der Konvention vom 9. 12. 1948.

[25] Vgl. hierzu *Simson—Geerds*, „Straftaten gegen die Person und Sittlichkeitsdelikte in rechtsvergleichender Sicht", München 1969, S. 28 f.

[26] Dem pflichtgemäßen Abwägen und Ermessen des Richters wird hier wie an vielen anderen Stellen des Gesetzes durch die Worte „in sonstiger Hinsicht" ein weites Feld eingeräumt, was der schwedischen Gesetzestechnik und -tradition entspricht. In den Motiven wird als Beispiel eines Totschlags genannt, daß der Täter schweren Qualen seelischer Art ausgesetzt war. Dagegen kann auch bei Fehlen von Überlegung Mord vorliegen (kaltblütiges Niederschießen eines Tatzeugen usw.).

§ 4

Aufgehoben mit Wirkung von 1.1.1975 durch Gesetz Nr. 596 vom 9.7.1974[27].

§ 5

Wer einem anderen eine Körperverletzung zufügt, bei ihm eine Krankheit oder Schmerzen herbeiführt oder ihn in Bewußtlosigkeit oder einen sonstigen Zustand dieser Art versetzt, ist wegen *Körperverletzung* zu Gefängnis von höchstens zwei Jahren oder, wenn die Straftat leicht ist, zu einer Geldstrafe zu verurteilen.

§ 6

Ist eine Straftat der in § 5 genannten Art als schwer anzusehen, so ist wegen *schwerer Körperverletzung* zu Gefängnis von mindestens einem und höchstens zehn Jahren zu verurteilen.

Bei der Beurteilung der Frage, ob die Straftat schwer ist, ist besonders zu berücksichtigen, ob sie lebensgefährlich war oder ob der Täter eine schwere Körperschädigung oder eine ernste Krankheit herbeigeführt oder sonst ganz besondere Rücksichtslosigkeit oder Roheit gezeigt hat.

§ 7

Wer aus Fahrlässigkeit den Tod eines anderen verursacht, ist wegen *fahrlässiger Tötung*[28] zu Gefängnis von höchstens zwei Jahren oder, wenn die Straftat leicht ist, zu einer Geldstrafe zu verurteilen.

Ist die Straftat schwer, so ist zu Gefängnis von mindestens sechs Monaten und höchstens vier Jahren zu verurteilen.

---

[27] Zuvor waren in § 4 die Strafbestimmungen über die *Abtreibung* enthalten. Nach § 9 des Abortgesetzes (abortlag) Nr. 596 vom 9. 7. 1974 ist strafbar, wer, ohne Arzt zu sein, einen Schwangerschaftsabbruch vornimmt, in schweren Fällen (Abs. 2) kann zu Gefängnis bis zu 4 Jahren verurteilt werden. Nach § 10 des gleichen Gesetzes ist ein Arzt strafbar, der vorsätzlich die Vorschriften über den Schwangerschaftsabbruch verletzt.

[28] wörtlich: wegen Verschuldens des Todes eines anderen. Der schwedische Rechtsbegriff „vållande" (sprich: wollande), d. h. fahrlässiges Verschulden, entspricht nicht immer dem deutschen Begriff. So kann nach dem Schadensersatzgesetz vom 2. 6. 1972 auch ein Kind oder Geisteskranker unter bestimmten Voraussetzungen wegen „vållande" eines Schadens zu Ersatz verurteilt werden; man spricht im schwedischen Zivilrecht dann von einem „Verschulden im objektiven Sinn". Für das Strafrecht ist bei Geisteskranken auch auf Kap. 33 § 2 Abs. 2 hinzuweisen.

§ 8

Führt jemand aus Fahrlässigkeit eine Körperverletzung oder Krankheit eines anderen herbei, die nicht leicht ist, so ist er wegen *fahrlässigen Verschuldens einer Körperverletzung oder Krankheit* zu Geldstrafe oder Gefängnis von höchstens sechs Monaten zu verurteilen.

Ist die Straftat schwer, so ist zu Gefängnis von höchstens zwei Jahren zu verurteilen.

§ 9

Setzt jemand einen anderen aus grober Fahrlässigkeit einer Lebensgefahr oder der Gefahr einer schweren Körperverletzung oder einer ernsten Krankheit aus, so ist er wegen *Gefährdung eines anderen* zu Geldstrafe oder Gefängnis von höchstens zwei Jahren zu verurteilen.

§ 10

Wegen des Versuchs oder der Vorbereitung von Mord, Totschlag, Kindestötung oder nicht leichter Körperverletzung sowie wegen der Verabredung[29] von Mord, Totschlag oder schwerer Körperverletzung oder wegen der Unterlassung, eine derartige Straftat aufzudecken, ist gemäß den Bestimmungen des Kap. 23 zu verurteilen[30].

§ 11

Wegen einer Körperverletzung, die nicht schwer und nicht an einem öffentlichen Ort begangen ist, oder wegen des Versuchs oder

---

[29] Der schwedische Strafrechtsbegriff „stämpling" läßt sich nicht wort- oder begriffsgetreu ins Deutsche übersetzen. Er bezieht sich auf Fälle, in denen sich jemand vor und zur Begehung einer Straftat mit einer anderen Person in bestimmter Weise konspirativ in Verbindung setzt. Nach der gesetzlichen Definition des Kap. 23 § 2 Abs. 2 umfaßt dies vier unterschiedliche Begehungsformen: den in oder nach Beratung mit einem anderen gefaßten Beschluß zur Begehung der Straftat (bis 1948 die einzige Form), die versuchte Anstiftung zur Straftat, das Übernehmen der Straftatbegehung und das Sicherbieten zu ihr. Der Begriff „stämpling" (in Kap. 19 § 4 und Kap. 22 § 12 für einzelne Sonderfälle noch erweitert) ist daher nicht ganz kongruent mit der wegen Fehlens eines entsprechenden deutschen Ausdrucks hier und in allen anderen Paragraphen gewählten Übersetzung „Verabredung einer Straftat". Die „Verabredung" ist nur in den vom Gesetz besonders bestimmten Fällen strafbar.

[30] Bis 1974 war nach § 10 auch die versuchte Abtreibung generell strafbar. Seitdem gilt § 9 des Abortgesetzes von 1974, wonach der Versuch eines illegalen Schwangerschaftsabbruchs (z. B. durch einen Kurpfuscher oder nach der 18. Woche usw.) bestraft wird, vgl. Fußnote 27.

der Vorbereitung einer derartigen Straftat darf vom Ankläger nur dann Anklage erhoben werden, wenn der Verletzte Strafanzeige erstattet hat oder auch wenn die Anklageerhebung unter dem Gesichtspunkt der Allgemeinheit erforderlich erscheint.

Wegen fahrlässigen Verschuldens einer Körperverletzung oder Krankheit darf, wenn die Straftat nicht schwer ist, vom Ankläger nur dann Anklage erhoben werden, wenn der Verletzte Strafanzeige erstattet hat und die Anklageerhebung unter dem Gesichtspunkt der Allgemeinheit erforderlich erscheint.

KAP. 4

Straftaten gegen Freiheit und Frieden[31]

§ 1

Bemächtigt sich jemand eines Kindes oder einer anderen Person, sowie entführt oder sperrt er sie in der Absicht ein, ihr an Leben oder Gesundheit zu schaden oder sie zu Diensten zu zwingen oder eine Erpressung auszuüben, so ist er wegen *Menschenraubes* zu zeitbestimmtem Gefängnis von mindestens vier und höchstens zehn Jahren oder zu Gefängnis auf Lebenszeit zu verurteilen.

Ist die Straftat weniger schwer, so ist zu Gefängnis von höchstens sechs Jahren zu verurteilen.

§ 2

Wer in anderen als den im § 1 genannten Fällen eine Person durch Entführung oder Einsperrung oder in sonstiger Weise der Freiheit beraubt, ist wegen *ungesetzlicher Freiheitsentziehung* zu Gefängnis von mindestens einem und höchstens zehn Jahren zu verurteilen.

Ist die Straftat weniger schwer, so ist zu Geldstrafe oder Gefängnis von höchstens zwei Jahren zu verurteilen.

---

[31] Durch Gesetz Nr. 239 vom 7. 5. 1975 sind dem Kap. 4 zur Sicherung des persönlichen Integritätsschutzes die §§ 9a und 9b über *unzulässiges Abhören* und die Vorbereitung hierzu hinzugefügt worden. Auch § 11 wurde entsprechend geändert.

§ 3

Wer sonst mittels Nötigung oder Irreführung veranlaßt, daß jemand in Kriegs- oder Arbeitsdienst oder einen anderen Zwangszustand dieser Art gerät oder ihn dazu bestimmt, sich an einen ausländischen Ort zu begeben oder an ihm zu bleiben, wo die Gefahr besteht, daß er einer Verfolgung ausgesetzt oder im Wege unzüchtiger Lebensführung ausgebeutet wird oder auf andere Weise in eine Notlage gerät, ist wegen *Versetzung in eine Notlage* zu Gefängnis von mindestens einem und höchstens zehn Jahren zu verurteilen.

Ist die Straftat weniger schwer, so ist zu Geldstrafe oder Gefängnis von höchstens zwei Jahren zu verurteilen.

§ 4

Wer durch Körperverletzung oder sonst durch Gewalt oder durch Drohung mit einer strafbaren Handlung einen anderen zwingt, etwas zu tun, zu dulden oder zu unterlassen, ist wegen *Nötigung*[32] zu Geldstrafe oder Gefängnis von höchstens zwei Jahren zu verurteilen. Übt jemand mit derartiger Wirkung einen Zwang durch die Drohung aus, gegen einen anderen wegen einer Straftat Anklage zu erheben[33] oder Strafanzeige zu erstatten oder über einen anderen Nachteiliges bekanntzugeben, so ist er ebenfalls wegen Nötigung zu verurteilen, falls der Zwang unangemessen war.

Ist die in Abs. 1 genannte Straftat schwer, so ist zu Gefängnis von mindestens sechs Monaten und höchstens sechs Jahren zu verurteilen. Bei der Beurteilung der Frage, ob die Straftat schwer ist, ist besonders zu berücksichtigen, ob sie eine der Ablegung eines Geständnisses dienende Peinigung oder eine sonstige Marterung enthalten hat.

§ 5

Erhebt jemand eine Waffe gegen einen anderen oder bedroht er ihn sonst mit einer strafbaren Handlung in einer Weise, die geeignet ist, bei dem Bedrohten ernste Furcht für die eigene Sicherheit von Person oder Vermögen oder für die eines anderen hervorzurufen,

---

[32] wörtlich: ungesetzlicher Zwang.

[33] Der durch eine Straftat Verletzte kann grundsätzlich stets Anklage erheben. Handelt es sich aber um eine Handlung, derentwegen öffentliche Anklage zu erheben ist, so setzt dies voraus, daß der Verletzte Strafanzeige erstattet, der Staatsanwalt jedoch die Anklageerhebung ablehnt (Kap. 20 § 8 Prozeßgesetz). Vgl. „Das Zivil- und Strafprozeßgesetz Schwedens", übersetzt und eingeleitet von Gerhard *Simson*, Berlin 1953.

so ist er wegen *ungesetzlicher Bedrohung* zu Geldstrafe oder Gefängnis von höchstens zwei Jahren zu verurteilen.

§ 6

Wer unbefugt dort eindringt oder verbleibt, wo ein anderer seine Wohnstätte hat, sei es ein Zimmer, ein Haus, ein Hof oder ein Fahrzeug, ist wegen *Hausfriedensbruchs* zu einer Geldstrafe zu verurteilen.

Dringt jemand sonst unbefugt in ein Büro, in eine Fabrik, in ein sonstiges Bauwerk oder in ein an einem Anlegeplatz oder einer sonstigen Stelle dieser Art liegendes Fahrzeug ein oder verbleibt er unbefugt dort, so ist er wegen *ungesetzlichen Eindringens* zu einer Geldstrafe zu verurteilen.

Ist die Straftat der in Abs. 1 oder Abs. 2 genannten Art schwer, so ist zu Gefängnis von höchstens zwei Jahren zu verurteilen.

§ 7

Wer einen anderen handgreiflich belästigt oder durch Schießen, Steinewerfen, Ruhestörung oder sonstiges rücksichtsloses Benehmen in seinem Frieden stört, ist wegen *Belästigung*[34] zu Geldstrafe oder Gefängnis von höchstens sechs Monaten zu verurteilen.

§ 8

Verschafft sich jemand unbefugt Zugang zu einer Mitteilung, die von einer öffentlichen Beförderungsanstalt als Postsendung oder als Telefongespräch, Telegramm oder sonstige Fernnachricht befördert wird, so ist er wegen *Bruchs des Post- oder Fernnachrichtengeheimnisses* zu Geldstrafe oder Gefängnis von höchstens zwei Jahren zu verurteilen.

§ 9

Wer in anderen als den in § 8 gegebenen Fällen unbefugt Briefe oder Telegramme erbricht oder sich sonst Zugang zu einem Gegenstand verschafft, der versiegelt[35] oder unter einem Schloß oder sonst

---

[34] Der Begriff „ofredande“ ist mit „Belästigung“ übersetzt worden, er bedeutet wörtlich die Störung des Friedens eines Menschen. Er kann gewisse Tätlichkeiten usw., aber z. B. auch Telefonterror umfassen. Auch das trotz eindeutiger Ablehnung hartnäckige oder rücksichtslose Belästigen einer unbekannten Frau auf der Straße gehört hierzu. Vgl. *Simson—Geerds*, „Straftaten gegen die Person und Sittlichkeitsdelikte in rechtsvergleichender Sicht“, München 1969, S. 283 f.

[35] Das Wort „försegla“ (versiegeln) umfaßt in der schwedischen Ausdrucksweise nicht nur das Anbringen eines Siegels, sondern auch das Plombieren u. ä.

zugeschlossen verwahrt wird, ist wegen *Gewahrsamsbruchs* zu Geldstrafe oder Gefängnis von höchstens zwei Jahren zu verurteilen.

§ 10

Wegen des Versuchs, der Vorbereitung oder der Verabredung von Menschenraub, ungesetzlicher Freiheitsentziehung oder Versetzung in eine Notlage, wegen der Unterlassung, eine derartige Straftat aufzudecken, sowie wegen des Versuchs oder der Vorbereitung einer Nötigung, die schwer ist, ist gemäß den Bestimmungen des Kap. 23 zu verurteilen.

§ 11

Wegen Hausfriedensbruchs oder ungesetzlichen Eindringens, die nicht schwer sind, Belästigung, die nicht an öffentlichem Ort verübt ist, oder Gewahrsambruchs ist vom Ankläger nur dann Anklage zu erheben, wenn der Verletzte Strafanzeige erstattet hat oder die Anklageerhebung unter dem Gesichtspunkt der Allgemeinheit erforderlich erscheint. Gleiches gilt für eine Nötigung durch die Drohung, gegen einen anderen wegen einer Straftat Anklage zu erheben oder Strafanzeige zu erstatten oder über einen anderen Nachteiliges bekanntzugeben, sowie für den Versuch oder die Vorbereitung einer derartigen Straftat.

KAP. 5

Kränkungen der Ehre

§ 1

Wer einen anderen als kriminell oder als in seiner Lebensweise tadelnswert bezeichnet oder über ihn sonst Äußerungen macht, die geeignet sind, ihn der Mißachtung anderer auszusetzen, ist wegen *übler Nachrede* zu Geldstrafe zu verurteilen.

War der Täter verpflichtet, sich zu äußern, oder läßt sich im Hinblick auf die Umstände sonst rechtfertigen, daß er sich in der Sache geäußert hat und beweist er, daß die Äußerung wahr gewesen ist oder daß er für sie gute Gründe hatte[36], so ist er nicht zu bestrafen[37].

---

[36] Gemeint sind gute Gründe für die Annahme der Wahrheit.

[37] Man spricht in diesen Fällen von einer „Interessenkollision", bei der eine Abwägung zu erfolgen hat; der bloße Wahrheitsbeweis genügt somit nicht allein für sich. Diese Frage war bei den Vorarbeiten besonders umstritten.

§ 2

Ist eine Straftat der in § 1 genannten Art als schwer anzusehen, so ist wegen *schwerer übler Nachrede* zu Geldstrafe oder Gefängnis von höchstens zwei Jahren zu verurteilen.

Bei der Beurteilung der Frage, ob die Straftat schwer ist, ist besonders zu berücksichtigen, ob die Äußerungen durch ihren Inhalt oder den Umfang, in dem sie verbreitet worden sind, oder in sonstiger Hinsicht geeignet waren, ernsten Schaden herbeizuführen.

§ 3

Wer einen anderen durch eine kränkende Beschimpfung oder Beschuldigung oder durch ein anderes für ihn schimpfliches Verhalten schmäht, ist, wenn die Handlung nicht gemäß §§ 1 oder 2 strafbar ist, wegen *Verunglimpfung* zu Geldstrafe zu verurteilen[38].

Ist die Straftat schwer, so ist zu Geldstrafe oder Gefängnis von höchstens sechs Monaten zu verurteilen.

§ 4

Die üble Nachrede über einen Verstorbenen ist gemäß §§ 1 oder 2 zu bestrafen, wenn die Handlung für die Überlebenden kränkend war oder wenn sonst unter Berücksichtigung der seit dem Ableben verflossenen Zeit sowie der übrigen Umstände anzunehmen ist, daß sie den dem Verstorbenen zukommenden Frieden kränkt.

§ 5

Wegen einer Straftat der in den §§ 1 —3 genannten Art darf lediglich von dem Verletzten Anklage erhoben werden. Wegen übler Nachrede oder schwerer übler Nachrede darf jedoch vom Ankläger dann Anklage erhoben werden, wenn der Verletzte wegen der Tat Strafanzeige erstattet hat und die Anklageerhebung aus besonderen Gründen unter dem Gesichtspunkt der Allgemeinheit erforderlich erscheint.

Hat sich die üble Nachrede gegen einen Verstorbenen gerichtet, so darf Anklage von dem überlebenden Ehegatten, den Abkömmlingen, dem Vater, der Mutter oder den Geschwistern erhoben werden, sowie vom Ankläger dann, wenn die Anklageerhebung aus besonderen Gründen unter dem Gesichtspunkt der Allgemeinheit erforderlich erscheint[39].

---

[38] Eine Interessenkollision, die zur Straffreiheit führt, ist nicht ausgeschlossen, aber erheblich weniger bedeutsam als in § 2 (üble Nachrede).

[39] § 5 Abs. 2 ist durch Gesetz Nr. 874 vom 10. 12. 1971 neugefaßt worden.

Bedeutet eine Straftat der in §§ 1—3 behandelten Art, daß jemand durch einen Übergriff gegen das sich in Schweden aufhaltende Staatsoberhaupt eines fremden Staates oder gegen den Repräsentanten eines fremden Staates in Schweden den ausländischen Staat gekränkt hat, so darf vom Ankläger Anklage wegen der Straftat ohne Rücksicht auf die Bestimmungen des Abs. 1 erhoben werden. Die Anklage darf jedoch nicht ohne Anordnung der Regierung oder der von der Regierung hierzu ermächtigten Person erfolgen[40].

KAP. 6

Straftaten gegen die Sittlichkeit

§ 1

Zwingt ein Mann eine Frau durch gegen sie gerichtete Gewalt oder durch eine Drohung, die unmittelbare Gefahr[41] enthält, zum Beischlaf, so ist er wegen *Notzucht* zu Gefängnis von mindestens zwei und höchstens zehn Jahren zu verurteilen. Der Gewalt ist gleichzuerachten, wenn die Frau in Ohnmacht oder einen anderen Zustand dieser Art versetzt worden ist.

Ist die Tat mit Rücksicht auf das Verhalten der Frau gegenüber dem Mann oder in sonstiger Hinsicht als weniger schwer anzusehen, so ist der Mann wegen *Erzwingung des Beischlafs*[42] zu Gefängnis von höchstens vier Jahren zu verurteilen[43].

§ 2

Wer in anderen als den in § 1 genannten Fällen einen anderen zum Beischlaf oder zu sonstigen geschlechtlichen Handlungen durch Nötigung oder durch schweren Mißbrauch der abhängigen Stellung des anderen veranlaßt oder geschlechtliche Handlungen mit einem anderen vornimmt und hierbei in ungehöriger Weise ausnutzt, daß sich der andere in Ohnmacht oder in sonstigem hilflosen Zustand befindet oder daß er geisteskrank oder geistesschwach ist, ist wegen

---

[40] Abs. 3 wurde durch Gesetz Nr. 225 vom 5. 6. 1970 hinzugefügt. Gleichzeitig wurden Kap. 19 §§ 11 und 16 (Kränkung ausländischer Staatsoberhäupter und diplomatischer Vertreter) abgeändert.

[41] wörtlich: drängende Gefahr.

[42] wörtlich: Gewaltantun.

[43] Theoretisch ist die Erzwingung des Beischlafs somit auch innerhalb einer Ehe, darunter bei Getrenntleben von Ehegatten, strafbar. Die Frage war bei den Vorarbeiten umstritten; von praktischer Bedeutung ist sie nicht geworden.

freiheitsverletzender Unzucht zu Gefängnis von höchstens vier Jahren zu verurteilen.

§ 3

Nimmt jemand geschlechtliche Handlungen mit einem noch nicht fünfzehnjährigen Kind vor, so ist er wegen *Unzucht mit einem Kind* zu Gefängnis von höchstens vier Jahren zu verurteilen.

Hat sich der Täter an dem Kind besonders rücksichtslos vergangen oder ist die Straftat in sonstiger Hinsicht als schwer anzusehen, so ist zu Gefängnis von mindestens zwei und höchstens acht Jahren zu verurteilen.

§ 4

Nimmt jemand geschlechtliche Handlungen mit einer noch nicht achtzehnjährigen Person des anderen Geschlechts vor, die unter seiner Aufsicht in einer Schule, einer Anstalt oder einer anderen Einrichtung oder sonst unter seiner Überwachung, seiner Fürsorge oder ihm gegenüber in Gehorsamspflicht steht, oder geschieht dies in anderen Fällen unter Ausnutzung der abhängigen Stellung des Minderjährigen, so ist er wegen *Unzucht mit einem Jugendlichen* zu Gefängnis von höchstens vier Jahren zu verurteilen.

Gleiches gilt, wenn jemand, der das achtzehnte Lebensjahr vollendet hat, geschlechtliche Handlungen mit einer Person des gleichen Geschlechts vornimmt, die das achtzehnte Lebensjahr noch nicht vollendet hat, oder wenn dies unter den in Abs. 1 angegebenen Umständen mit einer Person des gleichen Geschlechts geschieht, die noch nicht zwanzig Jahre alt ist[44].

§ 5

Wer den Beischlaf mit seinem eigenen Kinde oder dessen Abkömmling ausübt, ist wegen *Unzucht mit einem Abkömmling* zu Gefängnis von höchstens zwei Jahren zu verurteilen.

Wer den Beischlaf mit einem seiner Vollgeschwister ausübt, ist wegen *Unzucht unter Geschwistern* zu Gefängnis von höchstens einem Jahr zu verurteilen[45].

Das in diesem Paragraphen Gesagte gilt nicht für denjenigen, der durch Nötigung oder in sonstiger ungehöriger Weise zu der Handlung bestimmt worden ist.

---

[44] Das frühere Alter von 21 Jahren ist durch Gesetz vom 23. 5. 1969 hier und an anderen Stellen dieses Kapitels auf 20 Jahre herabgesetzt worden. Dies geschah gleichzeitig mit der entsprechenden Herabsetzung des generellen Mündigkeitsalters gemäß Kap. 9 § 1 des Elterngesetzes.

[45] Die Strafbarkeit von Unzucht unter Halbgeschwistern ist durch Gesetz Nr. 648 vom 5. 6. 1973 aufgehoben worden.

§ 6

Wer ein noch nicht fünfzehnjähriges Kind in einer die Sittlichkeit verletzenden Weise betastet, ist, sofern die Tat nicht auf Grund des oben in diesem Kapitel Gesagten strafbar ist, wegen *unzüchtigen Verhaltens* zu Geldstrafe oder Gefängnis von höchstens einem Jahr zu verurteilen.

Gleiches gilt, wenn sich jemand vor einem anderen in einer Weise entblößt, die geeignet ist, Anstoß zu erregen, oder wenn er sonst durch Worte oder Handlungen, die Anstand und Sittlichkeit offenbar verletzen, anstößig gegen einen anderen auftritt.

§ 7

Fördert oder nutzt jemand gewohnheitsmäßig oder in Gewinnabsicht die unzüchtige Lebensführung eines anderen aus oder verleitet jemand einen noch nicht Zwanzigjährigen zu einer derartigen Lebensführung, so ist er wegen *Kuppelei* zu Gefängnis von höchstens vier Jahren zu verurteilen.

Ist die Straftat schwer, so ist zu Gefängnis von mindestens zwei und höchstens sechs Jahren zu verurteilen. Bei der Beurteilung der Frage, ob die Straftat schwer ist, ist besonders zu berücksichtigen, ob der Täter in größerem Umfang unzüchtige Lebensführung gefördert oder einen anderen rücksichtslos ausgenutzt hat.

Fördert jemand, um sich einen besonderen Gewinn zu verschaffen, die gelegentliche geschlechtliche Verbindung zwischen anderen, so ist er wegen *Förderung von Unzucht* zu Geldstrafe oder Gefängnis von höchstens sechs Monaten zu verurteilen.

§ 8

Wer sich durch Versprechen oder Gewähren einer Gegenleistung die gelegentliche geschlechtliche Verbindung mit einem anderen verschafft oder zu verschaffen sucht, der noch nicht achtzehn Jahre oder, wenn er dem gleichen Geschlecht angehört, noch nicht zwanzig Jahre alt ist, ist wegen *Verführung eines Jugendlichen* zu Geldstrafe oder Gefängnis von höchstens sechs Monaten zu verurteilen[46].

§ 9

Ist in diesem Kapitel die Bestrafung einer Handlung bestimmt, die mit einem anderen begangen ist, der unter einem gewissen Alter steht, so ist auch derjenige zu verurteilen, der nicht erkannt hat,

---

[46] § 8 wendet sich gegen die gestiegene Prostitution Jugendlicher auf der Straße oder unter ähnlichen Umständen.

aber begründeten Anlaß zu der Annahme gehabt hätte, daß der andere das fragliche Alter nicht erreicht hatte[47].

§ 10

Wegen des Versuchs von Notzucht, Erzwingung des Beischlafs, Unzucht mit einem Kind oder Unzucht mit einem Jugendlichen ist gemäß den Bestimmungen des Kap. 23 zu verurteilen.

§ 11

Wegen Notzucht oder Erzwingung des Beischlafs oder des Versuchs einer dieser Straftaten sowie wegen freiheitsverletzender Unzucht darf vom Ankläger nur dann Anklage erhoben werden, wenn der Verletzte wegen der Tat Strafanzeige erstattet hat oder die Anklageerhebung unter dem Gesichtspunkt der Allgemeinheit erforderlich erscheint.

Sind seit der Begehung der Straftat sechs Monate vergangen, so darf der Ankläger nur dann Anklage erheben, wenn die Anzeige vor Ablauf der genannten Frist erstattet ist oder sich ergibt, daß rechtlich beachtliche Hinderungsgründe für die Anzeigeerstattung vorgelegen haben, oder wenn die Anklageerhebung unter dem Gesichtspunkt der Allgemeinheit erforderlich erscheint. Nach Ablauf der genannten Frist darf auch der Verletzte wegen dieser Straftat keine Anklage mehr erheben, sofern sich nicht ergibt, daß rechtlich beachtliche Hinderungsgründe vorgelegen haben[48].

Ist bei der Unzucht mit einem Kind oder Jugendlichen oder dem Versuch dieser Straftaten der Unterschied des Alters und der Reifeentwicklung zwischen dem Täter und demjenigen, gegen den die Handlung gerichtet war, gering, so ist vom Ankläger nur dann Anklage zu erheben, wenn dies unter dem Gesichtspunkt der Allgemeinheit erforderlich erscheint.

KAP. 7

Straftaten gegen die Familie

§ 1

Geht jemand, der verheiratet ist, eine neue Ehe oder jemand, der unverheiratet ist, die Ehe mit einem Verheirateten ein, so ist er

---

[47] Bei der Beratung des § 9 wurde mehrfach betont, daß diese Bestimmung vorsichtig und restriktiv anzuwenden ist. So auch der Kommentar *Beckman—Strahl—Holmberg—Hult,* Bd. I, 2. Auflage 1968, S. 248.

[48] Als rechtlich beachtliche (gesetzliche) Hinderungsgründe gelten Verkehrsabbruch, Krankheit oder andere Umstände, die sich nicht voraussehen ließen oder die das Gericht sonst als triftig ansieht (vgl. hierzu die Definition in Kap. 32 § 8 Prozeßgesetz).

wegen *Doppelehe* zu Geldstrafe oder Gefängnis von höchstens zwei Jahren zu verurteilen[49].

§ 2

Aufgehoben durch Gesetz Nr. 648 vom 5. 6. 1973[50].

§ 3

Wer ein Kind unterschiebt oder vertauscht oder sich oder einem anderen sonstwie durch falsche Anmeldung bei einer Behörde oder durch Unterlassung der Anmeldung eine falsche Familienstellung anmaßt oder einem anderen seine richtige Familienstellung entzieht, ist wegen *Verfälschung der Familienstellung* zu Geldstrafe oder Gefängnis von höchstens zwei Jahren zu verurteilen.

§ 4

Entzieht jemand dem Sorgeberechtigten unbefugt ein Kind unter fünfzehn Jahren, so ist er, wenn es sich nicht um eine Straftat gegen die Freiheit handelt, wegen *Eigenmächtigkeit mit einem Kind* zu Geldstrafe oder Gefängnis von höchstens sechs Monaten zu verurteilen.

Gleiches gilt, wenn ein Ehegatte ohne Berücksichtigung verdienende Gründe eigenmächtig ein Kind unter fünfzehn Jahren, das dem Sorgerecht beider Ehegatten untersteht, fortführt oder wenn sich ein Ehegatte oder ein anderer, dem das Sorgerecht zustehen soll, unbefugt des Kindes bemächtigt und sich hierdurch selbst zu seinem Recht verhilft.

§ 5

Wegen des Versuchs der Verfälschung der Familienstellung ist gemäß den Bestimmungen des Kap. 23 zu verurteilen.

§ 6

Wegen Eigenmächtigkeit mit einem Kind ist vom Ankläger dann keine Anklage zu erheben, wenn dies unter dem Gesichtspunkt der Allgemeinheit nicht erforderlich erscheint.

---

[49] Die Begehung von Bigamie setzt Vorsatz voraus; ein Irrtum, auch wenn er nicht entschuldbar ist, macht straflos.

[50] Die früheren Bestimmungen stellten die sog. *gesetzwidrige Eheschließung* unter Strafe. Hierzu gehörte die Eheschließung mit einem rechtlich nicht Handlungsfähigen, die Eheschließung unter Irreführung oder Betrug und diejenige mit Hilfe von Zwang.

KAP. 8

Diebstahl, Raub und andere Zueignungsstraftaten

§ 1

Wer unbefugt etwas an sich nimmt[51], das einem anderen gehört und dabei in der Absicht handelt, es sich anzueignen, ist, wenn die Entwendung einen Schaden mit sich bringt, wegen Diebstahls zu Gefängnis von höchstens zwei Jahren zu verurteilen.

§ 2

Ist eine Straftat der in § 1 genannten Art mit Rücksicht auf den Wert des Entwendeten und die sonstigen Umstände der Straftat als leicht anzusehen, so ist wegen *Entwendung*[52] zu Geldstrafe oder Gefängnis von höchstens sechs Monaten zu verurteilen.

§ 3

Bestiehlt jemand einen Nachlaß, an dem er beteiligt ist[53], oder bestehlen Ehegatten, Geschwister, Eltern und Kinder oder Pflegeeltern und Pflegekinder einander, während sie zusammenwohnen, so ist wegen *Entwendung innerhalb einer Gemeinschaft*[54] zu Geldstrafe oder Gefängnis von höchstens einem Jahr zu verurteilen. Wegen Entwendung innerhalb einer Gemeinschaft ist auch zu verurteilen, wenn jemand eine bewegliche Sache stiehlt, deren Miteigentümer er ist. Wirken mehrere am Diebstahl mit, und gilt das Gesagte für einen von ihnen, so ist trotzdem jeder der anderen wegen Entwendung innerhalb einer Gemeinschaft zu verurteilen, doch

---

[51] Unter „an sich nimmt" (wörtlich: nimmt) ist hier „in Besitz nimmt" zu verstehen, doch ist nicht nötig, daß zuvor der Besitz eines anderen vorlag, z. B. beim Bestehlen eines Toten oder dem Stehlen eines auf einer Toilette vergessenen Wertgegenstandes (*Beckman—Strahl—Holmberg—Hult*, a. a. O., Bd. I, 2. Aufl., S. 269 f.).

[52] Der hier mit „Entwendung" übersetzte schwedische Ausdruck „snatteri" hat im Deutschen kein Gegenstück. Er ähnelt dem früheren deutschen „Mundraub", setzt aber nicht voraus, daß das Entwendete alsbald konsumiert werden soll (vgl. § 248 a StGB).

[53] Der Nachlaß (dödsbo) ist in Schweden eine juristische Person, die von den Nachlaßbeteiligten gebildet wird.

[54] Die alte schwedische Deliktsbezeichnung dieser Taten „bodräkt" (etwa: Entziehung von Bestandteilen einer gemeinschaftlichen Vermögensmasse) läßt sich nicht ins Deutsche übersetzen. Es handelt sich heute um drei unterschiedliche Tatbestände: Stehlen unter Familienmitgliedern, bei Miteigentum und bei Nachlaßgemeinschaft.

nicht derjenige, der, ohne Gemeinschaftsangehöriger zu sein, in der Absicht gehandelt hat, sich das Entwendete anzueignen[55].

§ 4

Ist eine Straftat der in § 1 oder § 3 genannten Art als schwer anzusehen, so ist wegen *schweren Diebstahls* zu Gefängnis von mindestens sechs Monaten und höchstens sechs Jahren zu verurteilen.

Bei der Beurteilung der Frage, ob die Straftat schwer ist, ist besonders zu berücksichtigen, ob sie mittels eines Einbruchs verübt wurde oder sich auf eine Sache bezog, die jemand bei sich getragen hatte, ob der Täter mit Waffen, Sprengstoff oder anderen Hilfsmitteln dieser Art versehen war oder ob die Tat sonst von besonders gefährlicher Art gewesen ist, sich auf bedeutende Werte bezogen oder ganz besonders fühlbaren Schaden mit sich gebracht hat[55a].

§ 5

Wer durch Gewalt gegen eine Person oder durch Drohung, die für eine Person eine unmittelbare Gefahr enthält[55b], stiehlt oder wer sich, nachdem er einen Diebstahl begangen hat und dabei auf frischer Tat betroffen ist, mit derartiger Gewalt oder Drohung gegen denjenigen zur Gegenwehr setzt, der das Entwendete wieder an sich nehmen will, ist wegen *Raubes* zu Gefängnis von mindestens einem und höchstens sechs Jahren zu verurteilen. Gleiches gilt, wenn jemand einen anderen mit derartiger Gewalt oder Drohung zu einer

---

[55] Diese Ausnahme bezieht sich auf einen außenstehenden Teilnehmer, der in der Absicht gehandelt hat, die Sache sich selbst oder einem anderen Außenstehenden anzueignen. In diesem Fall soll wegen Diebstahls oder Entwendung (§§ 1 und 2) bestraft werden. Die wörtliche und zugleich völlig korrekte Übersetzung der schwedischen Formulierung ist schwierig.

[55a] In dem im Justizministerium gefertigten Änderungsentwurf von 1975 wird vorgeschlagen, in § 4 die Worte „mittels eines Einbruchs verübt wurde" zu streichen und statt dessen neben dem Diebstahl von „besonders gefährlicher" auch den von „besonders rücksichtsloser" Art als schwer zu qualifizieren. Dies soll nicht nur eine bessere Differenzierung der Einbruchstatbestände ermöglichen, wobei z. B. der Wohnungseinbruch bei Schlafenden in der Regel schwer bleibt, sondern auch beim Schutzinteresse weniger auf die äußere Art der Tatbegehung als auf die verursachten Unzuträglichkeiten und Leiden der Opfer abstellen, z. B. ob sich die Tat gegen Alte, Kranke oder ganz Einsame richtete, ob mutwillige Zerstörungen angerichtet wurden, ob der Wohnungszutritt durch List oder Vertrauensbruch erschlichen wurde usw.

[55b] Beabsichtigt ist, auch die der bedrohten Person nur gefahrvoll erscheinende Drohung (Kinderpistole u. a.) gesetzlich gleichzustellen. Die gegenwärtige Auslegung durch den Obersten Gerichtshof, daß es genügt, wenn eine einsichtige Person eine unmittelbare Gefahr annehmen muß, ist nicht unumstritten geblieben.

Handlung oder Unterlassung zwingt, die für den Täter einen Gewinn und für den Gezwungenen oder eine Person, die an dessen Stelle steht, einen Schaden mit sich bringt. Der Gewalt steht gleich, einen anderen in Ohnmacht oder einen sonstigen Zustand dieser Art zu versetzen[55c].

§ 6

Ist eine Straftat der in § 5 genannten Art als schwer anzusehen, so ist wegen *schweren Raubes* zu Gefängnis von mindestens vier und höchstens zehn Jahren zu verurteilen.

Bei der Beurteilung der Frage, ob die Straftat schwer ist, ist besonders zu berücksichtigen, ob die Gewalt lebensgefährlich war oder ob der Täter eine schwere Körperschädigung oder eine ernste Krankheit herbeigeführt oder sonst ganz besondere Roheit gezeigt oder in rücksichtsloser Weise die schutzlose oder gefährdete Stellung des Beraubten ausgenutzt hat.

§ 7

Nimmt jemand ein Motorfahrzeug oder ein sonstiges motorgetriebenes Beförderungsmittel, das einem anderen gehört, fort und benutzt er es unbefugt, so ist er, wenn die Handlung nicht auf Grund des oben in diesem Kapitel Gesagten strafbar ist, wegen *unbefugter Besitzergreifung*[56] *eines Beförderungsmittels* zu Gefängnis von höchstens zwei Jahren oder, wenn die Straftat leicht ist, zu Geldstrafe zu verurteilen.

Ist die Straftat schwer, so ist zu Gefängnis von mindestens sechs Monaten und höchstens vier Jahren zu verurteilen.

§ 8

Wer in anderen als den in diesem Kapitel besonders aufgeführten Fällen unbefugt etwas an sich nimmt und benutzt oder sonst unbe-

---

[55c] Im Entwurf von 1975 ist vorgesehen, dem § 5 einen zweiten Absatz anzufügen: „Ist das in Abs. 1 behandelte Verhalten im Hinblick auf die Gewalt, Drohung oder sonstigen Umstände als von weniger ernster Art anzusehen, so ist nicht wegen Raubes, sondern wegen der sonstigen Straftat, die das Verhalten enthält, zu verurteilen". Der gegenwärtige § 5 erscheint zu wenig flexibel, wenn es sich um leichte Taten (z. B. Drohung mit Ohrfeigen, Schlägen, Festhalten usw.) handelt. Vor allem ergab die Praxis, daß in 45 % der Verurteilungen der Täter oder das Opfer oder beide betrunken und die Beteiligten in 70 % der Fälle miteinander gut bekannt waren. Ein Drittel der Opfer war selbst kriminell belastet. Es handelt sich in allen diesen Fällen nicht um den Normaltatbestand, der dem Gesetzgeber vorschwebte, als er den Strafrahmen des § 5 mit einer Mindeststrafe von einem Jahr Gefängnis festsetzte. Dagegen verdienen ernste Fälle (Bankraub, Überfall usw.) ernste Sanktionen.

[56] wörtlich: Zugriffs.

fugt einen Besitz ergreift, ist wegen *eigenmächtigen Verfahrens* zu Geldstrafe oder Gefängnis von höchstens sechs Monaten zu verurteilen[57]. Gleiches gilt, wenn jemand ohne Besitzergreifung dadurch, daß er ein Schloß anbringt oder aufbricht oder in anderer Weise verfährt, unbefugt den Besitz eines anderen beeinträchtigt oder ihn durch Gewalt oder Drohung mit Gewalt an der Ausübung seines Rechts, etwas zu behalten oder an sich zu nehmen, hindert.

Ist die Straftat schwer, so ist zu Gefängnis von höchstens zwei Jahren zu verurteilen.

§ 9

Beeinträchtigt jemand unbefugt den Besitz eines anderen, um sich selbst zu seinem Recht zu verhelfen, so ist er wegen *Selbsthilfe*[58] zu Geldstrafe oder Gefängnis von höchstens sechs Monaten zu verurteilen.

§ 10

Leitet jemand unbefugt elektrische Kraft ab, so ist er wegen *unerlaubter Kraftableitung* zu Geldstrafe oder Gefängnis von höchstens zwei Jahren zu verurteilen.

§ 11

Nimmt jemand im Wald oder auf einer Feldmark unbefugt eine Sache der in Kap. 12 § 2 Abs. 2 behandelten Art an sich, und ist die Straftat nicht auf Grund des dort Gesagten als Sachbeschädigung anzusehen, so finden die Bestimmungen dieses Kapitels über die Aneignungen Anwendung.

Beeinträchtigt jemand den Grundstücksbesitz eines anderen dadurch, daß er unbefugt einen Zaun anbringt oder aufbricht oder unbefugt baut, gräbt, pflügt, einen Weg anlegt oder Vieh weiden läßt oder entzieht jemand einem anderen unberechtigt seinen Grundstücksbesitz oder einen Teil desselben, so findet das in den §§ 8 und 9 über eigenmächtiges Verfahren oder Selbsthilfe Gesagte Anwendung.

§ 12

Wegen des Versuchs oder der Vorbereitung von Diebstahl, schwerem Diebstahl, Raub, schwerem Raub, unbefugter Besitzergreifung eines Beförderungsmittels oder unerlaubter Kraftableitung sowie wegen Verabredung von Raub oder schwerem Raub oder wegen der Unterlassung, eine derartige Straftat aufzudecken, ist gemäß den Bestim-

---

[57] Diebstahl setzt, wie sich aus § 1 ergibt, stets einen Vermögensschaden voraus, dies ist bei eigenmächtigem Verfahren nicht der Fall.

[58] wörtlich: Selbstdeckung.

mungen des Kap. 23 zu verurteilen. Würde die unbefugte Besitzergreifung eines Beförderungsmittels bei Vollendung der Straftat jedoch als leicht anzusehen sein, so ist für sie keine Strafe auf Grund des Gesagten zu verhängen.

§ 13

Ist außer von schwerem Diebstahl, Raub oder schwerem Raub eine in diesem Kapitel behandelte Straftat gegen den Ehegatten oder Verlobten des Täters oder Gehilfen oder gegen Geschwister, Verwandte in gerade auf- oder absteigender Linie oder einen im ersten Grade gleich nahestehenden Verschwägerten oder gegen Pflegeeltern oder Pflegekinder verübt worden, so ist vom Ankläger nur dann Anklage zu erheben, wenn der Verletzte wegen der Tat Strafanzeige erstattet hat oder wenn die Anklageerhebung unter dem Gesichtspunkt der Allgemeinheit erforderlich erscheint.

Bei Anwendung des in Abs. 1 Gesagten ist auch eine Hehlerei und eine Hehlereiverfehlung[59] als Beihilfe anzusehen.

KAP. 9

Betrug und sonstige Unredlichkeiten

§ 1

Wer einen anderen durch Irreführung zu einer Handlung oder Unterlassung bestimmt, die für den Täter einen Gewinn und für den Irregeführten oder eine Person, die an dessen Stelle steht, einen Schaden mit sich bringt, ist wegen *Betruges* zu Gefängnis von höchstens zwei Jahren zu verurteilen.

§ 2

Ist eine Straftat der in § 1 genannten Art mit Rücksicht auf den Umfang des Schadens und die sonstigen Umstände der Straftat als leicht anzusehen, so ist wegen *betrügerischen Verhaltens* zu Geldstrafe oder Gefängnis von höchstens sechs Monaten zu verurteilen.

Macht jemand Gebrauch vom Raum eines Hauses, von der Gelegenheit, etwas zu verzehren, von einer Beförderung, von dem Zutritt zu einer Vorstellung oder von etwas anderem dieser Art, das unter der Voraussetzung von Barzahlung zur Verfügung gestellt ist, ohne daß er dabei ein Recht hierzu ausübt, so ist ohne Rücksicht darauf, ob er einen anderen irreführt oder nicht, wegen betrügerischen Verhaltens oder, wenn die Straftat nicht als leicht anzusehen ist, wegen Betruges zu verurteilen. Gleiches gilt, wenn jemand die Allgemeinheit nach einem bestimmten Tarif zu bedienen hat und Entgelt über den

---

[59] Vgl. Kap. 9 § 7 und die dortige Fußnote 61.

tariflichen Betrag hinaus berechnet, ohne auf die Abweichung hinzuweisen.

§ 3

Ist eine Straftat der oben in diesem Kapitel genannten Art als schwer anzusehen, so ist wegen *schweren Betruges* zu Gefängnis von mindestens sechs Monaten und höchstens sechs Jahren zu verurteilen.

Bei der Beurteilung der Frage, ob die Straftat schwer ist, ist besonders zu berücksichtigen, ob der Täter allgemeines[60] Vertrauen mißbraucht oder sich eines unechten Schriftstücks oder einer irreführenden Buchführung bedient hat oder ob die Tat sonst von besonders gefährlicher Art gewesen ist, sich auf bedeutende Werte bezogen oder ganz besonders fühlbaren Schaden mit sich gebracht hat.

§ 4

Wer einen anderen durch Nötigung zu einer Handlung oder Unterlassung bestimmt, die für den Täter einen Gewinn und für den Gezwungenen oder eine Person, die an dessen Stelle steht, einen Schaden mit sich bringt, ist, wenn die Straftat nicht als Raub oder als schwerer Raub anzusehen ist, wegen *Erpressung* zu Gefängnis von höchstens zwei Jahren oder, wenn die Straftat leicht ist, zu Geldstrafe zu verurteilen.

Ist die Straftat schwer, so ist zu Gefängnis von mindestens sechs Monaten und höchstens sechs Jahren zu verurteilen.

§ 5

Wer bei einem Vertrag oder einer sonstigen Rechtshandlung die Bedrängnis, den Unverstand, den Leichtsinn oder die im Verhältnis zu ihm abhängige Stellung eines anderen dazu benutzt, um sich einen Vorteil zu verschaffen, der in offenbarem Mißverhältnis zu der Gegenleistung steht oder für den keine Gegenleistung erfolgen soll, ist wegen *Wuchers* zu Geldstrafe oder Gefängnis von höchstens zwei Jahren zu verurteilen.

Ist die Straftat schwer, so ist zu Gefängnis von mindestens sechs Monaten und höchstens vier Jahren zu verurteilen.

§ 6

Wer etwas, das einem anderen durch eine Straftat entzogen ist, kauft oder es für sich verwertet oder sich sonst damit in einer Weise befaßt, die geeignet ist, die Rückgewährung zu erschweren, ist wegen *Hehlerei* zu Gefängnis von höchstens zwei Jahren oder,

---

[60] Der schwedische Ausdruck „allmän" bedeutet sowohl „allgemein" wie „öffentlich", s. Fußnote 4.

wenn die Tat leicht ist, zu Geldstrafe oder Gefängnis von höchstens sechs Monaten zu verurteilen. Gleiches gilt, wenn sich jemand unangemessenen Gewinn mit Hilfe des strafbaren Erwerbs eines anderen verschafft, sowie wenn jemand durch Anspruchserhebung, Übertragung oder in anderer Weise dieser Art eine durch eine Straftat entstandene Forderung geltend macht.

Ist die Straftat schwer, so ist zu Gefängnis von mindestens sechs Monaten und höchstens vier Jahren zu verurteilen.

§ 7

Hat der Täter in Fällen der in § 6 behandelten Art nicht erkannt, daß eine Straftat vorlag, aber hatte er begründeten Anlaß, dies anzunehmen, so ist er wegen *Hehlereiverfehlung*[61] zu Geldstrafe oder Gefängnis von höchstens sechs Monaten zu verurteilen.

Ebenso ist wegen Hehlereiverfehlung zu verurteilen, wenn jemand, der in der in § 6 genannten Weise an der Straftat, durch die einem anderen ein Vermögensgegenstand entzogen wurde, mitgewirkt hat, nicht erkannte, aber begründeten Anlaß zu der Annahme hatte, daß eine Straftat begangen war.

§ 8

Wer in anderen als den oben in diesem Kapitel genannten Fällen unredlich verfährt, indem er einen anderen durch Irreführung zu einer Handlung oder Unterlassung bestimmt und hierdurch den Irregeführten oder eine Person, die an dessen Stelle steht, schädigt, ist wegen *unredlichen Verfahrens* zu Geldstrafe oder Gefängnis von höchstens zwei Jahren zu verurteilen[62].

§ 9

Wer irreführende Angaben veröffentlicht oder sie sonst in der Öffentlichkeit verbreitet, um den Preis von Waren, Wertpapieren oder sonstigen Vermögensgegenständen zu beeinflussen, ist wegen *Schwindels* zu Gefängnis von höchstens zwei Jahren oder, wenn die Straftat leicht ist, zu Geldstrafe zu verurteilen.

Veröffentlicht jemand, der bei der Gründung einer Aktiengesellschaft oder eines anderen Unternehmens mitwirkt oder auf Grund seiner Stellung besondere Kenntnisse über ein Unternehmen besit-

---

[61] Der Begriff „Hehlereiverfehlung" in seiner durch die nur mangelnde Sorgfalt (Unachtsamkeit) von der bewußten Hehlerei geschiedenen juristischen Bedeutung ist im Jahre 1962 geschaffen worden.

[62] § 8 hat seinen jetzigen Wortlaut durch Gesetz Nr. 414 vom 29. 6. 1970 erhalten, zuvor konnte unredliches Verfahren unter bestimmten Voraussetzungen auch ohne Entstehung eines Schadens bestraft werden (z. B. wenn ein Kaufmann Margarine als Butter verkauft, aber den Margarinepreis berechnet hatte).

zen sollte, vorsätzlich oder grob fahrlässig irreführende Angaben, die geeignet sind, die Beurteilung des Unternehmens in wirtschaftlicher Hinsicht zu beeinflussen und hierdurch einen Schaden herbeizuführen, oder verbreitet er sie sonst in der Öffentlichkeit oder unter den an dem Unternehmen interessierten Personen, so ist er gemäß den Bestimmungen des Abs. 1 zu verurteilen.

Ist die in diesem Paragraphen genannte Straftat schwer, so ist zu Gefängnis von mindestens sechs Monaten und höchstens vier Jahren zu verurteilen.

§ 10

Nimmt jemand ein Schriftstück, das unecht, zum Schein errichtet oder sonst unrichtig ist, oder auch einen Scheck ohne Deckung entgegen, um sie als Druckmittel bei der Erhebung eines Anspruchs zu verwenden, so ist er wegen *Entgegennahme einer Scheinurkunde als Druckmittel*[63] zu Geldstrafe oder Gefängnis von höchstens zwei Jahren zu verurteilen.

§ 11

Wegen des Versuchs oder der Vorbereitung von Betrug, schwerem Betrug, Erpressung oder Wucher ist gemäß den Bestimmungen des Kap. 23 zu verurteilen, doch gilt das in Kap. 23 § 3 Gesagte nicht für eine versuchte Erpressung.

Wegen Vorbereitung von Betrug oder schwerem Betrug ist jemand zu verurteilen, der, um einen Versicherer zu betrügen, oder sonst in betrügerischer Absicht sich oder einer anderen Person oder den Vermögensgegenständen eines anderen Schaden zufügt. Gleiches gilt, wenn jemand in der genannten Absicht versucht, einen derartigen Schaden anzurichten. Ist er vor Einritt eines Schadens freiwillig von der Ausführung der Tat zurückgetreten, so ist er nicht strafbar.

---

[63] schwedisch: „ockerpantning"; nicht wörtlich übersetzbar (ocker = Wucher, pantning = Verpfändung). Ein Fall dieser Art ist, daß ein Wucherer eine unechte Schuldurkunde in Kenntnis ihrer Unechtheit entgegennimmt, um sie später als Druckmittel gegen den Schuldner-Fälscher zu verwenden. „Falsche Wechsel sind die besten", sagt eine scherzhafte schwedische Redensart. Eine andere strafbare Methode dieser Art ist, daß der Darlehensgeber den Schuldner veranlaßt, eine Verpflichtung zu unterschreiben, den Darlehensbetrag für einen bestimmten Zweck unter Rechnungslegung zu verwenden. Er kann dann mitunter die Anzeige wegen Untreue als Druckmittel verwenden. Da derartige Handlungen dann oft schwer beweisbar sind, ist seit 1942 schon die Entgegennahme derartiger Schriftstücke in der Absicht, sie als Druckmittel zu verwenden, unter Strafe gestellt worden.

§ 12

Das in Kap. 8 § 13 über die Beschränkung der Anklagebefugnis des Anklägers Gesagte findet mit Ausnahme von schwerem Betrug auf die sonstigen in diesem Kapitel aufgeführten Straftaten entsprechende Anwendung.

KAP. 10

Unterschlagung und sonstige Veruntreuungen

§ 1

Verletzt jemand, der auf Grund eines Vertrages, eines öffentlichen oder privaten Dienstverhältnisses oder einer ähnlichen Stellung für einen anderen den Besitz von Vermögensgegenständen mit der Verpflichtung erlangt hat, diese herauszugeben oder über sie Rechenschaft abzulegen, durch ihre Aneignung oder in anderer Weise das, was er zur Erfüllbarkeit seiner Verpflichtung zu beobachten hat, so ist er, wenn die Tat für ihn einen Gewinn und für den Berechtigten einen Schaden mit sich bringt, wegen *Unterschlagung* zu Gefängnis von höchstens zwei Jahren zu verurteilen.

§ 2

Ist die in § 1 genannte Straftat mit Rücksicht auf den Wert des Unterschlagenen und die sonstigen Umstände der Straftat als leicht anzusehen, so ist wegen *Entziehung*[64] zu Geldstrafe oder Gefängnis von höchstens sechs Monaten zu verurteilen.

§ 3

Ist die in § 1 genannte Straftat als schwer anzusehen, so ist wegen *schwerer Unterschlagung* zu Gefängnis von mindestens sechs Monaten und höchstens sechs Jahren zu verurteilen.

Bei der Beurteilung der Frage, ob die Straftat schwer ist, ist besonders zu berücksichtigen, ob der Täter eine verantwortungsvolle Stellung mißbraucht oder sich eines unechten Schriftstücks oder einer irreführenden Buchführung bedient hat oder ob die Tat sonst von besonders gefährlicher Art gewesen ist, sich auf bedeutende Werte bezogen oder ganz besonders fühlbaren Schaden mit sich gebracht hat.

§ 4

Wer in anderen als den oben in diesem Kapitel genannten Fällen mit einem in seinem Besitz befindlichen Vermögensgegenstand, des-

[64] schwedisch: undandräkt. Der Ausdruck „Entziehung" (eines Vermögenswertes) wurde 1942 gebildet, um einen Täter bei leichten Unterschlagungen, für die nur eine Geldstrafe in Frage kommt, nicht unnötig zu diffamieren.

sen Eigentums- oder Sicherungsrecht[65] einem anderen vorbehalten oder zugesagt ist oder diesem sonst zusteht, Maßnahmen vornimmt, durch die der Gegenstand diesem entzogen[66] oder er seiner Rechte in anderer Weise beraubt wird, ist wegen *unbefugter Verfügung* zu Geldstrafe oder Gefängnis von höchstens zwei Jahren zu verurteilen[67].

§ 5

Mißbraucht jemand, der auf Grund einer Vertrauensstellung, sei es im öffentlichen oder im privaten Dienst, als bevollmächtigter Verwalter[68] oder sonstwie die wirtschaftlichen Angelegenheiten für einen anderen zu besorgen oder ihre Besorgung zu beaufsichtigen hat, seine Befugnis, den Auftraggeber zu vertreten, oder in sonstiger Hinsicht seine Vertrauensstellung, und fügt er hierdurch dem Auftraggeber einen Schaden zu, so ist er, falls die Tat nicht auf Grund der §§ 1—3 strafbar ist, wegen *Treulosigkeit gegenüber dem Auftraggeber* zu Geldstrafe oder Gefängnis von höchstens zwei Jahren zu verurteilen.

Ist die Straftat schwer, so ist zu Gefängnis von mindestens sechs Monaten und höchstens sechs Jahren zu verurteilen. Bei der Beurteilung der Frage, ob die Straftat schwer ist, ist besonders zu berücksichtigen, ob sich der Täter eines unechten Schriftstücks oder einer irreführenden Buchführung bedient hat oder ob er dem Auftraggeber einen bedeutenden oder ganz besonders fühlbaren Schaden zugefügt hat.

Mißbraucht jemand, der die Rechtsangelegenheiten eines anderen zu besorgen hat, seine Vertrauensstellung zum Nachteil des Auftraggebers, so ist er gemäß dem in Abs. 1 Gesagten auch dann zu verurteilen, wenn die Angelegenheit nicht wirtschaftlicher Art ist[69].

§ 6

Wer in anderen als den oben in diesem Kapitel genannten Fällen durch Mißbrauch seiner Befugnis, als Vertreter eines anderen Rechtshandlungen vorzunehmen, diesen schädigt oder durch Mißbrauch

---

[65] Als Sicherungsrecht gilt ein Recht, das einem Gläubiger Sicherheit für die künftige Erfüllung einer Verpflichtung gewährt.

[66] schwedisch: frånhända, d. h. etwa „Entziehen der Verfügungsmöglichkeit".

[67] Unerlaubte Verfügung setzt keinen Vermögensvorteil voraus, z. B. kann die unzulässige Vermengung eigener und fremder Geldmittel strafbar sein.

[68] Vgl. Fußnote 236 zu Kap. 23 § 4.

[69] Abs. 3 kann z. B. in einer Familienrechtssache innerhalb oder außerhalb eines Prozesses von Bedeutung sein. Es braucht kein Schaden, sondern nur ein Nachteil entstanden zu sein.

seiner Befugnis, „Schuldbriefe“[70] oder sonstige Urkunden dieser Art geltend zu machen, etwas fordert, das einem anderen zusteht, ist wegen *Mißbrauchs einer Befugnis* zu Geldstrafe oder Gefängnis von höchstens zwei Jahren zu verurteilen. Gleiches gilt, wenn jemand auf Grund einer nicht ausgehändigten Urkunde oder wegen einer schon beglichenen Schuld Zahlung fordert oder wenn er die Herausgabe von Gegenständen verlangt, die er bereits erhalten hat, oder wenn er sich gegenüber einer Forderung auf eine nicht ausgehändigte Quittung beruft.

§ 7

Macht jemand unbefugt Gebrauch von der Sache eines anderen, die er im Besitz hat, und verschuldet er hierdurch einen Schaden oder Mißhelligkeiten, so ist er wegen *unerlaubter Ingebrauchnahme einer Sache* zu Geldstrafe oder Gefängnis von höchstens sechs Monaten zu verurteilen. Gleiches gilt, wenn der Besitzer eines Grundstücks von diesem zum Nachteil der Rechte eines anderen Gebrauch macht, indem er unbefugt baut, gräbt, pflügt, einen Weg anlegt, Vieh weiden läßt oder andere Maßnahmen dieser Art vornimmt.

§ 8

Kommt jemand nicht der gesetzlich vorgeschriebenen Pflicht nach, von Fundgegenständen oder Sachen eines anderen, deren Besitz er aus Irrtum oder Zufall erlangt hat, Kenntnis zu geben[71], so ist er wegen *Fundverheimlichung* zu einer Geldstrafe zu verurteilen. Unterläßt jemand die Erfüllung dieser Pflicht in der Absicht, sich den Gegenstand anzueignen, oder verfährt er mit ihm sonst in der in § 4 genannten Art, so gelten die dortigen Bestimmungen.

§ 9

Wegen des Versuchs von Unterschlagung, schwerer Unterschlagung oder von Treulosigkeit gegenüber dem Auftraggeber ist gemäß den Bestimmungen des Kap. 23 zu verurteilen.

§ 10

Das in Kap. 8 § 13 über die Beschränkung der Anklagebefugnis des Anklägers Gesagte findet auf die sonstigen in diesem Kapitel

---

[70] Auf Grund des in der schwedischen Praxis sehr bedeutsamen Gesetzes vom 27. 3. 1936 über Schuldbriefe ist „Schuldbrief“ der Oberbegriff für einseitige, äußerlich selbständige, schriftliche Schuldanerkenntnisse und Schuldverschreibungen aller Art, zu denen auch Inhaber- und Orderpapiere gehören.

[71] § 1 des Gesetzes vom 22. 4. 1938 über Fundgegenstände schreibt vor, die Polizei oder den — eventuell bekannten — Eigentümer unverzüglich über einen Fund zu unterrichten.

aufgeführten Straftaten mit Ausnahme von schwerer Unterschlagung und von Treulosigkeit gegenüber dem Auftraggeber, die als schwer anzusehen ist, entsprechende Anwendung.

Wegen unerlaubter Verfügung über Vermögensgegenstände, die in den Besitz des Täters durch einen Vertrag gelangt sind, auf Grund dessen das Eigentumsrecht erst nach erfolgter Zahlung übergehen soll, darf vom Ankläger nur dann Anklage erhoben werden, wenn dies aus besonderen Gründen unter dem Gesichtspunkt der Allgemeinheit erforderlich erscheint.

KAP. 11

Schuldnerstraftaten

§ 1

Ein Schuldner, der Vermögensgegenstände[72] von Erheblichkeit zerstört oder sich ihrer durch Schenkungen oder andere ähnliche Maßnahmen entäußert und sich hierdurch in Zahlungsschwierigkeiten versetzt oder seine Zahlungsschwierigkeiten verschlechtert, ist wegen *Unredlichkeit gegenüber Gläubigern* zu Gefängnis von höchstens zwei Jahren zu verurteilen.

Ein Schuldner, der in einem Konkurs oder in einem öffentlichen Vergleichsverfahren außerhalb eines Konkurses oder in dem für den Offenbarungseid bestimmten Vermögensverzeichnis Guthaben verheimlicht, nicht vorhandene Schulden angibt oder andere unrichtige Angaben dieser Art macht, ist, sofern die Angaben nicht berichtigt werden, bevor sie beeidigt oder dem Verfahren sonst zugrundegelegt worden sind, ebenfalls wegen Unredlichkeit gegenüber Gläubigern zu verurteilen. Gleiches gilt, wenn sich ein Schuldner im Zusammenhang mit einer sonstigen Zwangsvollstreckung auf ein unrichtiges Schriftstück oder einen Scheinvertrag beruft und hierdurch verhindert, daß durch die Vollstreckungshandlung die erforderlichen Vermögenswerte in Anspruch genommen werden, um den Gläubigern Befriedigung oder Sicherung zu gewähren.

Ein Schuldner, der, wenn Konkurs bevorsteht, Vermögensmittel von Erheblichkeit in der Absicht aus Schweden fortbringt, sie aus dem Konkurs herauszuhalten, sowie ein Schuldner, der in einem Konkurs der Konkursverwaltung[73] Vermögensmittel entzieht oder

---

[72] Der schwedische Begriff „egendom" (Eigentum) ist hier und an anderen Stellen seiner Erwähnung fast stets mit „Vermögensgegenstände" oder „Vermögenswerte" übersetzt worden; er umfaßt alles, was zum Vermögen einer Person gehört. Der schwedische Begriff für Eigentum i. S. von Eigentumsrecht ist hiervon zu scheiden und heißt „äganderätt"; er bezieht sich auf das Verfügungsrecht über eine Sache.

[73] In Schweden können vom Gericht ausnahmsweise mehrere Personen zu Konkursverwaltern bestellt werden (§ 41 Konkursgesetz).

vorenthält, ist ebenfalls wegen Unredlichkeit gegenüber Gläubigern zu verurteilen.

§ 2

Ist eine Straftat der in Abs. 1 genannten Art als schwer anzusehen, so ist wegen *schwerer Unredlichkeit gegenüber Gläubigern* zu Gefängnis von mindestens sechs Monaten und höchstens sechs Jahren zu verurteilen.

Bei der Beurteilung der Frage, ob die Straftat schwer ist, ist besonders zu berücksichtigen, ob der Schuldner eine unrichtige Angabe beeidigt oder ob er sich eines unechten Schriftstücks oder einer irreführenden Buchführung bedient hat oder ob die Straftat von erheblichem Umfang gewesen ist.

§ 3

Ein Schuldner, der unter Verbrauch erheblicher Mittel seinen Betrieb ohne entsprechenden Nutzen für diesen fortsetzt oder verschwenderisch lebt oder sich auf waghalsige Unternehmen oder leichtsinnige Schuldverpflichtungen einläßt oder andere Handlungen dieser Art vornimmt und hierdurch vorsätzlich oder grob fahrlässig Zahlungsschwierigkeiten hervorruft oder vergrößert, ist wegen *Gläubigergefährdung*[74] zu Gefängnis von höchstens zwei Jahren zu verurteilen.

Ein Schuldner, der in einem Konkurs oder einer öffentlichen Vergleichsverhandlung außerhalb eines Konkurses oder in dem für den Offenbarungseid bestimmten Vermögensverzeichnis[75] aus grober Fahrlässigkeit Guthaben verheimlicht, nicht vorhandene Schulden angibt oder andere unrichtige Angaben dieser Art macht, ist, sofern die Angaben nicht berichtigt wurden, bevor sie beeidigt oder dem Verfahren sonst zugrundegelegt worden sind, ebenfalls wegen Gläubigergefährdung zu verurteilen.

§ 4

Ein Schuldner, der, wenn ein Konkurs bevorsteht, die Forderung eines Gläubigers befriedigt oder für sie eine Sicherheit stellt oder andere Handlungen dieser Art vornimmt und hierdurch die Rechte der übrigen Gläubiger beträchtlich verringert, ist wegen *Gläubigerbegünstigung* zu Gefängnis von höchstens zwei Jahren zu verurteilen. Gleiches gilt, wenn ein zur Buchführung verpflichteter Schuldner in der oben genannten Weise verfährt, obwohl er nach gutem kaufmännischen Brauch seine Zahlungen offenbar hätte einstellen sollen.

---

[74] wörtlich: Nachlässigkeit gegenüber Gläubigern.

[75] Der Zwangsvollstreckungseid (Offenbarungseid, schwedisch: utmätningsed) wird vor dem Konkursrichter abgelegt.

Ein Schuldner, der, um einen Vergleich in einem Vergleichsverfahren zu fördern, heimlich Zahlungen oder andere Bevorzugungen[76] vornimmt oder zusagt, ist ebenfalls wegen Gläubigerbegünstigung zu verurteilen.

§ 5

Verletzt ein Schuldner vorsätzlich oder grob fahrlässig die ihm obliegenden Buchführungspflichten in derartiger Weise, daß die Stellung und der Gang des Betriebs in wesentlichen Fragen nicht an Hand der Buchführung beurteilt werden kann, so ist er wegen *Verletzung der Buchführungspflicht* zu Gefängnis von höchstens zwei Jahren oder, wenn die Straftat leicht ist, zu Geldstrafe zu verurteilen.

Wegen Verletzung der Buchführungspflicht darf Anklage nur erfolgen, falls der Schuldner innerhalb von fünf Jahren seit Begehung der Straftat in Konkurs geraten ist, einen Vergleich erhalten oder angeboten oder seine Zahlungen eingestellt hat.

§ 6

Wegen des Versuchs, Vermögensmittel in der in § 1 Abs. 3 genannten Weise aus Schweden fortzubringen, ist gemäß den Bestimmungen des Kap. 23 zu verurteilen.

§ 7

Begeht jemand, der an Stelle des Schuldners steht, eine Tat der in diesem Kapitel genannten Art, so ist er so zu verurteilen, als ob er selbst der Schuldner wäre.

Ein Gläubiger, der in dem in § 4 behandelten Fall Zahlungen, Sicherheiten oder sonstige Bevorzugungen entgegennimmt oder sich zusagen läßt, ist wegen Mitwirkung an der Straftat nur dann zu verurteilen, wenn er sich einer unangemessenen Drohung oder des unangemessenen Versprechens einer Vergünstigung bedient oder wenn er in heimlichem Einvernehmen mit dem Schuldner handelt.

KAP. 12

Sachbeschädigungen

§ 1

Wer feste oder bewegliche Vermögensgegenstände zum Nachteil der an ihnen bestehenden Rechte eines anderen zerstört oder beschädigt, ist wegen *Sachbeschädigung*[77] zu Geldstrafe oder Gefängnis von höchstens sechs Monaten zu verurteilen.

---

[76] wörtlich: Vergünstigungen.

[77] wörtlich etwa: Schadensverursachung (skadegörelse).

§ 2

Ist eine Straftat der in § 1 genannten Art mit Rücksicht auf die Geringfügigkeit des Schadens und die sonstigen Umstände der Straftat als leicht anzusehen, so ist wegen *Schadenszufügung*[78] zu Geldstrafe zu verurteilen.

Nimmt jemand im Wald oder auf einer Feldmark unbefugt wachsende Bäume oder Gräser oder von wachsenden Bäumen Reiser, Zweige, Birkenrinde, Borke, Laub, Bast, Eicheln, Nüsse oder Harz oder auch Windbruch, Gestein, Kies, Torf oder anderes dieser Art, das nicht zum Gebrauch bereitsteht, an sich, so ist er wegen Schadenszufügung zu verurteilen, wenn die Straftat nicht mit Rücksicht auf den Wert des Entwendeten und die sonstigen Umstände als leicht anzusehen ist.

§ 3

Ist eine Straftat der in § 1 genannten Art als schwer anzusehen, so ist wegen *schwerer Sachbeschädigung* zu Gefängnis von höchstens vier Jahren zu verurteilen.

Bei der Beurteilung der Frage, ob die Straftat schwer ist, ist besonders zu berücksichtigen, ob durch sie eine ganz besondere Gefahr für Leben oder Gesundheit anderer entstanden ist oder ob der Schaden eine Sache von großer kultureller oder wirtschaftlicher Bedeutung betroffen hat oder ob er sonst ganz besonders fühlbar war.

§ 4

Benutzt jemand unbefugt einen Weg über ein Baugelände[79] oder eine Anpflanzung oder über ein sonstiges Besitztum, die dadurch Schaden erleiden können, so ist er wegen *Benutzung eines verbotenen Weges* zu einer Geldstrafe zu verurteilen.

§ 5

Wegen des Versuchs oder der Vorbereitung von schwerer Sachbeschädigung sowie wegen der Unterlassung, eine derartige Straftat aufzudecken, ist gemäß den Bestimmungen des Kap. 23 zu verurteilen.

§ 6

Wegen einer Schadenszufügung oder der Benutzung eines verbotenen Weges darf, wenn die Straftat nur private Rechte kränkt, vom Ankläger Anklage nur dann erhoben werden, wenn die Anklage-

---

[78] schwedisch: åverkan (wörtlich: Beschädigung, Ramponierung o. dgl.).

[79] Der Begriff „tomt" bezieht sich auf ein Grundstück, auf dem ein Bauwerk errichtet ist oder errichtet werden soll.

erhebung aus besonderen Gründen unter dem Gesichtspunkt der Allgemeinheit erforderlich erscheint.

KAP. 13

Gemeingefährliche Straftaten

§ 1

Legt jemand einen Brand an, der eine Gefahr für Leben oder Gesundheit oder für umfangreiche Zerstörung von Vermögensgegenständen anderer enthält, so ist er wegen *Brandstiftung* zu Gefängnis von mindestens zwei und höchstens acht Jahren zu verurteilen.

§ 2

Ist eine Straftat der in § 1 genannten Art als schwer anzusehen, so ist zu zeitbestimmtem Gefängnis von mindestens sechs und höchstens zehn Jahren oder zu Gefängnis auf Lebenszeit zu verurteilen.

Bei der Beurteilung der Frage, ob die Straftat schwer ist, ist besonders zu berücksichtigen, ob der Brand an einem dichtbebauten Ort, in dem er sich leicht ausbreiten konnte, angelegt ist oder ob er sonst eine Gefahr für mehrere Menschen oder für Vermögensgegenstände von besonderer Bedeutung mit sich gebracht hat.

§ 3

Wer eine Explosion, eine Überschwemmung, einen Einsturz, einen Schiffbruch, ein Flugzeug- oder Zugunglück oder anderes Unglück dieser Art herbeiführt und hierdurch eine Gefahr für Leben oder Gesundheit oder für umfassende Zerstörung von Vermögensgegenständen anderer hervorruft, ist wegen *gemeingefährlicher Unheilstiftung*[80] zu Gefängnis von mindestens zwei und höchstens acht Jahren zu verurteilen.

Ist die Straftat schwer, so ist zu zeitbestimmtem Gefängnis von mindestens sechs und höchstens zehn Jahren oder zu Gefängnis auf Lebenszeit zu verurteilen.

§ 4

Zerstört oder beschädigt jemand Vermögensgegenstände, die erhebliche Bedeutung für die Verteidigung, Volksversorgung, Rechtspflege oder Verwaltung Schwedens oder für die Aufrechterhaltung seiner öffentlichen Ordnung und Sicherheit haben, oder stört oder hindert jemand ernstlich die Anwendung derartiger Gegenstände durch andere Handlungen, die nicht lediglich die Vorenthaltung von Arbeitskraft oder die Aufforderung zu ihr bedeuten, so ist er wegen

[80] wörtlich: Verwüstung, Verheerung, Vernichtung (ödeläggelse).

Sabotage zu Gefängnis von höchstens vier Jahren zu verurteilen. Gleiches gilt, wenn jemand sonst durch Sachbeschädigungen oder andere Taten der genannten Art ernstlich den öffentlichen Verkehr oder die Anwendung von Telegraf, Telefon, Radio oder ähnlichen öffentlichen Hilfsmitteln oder von Anlagen für die Versorgung der Allgemeinheit mit Wasser, Licht, Wärme oder Kraft stört oder hindert.

§ 5

Ist eine Straftat der in § 4 genannten Art als schwer anzusehen, so ist wegen *schwerer Sabotage* zu zeitbestimmtem Gefängnis von mindestens zwei und höchstens zehn Jahren oder zu Gefängnis auf Lebenszeit zu verurteilen.

Bei der Beurteilung der Frage, ob die Straftat schwer ist, ist besonders zu berücksichtigen, ob durch sie eine Gefahr für die Sicherheit Schwedens, für mehrere Menschenleben oder für Vermögensgegenstände von besonderer Bedeutung hervorgerufen worden ist.

§ 5 a[81]

Wer sich an Bord eines Luftfahrzeugs durch Nötigung dieses Fahrzeugs bemächtigt oder in seine Manövrierung eingreift, ist wegen *Kaperung eines Luftfahrzeugs* zu Gefängnis von höchstens vier Jahren zu verurteilen.

Nimmt jemand sonst eine Handlung vor, die geeignet ist, eine Gefahr für die Sicherheit des Luftfahrzeugs während des Fluges[82] hervorzurufen, oder macht jemand ein im Verkehr befindliches[83] Flugzeug für den Flug unbrauchbar, indem er es zerstört oder beschädigt, so ist er wegen *Luftfahrtsabotage* zu Gefängnis von höchstens vier Jahren zu verurteilen.

---

[81] Eingefügt durch die Gesetze vom 27. 5. 1971 (Nr. 188) [vgl. Haag-Konvention vom 16. 12. 1970 über die gesetzwidrige Besitzergreifung von Flugzeugen] und 25. 5. 1973 (Nr. 342). Das letztere Gesetz wurde im Zusammenhang mit Schwedens Ratifizierung der sog. Montrealkonvention vom 23. 9. 1971 über die Bekämpfung von Verbrechen gegen die Sicherheit der zivilen Luftfahrt erlassen.

[82] Der Begriff „während des Fluges" ist in Übereinstimmung mit der Montrealkonvention (Art. 2 a) weit auszulegen, d. h. während der Zeit, in der alle Außentüren nach dem Anbordgehen geschlossen sind (also schon vor dem Aufstieg in die Luft) bis zum Öffnen der Türen zum Zweck des Aussteigens.

[83] Der Ausdruck „im Verkehr befindlich" beginnt nach der Montrealkonvention (Art. 2 b) mit der Vorbereitung des Fluges durch Bodenpersonal oder Besatzung und endet 24 Stunden nach der Landung. In Schweden kann nach den Gesetzesmotiven Luftfahrtsabotage über diesen Zeitraum hinaus strafbar sein.

Ist eine Straftat der in Abs. 1 oder 2 genannten Art als schwer anzusehen, so ist zu zeitbestimmtem Gefängnis von mindestens zwei und höchstens zehn Jahren oder zu Gefängnis auf Lebenszeit zu verurteilen. Bei der Beurteilung der Frage, ob die Straftat schwer ist, ist besonders zu berücksichtigen, ob durch sie eine Gefahr für mehrere Menschenleben hervorgerufen worden ist oder ob sie sonst von besonders gefährlicher Art war.

§ 6

Wer aus Fahrlässigkeit durch unachtsames Umgehen mit Feuer oder Sprengstoff oder in sonstiger Weise einen Brand oder ein Unglück der in den §§ 1, 2 oder 3 genannten Art verschuldet oder Gefahr für sie hervorruft oder Schäden oder Hinderungen der in § 4 genannten oder Schäden der in § 5 a Abs. 2 bezeichneten Art verursacht, ist wegen *gemeingefährlicher Fahrlässigkeit* zu Geldstrafe oder Gefängnis von höchstens sechs Monaten zu verurteilen[84].

Ist die Straftat schwer, so ist zu Gefängnis von höchstens zwei Jahren zu verurteilen.

§ 7

Ruft jemand eine Gemeingefahr für Leben oder Gesundheit von Menschen dadurch hervor, daß er Lebensmittel, Wasser oder sonstiges vergiftet oder infiziert, auf andere Weise Gift oder ähnliches verbreitet oder eine ernste Krankheit überträgt oder verbreitet, so ist er wegen *Verbreitung von Gift oder Ansteckungsstoff* zu Gefängnis von höchstens sechs Jahren zu verurteilen.

Ist die Straftat schwer, so ist zu zeitbestimmtem Gefängnis von mindestens vier und höchstens zehn Jahren oder zu Gefängnis auf Lebenszeit zu verurteilen. Bei der Beurteilung der Frage, ob die Straftat schwer ist, ist besonders zu berücksichtigen, ob sie in der Absicht geschehen ist, Leben oder Gesundheit eines anderen Schaden zuzufügen oder ob viele Menschen einer Gefahr ausgesetzt worden sind.

§ 8

Ruft jemand durch Gift eine Gemeingefahr für Tiere oder Gewächse hervor oder indem er bösartige Krankheiten überträgt oder verbreitet oder indem er tierische Schädlinge oder Unkraut verbreitet oder in anderer Weise dieser Art vorgeht, so ist er wegen *Vernichtung von Tieren oder Gewächsen*[85] zu Geldstrafe oder Gefängnis von höchstens zwei Jahren zu verurteilen.

---

[84] Durch Gesetzesänderung Nr. 342 vom 25. 5. 1973 ist hierdurch auch fahrlässige Luftfahrtsabotage strafbar geworden, obwohl die Montrealkonvention dies nicht verlangt.

[85] wörtlich nur: Vernichtung (förgöring).

Ist die Straftat schwer, so ist zu Gefängnis von mindestens sechs Monaten und höchstens sechs Jahren zu verurteilen. Bei der Beurteilung der Frage, ob die Straftat schwer ist, ist besonders zu berücksichtigen, ob sie in der Absicht geschehen ist, Schaden zuzufügen, oder ob Vermögensgegenstände von bedeutendem Wert einer Gefahr ausgesetzt worden sind.

§ 9

Begeht jemand aus grober Unachtsamkeit eine der in den §§ 7 oder 8 genannten Handlungen, so ist er wegen *Fahrlässigkeit mit Gift oder Ansteckungsstoff* zu Geldstrafe oder Gefängnis von höchstens zwei Jahren zu verurteilen.

§ 10

Hat jemand, ohne sich auf Grund des oben in diesem Kapitel Gesagten strafbar gemacht zu haben, beim Umgehen mit Feuer, Sprengstoff oder Gift oder in sonstiger Weise die Gefahr eines Brandes oder Unglücks der in den §§ 1, 2 oder 3 oder eine Gemeingefahr der in den §§ 7 oder 8 behandelten Art hervorgerufen, und unterläßt er es, nachdem er über sie zur Erkenntnis gelangt ist, zur Abwendung der Gefahr dasjenige zu tun, das von ihm mit Recht[86] verlangt werden kann, so ist er wegen *unterlassener Abwendung einer Gemeingefahr* zu Geldstrafe oder Gefängnis von höchstens einem Jahr zu verurteilen.

§ 11

Hat jemand, der sich gemäß den §§ 1, 2, 3, 6, 7, 8, 9 oder 10 oder durch Luftfahrtsabotage gemäß § 5 a strafbar gemacht hat, die dort genannte Gefahr freiwillig abgewendet, bevor erhebliche Unzuträglichkeiten entstanden sind, so darf er zu einer milderen als der für die Tat bestimmten Strafe verurteilt werden; es ist jedoch keine leichtere Strafe als Gefängnis zu verhängen, falls die Mindeststrafe für diese Straftat sonst Gefängnis von zwei Jahren oder darüber hinaus beträgt. War die Gefahr gering, und ist für die Tat keine schwerere Strafe als Gefängnis von einem Jahr bestimmt, so ist nicht zu einer Strafe zu verurteilen.

§ 12

Wegen des Versuchs, der Vorbereitung oder der Verabredung von Brandstiftung, schwerer Brandstiftung, gemeingefährlicher Unheilstiftung, Sabotage, schwerer Sabotage, Kaperung von Luftfahrzeugen, Luftfahrtsabotage, Verbreitung von Gift oder Ansteckungsstoff

[86] wörtlich: begründet (skälig). Dieser Ausdruck wird vom schwedischen Gesetzgeber auch oft gebraucht, wenn man im Deutschen „angemessenerweise“ oder „billigerweise“ sagen würde.

oder Vernichtung von Tieren oder Gewächsen sowie wegen der Unterlassung, eine derartige Straftat aufzudecken, ist gemäß den Bestimmungen des Kap. 23 zu verurteilen.

KAP. 14

Fälschungen[87]

§ 1

Wer dadurch, daß er den Namen einer wirklichen oder erfundenen anderen Person schreibt oder dadurch, daß er sich fälschlich die Unterschrift eines anderen verschafft oder in sonstiger Weise eine falsche Urkunde herstellt oder auch eine echte Urkunde fälschlich verändert oder ausfüllt, ist, wenn die Handlung eine Beweisführung gefährdet, wegen *Urkundenfälschung* zu Gefängnis von höchstens zwei Jahren zu verurteilen.

Als Urkunde gilt ein Protokoll, ein Vertrag, ein Schuldbrief[88], ein Zeugnis oder ein sonstiges Schriftstück, das zur Beweisführung errichtet oder sonst als Beweis von Bedeutung ist, sowie ein Legitimationsausweis, ein Billett[89] oder ein ähnliches Beweiszeichen[90].

§ 2

Ist eine Straftat der in § 1 genannten Art als leicht anzusehen, so ist wegen *Urkundenentstellung* zu Geldstrafe oder Gefängnis von höchstens sechs Monaten zu verurteilen.

Bei der Beurteilung der Frage, ob die Straftat leicht ist, ist besonders zu berücksichtigen, ob die Urkunde als eine Kassenquittung, eine Kontrollmarke oder ein ähnlicher Empfangsschein von

---

[87] Die Fälschungsdelikte werden in Schweden heute nicht zu den Straftaten gegen das Vermögen, sondern gegen die Allgemeinheit gerechnet. Das Gesetz spricht daher nicht von der Zufügung von Schaden oder Nachteil, sondern von der Gefährdung einer Beweisführung (Beweiserbringung). Schutzobjekt ist das Interesse der Gesellschaftsangehörigen, sich auf Beweismittel verlassen zu können (*Beckman—Holmberg—Hult—Strahl*, a. a. O., Bd. II, 2. Aufl., S. 43).

[88] s. Fußnote 70 zu Kap. 10 § 6.

[89] schwedisch: biljett (in Schweden üblich gebliebene Sammelbezeichnung für Fahrscheine, Fahrkarten, Eintritts- und Einlaßscheine).

[90] Man spricht in Schweden von sog. Absichtsurkunden, d. h. Urkunden, die in der Absicht geschaffen sind, im Fall der Echtheit einen Beweis zu erbringen. „Beweiszeichen“ dieser Art (wörtlich: Beweismarken) können wie z. B. Kreditkontenkarten, Garderobenmarken usw. auch aus Metall, Plastik usw. gefertigt sein. Garderobenmarken u. a. werden allerdings zumeist unter § 2 fallen.

geringerer Bedeutung war[91], oder ob die Tat geschehen ist, um jemandem zu seinem Recht zu verhelfen.

§ 3

Ist eine Straftat der in § 1 genannten Art als schwer anzusehen, so ist wegen *schwerer Urkundenfälschung* zu Gefängnis von mindestens sechs Wochen und höchstens sechs Jahren zu verurteilen.

Bei der Beurteilung der Frage, ob die Straftat schwer ist, ist besonders zu berücksichtigen, ob sich die Fälschung auf ein behördliches Aktenstück[92] von Bedeutung oder eine Urkunde bezogen hat, die als eine Obligation[93], eine Aktie[94] oder eine dingliche Belastungsurkunde[95] für den allgemeinen Rechtsverkehr besonders bedeutsam ist, oder ob die Tat sonst von besonders gefährlicher Art war.

§ 4

Wer eine Urkunde, über die er bei dieser Gelegenheit nicht so zu verfügen berechtigt war, zerstört, unbrauchbar macht oder beiseiteschafft, ist, wenn die Handlung eine Beweisführung gefährdet, wegen *Urkundenunterdrückung* zu Gefängnis von höchstens zwei Jahren oder, wenn die Straftat leicht ist, zu Geldstrafe oder Gefängnis von höchstens sechs Monaten zu verurteilen.

Ist die Straftat schwer, so ist zu Gefängnis von mindestens sechs Monaten und höchstens vier Jahren zu verurteilen.

§ 5

Versieht jemand ohne Erlaubnis ein Erzeugnis der Kunst oder Gebrauchskunst oder ein sonstiges Werk dieser Art mit einer Unterschrift oder Signatur[96] oder verfälscht er auf ihm die Unterschrift oder Signatur eines anderen, und erweckt er hierdurch den Anschein,

---

[91] Bei Schecks handelt es sich nicht um Urkunden von geringerer Bedeutung, doch kann die Geringfügigkeit des Betrages im individuellen Fall berücksichtigt werden. Überhaupt sind stets die Gesamtumstände des Einzelfalls zu beachten.

[92] sog. Archivschriftstück, d. h. zur Verwahrung im Archiv der Behörde bestimmt.

[93] Wertpapiere über die festverzinsliche Schuldverpflichtung eines Unternehmens, insbesondere bei Zulassung zum Börsenhandel.

[94] Aktienbrief (Aktienurkunde) i. S. des § 34 Gesetz vom 14. 9. 1944 über Aktiengesellschaften (Nr. 705).

[95] Kap. 22 § 5 Grundstücksgesetz (Jordabalk) vom 17. 12. 1970, aber auch Belastungsurkunden auf Grund des Gesetzes vom 10. 5. 1901 über die Belastung von Fahrzeugen, des Gesetzes vom 29. 7. 1966 über die Belastung von Unternehmen (företagsinteckning) u. a.

[96] Eine Signatur kann auch aus Initialen, einem bloßen Vornamen, Zeichen der Gebrauchskunst (Urhebergesetz vom 30. 12. 1960) u. a. bestehen.

daß dieser damit seine Eigenschaft als Urheber des Werkes bezeugt hat, so ist er wegen *Signaturfälschung* zu Gefängnis von höchstens zwei Jahren oder, wenn die Straftat leicht ist, zu Geldstrafe oder Gefängnis von höchstens sechs Monaten zu verurteilen.

Ist die Straftat schwer, so ist zu Gefängnis von mindestens sechs Monaten und höchstens vier Jahren zu verurteilen.

§ 6

Wer innerhalb oder außerhalb von Schweden gültige Geldscheine oder Geldmünzen nachmacht oder diese in anderer Weise verfälscht, ist wegen *Geldfälschung* zu Gefängnis von höchstens vier Jahren oder, wenn die Straftat leicht ist, zu Geldstrafe oder Gefängnis von höchstens sechs Monaten zu verurteilen.

Ist die Straftat schwer, so ist zu Gefängnis von mindestens zwei und höchstens acht Jahren zu verurteilen.

§ 7

Macht jemand eine gültige Briefmarke, eine Stempelmarke[97] oder ein anderes öffentliches oder für die Allgemeinheit bestimmtes inländisches oder ausländisches Wertzeichen[98] oder ein öffentliches inländisches oder ausländisches Kontrollzeichen für Maße, Gewichte, Schriftstücke oder sonstiges[99] nach oder bringt er ein falsches derartiges Kennzeichen oder fälschlich ein echtes Kennzeichen an oder verfälscht jemand sonst ein derartiges Kennzeichen oder das Gekennzeichnete, so ist er, wenn die Handlung eine Beweisführung gefährdet, wegen *Wertzeichenfälschung* zu Gefängnis von höchstens zwei Jahren oder, wenn die Straftat leicht ist, zu Geldstrafe oder Gefängnis von höchstens sechs Monaten zu verurteilen.

Ist die Straftat schwer, so ist zu Gefängnis von mindestens sechs Monaten und höchstens vier Jahren zu verurteilen.

§ 8

Bringt jemand fälschlich ein Kennzeichen oder einen anderen Gegenstand, der als gültiges Grenzzeichen, gültige Höhenangabe eines Wasserstandes[100], gültiger landmesserischer Festpunkt[101] oder

---

[97] Sog. Belegungsstempel gemäß Stempelsteuerverordnung vom 21. 5. 1964 und ähnlichen Bestimmungen, z. B. sog. Fondssteuer beim Wertpapierhandel.

[98] z. B. die Quittungsmarken der Postanstalten.

[99] Hierzu gehören sowohl aufgeklebte Kontrollzeichen über Zollabfertigung u. a. wie Einstemplungen bei Gold- und Silberarbeiten, die Stempel der Frankaturapparate, Entwertungsstempel der Post oder des Zolls usw.

[100] wörtlich: Wasserkennzeichen, d. h. eine Linie, die die oberste oder unterste Grenze eines zulässigen Wasserstandes angibt.

[101] wörtlich: Fixierungspunkt.

als sonstiges gültiges Kennzeichen für eine Flächen- oder Höhenmessung angesehen werden kann, an oder verlegt, entfernt, beschädigt oder zerstört jemand ein derartiges Kennzeichen, so ist er, wenn die Handlung eine Beweisführung gefährdet, wegen *Fälschung eines festen Kennzeichens* zu Gefängnis von höchstens vier Jahren oder, wenn die Straftat leicht ist, zu Gefängnis von höchstens sechs Monaten zu verurteilen[102].

§ 9

Wer sich auf falsche Urkunden beruft, Werke mit falscher Signatur anbietet oder zum Verkauf bereithält, falsche Geldscheine oder falsche Geldmünzen in Umlauf setzt, falsche Wert- oder Kontrollzeichen benutzt, sich auf falsche feste Kennzeichen beruft oder sonst von etwas Gebrauch macht, das in der oben genannten Weise gefälscht ist, ist, wenn die Handlung eine Beweisführung gefährdet, wegen Gebrauchs des gefälschten Gegenstandes so zu bestrafen, als ob er die Fälschung selbst vorgenommen hätte.

§ 10

Wer in anderen als den in § 9 genannten Fällen einen Gegenstand unter der Allgemeinheit verbreitet, der leicht mit geltenden Geldscheinen, Geldmünzen oder öffentlichen Wertzeichen verwechselt werden kann, ist wegen *ungesetzlicher Verbreitung einer Nachbildung* zu einer Geldstrafe zu verurteilen[103].

§ 11

Hat jemand, der sich nach dem oben in diesem Kapitel Gesagten strafbar gemacht hat, freiwillig die durch die Tat hervorgerufene Gefährdung der Beweisführung abgewendet, bevor erhebliche Mißhelligkeiten entstanden sind, so darf er zu einer leichteren als der für die Tat bestimmten Strafe verurteilt werden. War die Gefahr gering und ist für die Tat keine schwerere Strafe als Gefängnis von sechs Monaten festgesetzt, so ist nicht zu einer Strafe zu verurteilen.

§ 12

Wegen des Versuchs oder der Vorbereitung von Urkundenfälschung, schwerer Urkundenfälschung, Urkundenunterdrückung, Si-

---

[102] In subjektiver Hinsicht ist Vorsatz erforderlich, dies gilt auch für die Beschädigung.

[103] Es muß sich um in- oder ausländische staatliche Wertzeichen (z. B. Briefmarken u. a.) handeln; es genügt nicht, daß sie nur für die Öffentlichkeit bestimmt sind. Auch ist die Verbreitung unter der Allgemeinheit Bedingung; die bloße Weitergabe an Einzelpersonen ist hier daher nicht ausreichend.

gnaturfälschung, Geldfälschung, Wertzeichenfälschung, Fälschung eines festen Kennzeichens oder Gebrauchs eines gefälschten Gegenstandes sowie wegen der Unterlassung, eine Geldfälschung aufzudecken, ist gemäß den Bestimmungen des Kap. 23 zu verurteilen. Würde die Straftat jedoch im Fall ihrer Vollendung als leicht anzusehen sein, so ist nicht zu einer Strafe gemäß dem oben Gesagten zu verurteilen.

KAP. 15

Meineid, falsche Anklageerhebung und andere falsche Bekundungen

§ 1

Hat jemand bei einem gesetzlich geregelten Eid oder bei einer Versicherung, die anstelle eines Eides abgegeben wird, eine unwahre Angabe gemacht oder die Wahrheit verschwiegen, so ist er wegen *Meineids* zu Gefängnis von höchstens vier Jahren oder, wenn die Straftat leicht ist, zu Geldstrafe oder Gefängnis von höchstens sechs Monaten zu verurteilen[104].

Ist die Straftat schwer, so ist zu Gefängnis von mindestens zwei und höchstens acht Jahren zu verurteilen. Bei der Beurteilung der Frage, ob die Straftat schwer ist, ist besonders zu berücksichtigen, ob sie in der Absicht geschehen ist, daß ein Unschuldiger für eine ernste Straftat bestraft oder sonst einem Dritten ein ganz besonders großer Schaden zugefügt werden sollte.

---

[104] Der prozessuale Eid wird stets unter Anrufung Gottes des Allmächtigen und seines heiligen Wortes geleistet (Kap. 36 § 11, Kap. 40 § 9 Prozeßgesetz). Jeder Eidespflichtige (Zeuge, Sachverständiger) ist jedoch berechtigt, aus Gewissensgründen statt des Eides eine nichtreligiöse Versicherung auf Ehre und Gewissen abzugeben (Kap. 36 § 12, Kap. 40 § 9 Abs. 5 Prozeßgesetz). Eid und Versicherung stehen einander hier und prozessual völlig gleich, einen nichtreligiösen Eid gibt es nicht. (Vgl. hierzu Gerhard *Simson*, „Das Zivil- und Strafprozeßgesetz Schwedens“, Berlin 1954). Nach § 25 Verwaltungsprozeßgesetz vom 4. 6. 1971 gelten diese Bestimmungen entsprechend im Verwaltungsverfahren. Bestrebungen, den Eid aus dem Prozeß zu entfernen, sind vorhanden, die Frage einer gesetzlichen Reform wird geprüft. Zu den Eiden, auf die sich die obigen Bestimmungen beziehen, gehören auch der Zwangsvollstreckungseid (Offenbarungseid) und die Wahrheitsversicherungen bei Errichtung anderer gesetzlich vorgeschriebener Vermögensverzeichnisse (z. B. Nachlaßverzeichnis). Nicht hierher gehören Eide, die keine Bekundung enthalten (Richtereid, Dolmetschereid, Eid des Zustellungsbeamten usw.).

§ 2

Hat jemand in einem Rechtsstreit bei Vernehmung unter Versicherung der Wahrheit[105] eine unwahre Angabe gemacht oder die Wahrheit verschwiegen, so ist er wegen *unwahrer Parteibekundung* zu Gefängnis von höchstens zwei Jahren oder, wenn die Straftat leicht ist, zu Geldstrafe oder Gefängnis von höchstens sechs Monaten zu verurteilen.

§ 3

Begeht jemand aus grober Fahrlässigkeit eine der in § 1 oder § 2 genannten Taten, so ist er wegen *fahrlässig falscher Bekundung*[106] zu Geldstrafe oder Gefängnis von höchstens sechs Monaten zu verurteilen.

§ 4

Wird festgestellt, daß eine Bekundung der in §§ 1—3 genannten Art für die Sache ohne Bedeutung war, so ist nicht zu einer Strafe zu verurteilen.

Das hier Gesagte gilt auch dann, wenn jemand eine unwahre Angabe gemacht oder die Wahrheit verschwiegen hat, falls es sich um etwas handelte, über das er die Aussage verweigern durfte und sich aus den Umständen eine angemessene[107] Entschuldigung für ihn ergibt.

§ 4a

Hat jemand unter Strafverantwortung vor einem Gericht in Dänemark, Finnland, Island oder Norwegen eine unwahre Bekundung gemacht oder die Wahrheit verschwiegen, so ist er wegen *unwahrer Bekundung vor einem nordischen Gericht* zu einer Sanktion gemäß § 1 zu verurteilen, wenn die Bekundung in Schweden bei einem gesetzlich geregelten Eid oder bei einer Versicherung gemacht wäre, die anstelle eines Eides abgegeben wird, und zu einer Sanktion gemäß § 2, wenn es sich um eine Parteibekundung in einem Rechtsstreit gehandelt hat. Ist die Tat aus grober Fahrlässigkeit begangen worden, so ist wegen *fahrlässig falscher Bekundung vor einem nordischen Gericht* zu einer Sanktion gemäß § 3 zu verurteilen.

---

[105] Der schwedische Zivilprozeß kennt keinen Parteieid, sondern nur eine Parteivernehmung unter Versicherung der Wahrheit, die stets in nichtreligiöser Form geschieht (Kap. 37 §§ 1 und 3 Prozeßgesetz).

[106] wörtlich: unachtsamer Aussage (ovarsam utsaga).

[107] wörtlich: begründete, vgl. Fußnote 86 zu Kap. 13 § 10.

Die Bestimmungen der §§ 4, 14 und 15 finden auf die in Abs. 1 genannten Taten entsprechende Anwendung[108].

§ 5

Erhebt jemand eine Anklage gegen einen Unschuldigen in der Absicht, daß dieser zu einer Strafe verurteilt wird, so ist er wegen *falscher Anklageerhebung* zu Gefängnis von höchstens zwei Jahren oder, wenn die Straftat leicht ist, zu Geldstrafe oder Gefängnis von höchstens sechs Monaten zu verurteilen[109].

Ist die Straftat schwer, so ist zu Gefängnis von mindestens sechs Monaten und höchstens vier Jahren zu verurteilen. Bei der Beurteilung der Frage, ob die Straftat schwer ist, ist besonders zu berücksichtigen, ob sich die Anklage auf eine ernste Straftat bezogen oder den Mißbrauch einer dienstlichen Stellung enthalten hat.

Wer eine Anklage erhebt, obwohl er für sie keine Wahrscheinlichkeitsgründe hat, ist wegen *grundloser Anklageerhebung*[110] zu Geldstrafe oder Gefängnis von höchstens sechs Monaten zu verurteilen.

§ 6

Zeigt man einen Unschuldigen in der Absicht an, daß dieser zu einer Strafe verurteilt wird, so ist wegen *falscher Strafanzeige* zu Gefängnis von höchstens zwei Jahren oder, wenn die Straftat leicht ist, zu Geldstrafe oder Gefängnis von höchstens sechs Monaten zu verurteilen.

Hat jemand nicht erkannt, aber hatte er begründeten Anlaß zu der Annahme, daß der Angezeigte unschuldig war, so ist er wegen *grundloser Strafanzeige*[111] zu Geldstrafe oder Gefängnis von höchstens sechs Monaten zu verurteilen.

§ 7

Wer in anderen als den in § 6 genannten Fällen einen anderen bei einem Ankläger[112], einer Polizeibehörde oder einer sonstigen Behörde unwahrhaftig einer strafbaren Handlung bezichtigt, erschwerende

---

[108] Neueingefügt durch Gesetz Nr. 753 vom 22. 11. 1974; die Regierung bestimmt, wann § 4 a in Kraft tritt. Die Strafvorschrift des § 4 a steht im Zusammenhang mit der Regelung der Vernehmung von Zeugen u. a. unter den nordischen Ländern (vgl. auch Kap. 2 § 5 Abs. 2). Die Bestimmungen des Kap. 2 § 2 Abs. 3 und 4 (Rücksichtnahme auf das ausländische Recht) finden Anwendung. Im übrigen wird auf die Fußnoten zu Kap. 15 §§ 1—4 verwiesen.

[109] Vgl. Fußnote 33 zu Kap. 4 § 4.

[110] wörtlich: unbefugter Anklageerhebung.

[111] wörtlich: unbefugter Anzeige.

[112] Staatsanwaltschaft.

Umstände behauptet oder zum Freispruch führende oder mildernde Umstände verneint, wird, wenn die Behörde in derartigen Sachen eine Anzeige zur Behandlung aufzunehmen hat[113], wegen *falscher Anschuldigung* zu Gefängnis von höchstens zwei Jahren oder, wenn die Straftat leicht ist, zu Geldstrafe oder Gefängnis von höchstens sechs Monaten verurteilt.

Hat jemand nicht erkannt, aber hatte er begründeten Anlaß zu der Annahme, daß die Bekundung unwahrhaftig war, so ist er wegen *fahrlässig falscher Anschuldigung*[114] zu Geldstrafe oder Gefängnis von höchstens sechs Monaten zu verurteilen.

§ 8

Entstellt oder beseitigt jemand ein Beweismittel in der Absicht, daß ein Unschuldiger zu einer Strafe verurteilt wird oder beruft sich jemand in derartiger Absicht auf ein falsches Beweismittel, so ist er wegen *Entstellung eines Beweismittels* zu Gefängnis von höchstens zwei Jahren oder, wenn die Straftat leicht ist, zu Gefängnis von höchstens sechs Monaten zu verurteilen.

Ist die Straftat schwer, so ist zu Gefängnis von mindestens sechs Monaten und höchstens vier Jahren zu verurteilen.

§ 9

Hat jemand, ohne nach dem oben in diesem Kapitel Gesagten strafbar zu sein, durch eine der dort angegebenen Handlungen die Gefahr für einen anderen hervorgerufen, ohne rechtlichen Grund verurteilt zu werden oder eine sonstige erhebliche Unbilligkeit zu erleiden, und unterläßt er es, nachdem er hierüber zur Erkenntnis gelangt ist, zur Abwendung dieser Gefahr dasjenige zu tun, das von ihm mit Recht[115] verlangt werden kann, so ist er wegen *unterlassener Abwendung eines Rechtsirrtums* zu Geldstrafe oder Gefängnis von höchstens sechs Monaten zu verurteilen.

§ 10

Hat jemand in einer schriftlichen Bekundung, die gemäß einem Gesetz oder einer Verordnung unter Eidespflicht oder auf Ehre und Gewissen oder mit einer anderen Versicherung dieser Art abzugeben ist, eine unwahre Angabe gemacht oder die Wahrheit ver-

---

[113] z. B. Konkursrichter, dagegen nicht das Gericht bei den nicht zu beeidigenden Bekundungen des Neben- und Privatklägers (Verletzten) in einem anhängigen Verfahren (vgl. Fußnote 33 zu Kap. 4 § 4).

[114] wörtlich: fahrlässiger Bezichtigung.

[115] wörtlich: begründet (vgl. Fußnote 86 zu Kap. 13 § 10).

schwiegen[116], so ist er, wenn die Handlung eine Beweisführung gefährdet, wegen *unwahrer Versicherung* zu Geldstrafe oder Gefängnis von höchstens sechs Monaten oder, wenn die Straftat schwer ist, zu Gefängnis von zwei Jahren zu verurteilen.

Ist die Tat aus grober Fahrlässigkeit erfolgt, so ist wegen *fahrlässig unwahrer Versicherung*[117] zu Geldstrafe oder Gefängnis von höchstens sechs Monaten zu verurteilen.

§ 11

Macht jemand in einer Bescheinigung oder sonstigen Urkunde eine unwahre Angabe darüber, wer er ist, oder über etwas anderes als seine eigenen Angelegenheiten oder errichtet jemand zum Schein eine Urkunde über Rechtshandlungen, so ist er, wenn die Handlung eine Beweisführung gefährdet, wegen *unwahrer Bescheinigung* zu Geldstrafe oder Gefängnis von höchstens sechs Monaten zu verurteilen. Ist die Straftat mit Rücksicht darauf, daß sie den Mißbrauch einer Dienststellung enthält, oder sonstwie als schwer anzusehen, so ist zu Gefängnis von höchstens zwei Jahren zu verurteilen.

Wer sich auf eine unwahre Urkunde der in Abs. 1 genannten Art beruft oder sich ihrer sonst bedient, ist, wenn die Handlung eine Beweisführung gefährdet, wegen *Gebrauchs einer unwahren Urkunde* auf Grund des dort Gesagten zu verurteilen.

§ 12

Mißbraucht jemand den Paß, die Bescheinigung oder eine andere für eine bestimmte Person ausgestellte Urkunde dieser Art dadurch, daß er sich oder einen anderen als diese Person ausgibt, oder händigt er die Urkunde aus, damit sie in dieser Weise mißbraucht wird, oder gibt jemand wahrheitswidrig ein Schriftstück, das mittels Durchschlags oder Fotografie oder in einer anderen Weise dieser Art zustandegekommen ist, als richtige Kopie einer bestimmten Urkunde aus, so ist er, wenn die Handlung eine Beweisführung gefährdet, wegen *Mißbrauchs einer Urkunde* zu Geldstrafe oder Gefängnis von höchstens sechs Monaten oder, wenn die Straftat schwer ist, zu Gefängnis von höchstens zwei Jahren zu verurteilen.

§ 13

Verleugnet jemand seine Unterschrift auf einer Urkunde, so ist er, wenn die Handlung eine Beweisführung gefährdet, wegen *Ver-*

---

[116] Eine unwahre Angabe kann auch im wahrheitswidrigen Verneinen von Tatsachen bestehen. Ein Verschweigen ist die unterlassene Angabe einer Tatsache, wenn die Bekundung nach ihrem Wortlaut und Zweck als die verschwiegene Tatsache mitumfassend erscheint.

[117] wörtlich: fahrlässiger Versicherung.

leugnung der Unterschrift zu Geldstrafe oder Gefängnis oder, wenn die Straftat schwer ist, zu Gefängnis von höchstens zwei Jahren zu verurteilen.

§ 14

Hat jemand, der sich nach dem oben in diesem Kapitel Gesagten strafbar gemacht hat, freiwillig, bevor erhebliche Mißhelligkeiten entstanden sind, die Verfehlung berichtigt oder in anderer Weise die Gefahr weiterer Unzuträglichkeiten abgewendet, so darf er zu einer milderen als der für die Tat bestimmten Strafe verurteilt werden. War die Gefahr gering und ist für die Tat keine schwerere Strafe als Gefängnis von sechs Monaten festgesetzt, so ist nicht zu einer Strafe zu verurteilen.

§ 15

Wegen der Vorbereitung von Meineid oder wegen der Verabredung eines Meineids, durch die jemand zu einer derartigen Tat anzustiften sucht, sowie wegen des Versuchs der Entstellung eines Beweismittels ist gemäß den Bestimmungen des Kap. 23 zu verurteilen. Würde die Straftat jedoch im Fall ihrer Vollendung als leicht anzusehen sein, so ist nicht zu einer Strafe gemäß dem oben Gesagten zu verurteilen.

KAP. 16

Straftaten gegen die öffentliche Ordnung

§ 1

Stört eine Volksmenge[118] die öffentliche Ordnung dadurch, daß sie die Absicht an den Tag legt, gegen ein behördliches Organ mit vereinter Gewalt vorzugehen oder sonstwie bestimmte Handlungen zu erzwingen oder zu verhindern, und zerstreut sie sich auf behördlichen Befehl nicht, so ist wegen *Auflaufs* zu verurteilen, und zwar Anstifter und Anführer zu Gefängnis von höchstens vier Jahren sowie sonstige am Vorhaben der Volksmenge Beteiligte zu Geldstrafe oder Gefängnis von höchstens zwei Jahren.

Zerstreut sich die Volksmenge auf behördlichen Befehl, so sind Anstifter und Anführer des Auflaufs zu Geldstrafe oder Gefängnis von höchstens zwei Jahren zu verurteilen.

§ 2

Hat eine Volksmenge in der in § 1 genannten Absicht zu vereinter Gewaltanwendung gegen Person oder Vermögen gegriffen, so ist,

---

118 wörtlich: Volksansammlung.

gleich ob ein behördliches Organ zugegen war oder nicht, wegen *gewaltsamen Auflaufs* zu verurteilen, und zwar Anstifter und Anführer zu Gefängnis von höchstens zehn Jahren sowie sonstige am Vorhaben der Volksmenge Beteiligte zu Geldstrafe oder Gefängnis von höchstens vier Jahren.

§ 3

Unterläßt es der Angehörige einer Volksmenge, die die öffentliche Ordnung stört, einem zur Aufrechterhaltung der Ordnung erteilten Befehl nachzukommen, oder dringt er in ein Gebiet ein, dessen Betreten für einen derartigen Zweck verboten oder das abgesperrt ist, so ist er, wenn kein Auflauf vorliegt, wegen *Unfolgsamkeit gegenüber der Ordnungsgewalt* zu Geldstrafe oder Gefängnis von höchstens sechs Monaten zu verurteilen.

§ 4

Wer durch Gewalttätigkeit oder Ruhestörung oder in einer anderen Weise dieser Art einen öffentlichen Gottesdienst, eine sonstige öffentliche Andacht, eine Trauung, eine Beisetzung oder eine sonstige staatliche oder kommunale Verrichtung[119], eine Gerichtsverhandlung oder auch eine für eine Beratung, einen Unterricht oder das Anhören eines Vortrags bestimmte öffentliche Zusammenkunft stört oder zu verhindern sucht, ist wegen *Störung einer Veranstaltung oder öffentlichen Zusammenkunft* zu Geldstrafe oder Gefängnis von höchstens sechs Monaten zu verurteilen.

§ 5

Wer mündlich vor einer Personengruppe[120] oder Volksmenge oder in einer Schrift, die verbreitet oder zur Verbreitung ausgehändigt wird[121], oder in einer anderen an die Allgemeinheit gerichteten Erklärung zu einer strafbaren Handlung, zur Verletzung einer staatsbürgerlichen Pflicht oder zum Ungehorsam gegenüber einer Behörde aufruft oder hierzu in sonstiger Weise zu verleiten sucht, ist wegen *Aufwiegelung* zu Geldstrafe oder Gefängnis von höchstens sechs Monaten zu verurteilen.

---

[119] Der schwedische Begriff der „staatlichen oder kommunalen Verrichtung" (förrättning) bezieht sich hier auf die Ausführung von amtlichen Akten seitens der öffentlichen Legislative und Verwaltung gegenüber der Allgemeinheit. Beispiele sind Reichstags- oder Behördenverhandlungen, Sitzungen amtlicher Kommissionen und Organe, Landvermessungen, Zwangsvollstreckungsakte usw., dagegen nicht die Arbeit eines Beamten in seinem Dienstzimmer (Kap. 4 § 6).

[120] Vgl. für den mit „Personengruppe" übersetzten schwedischen Begriff „menighet" die Fußnote 13 zu Kap. 2 § 3 Ziff. 3.

[121] Es genügt die Einlieferung bei der Post, auch wenn diese dann die Beförderung auf Grund einer Bestimmung vom 26. 5. 1950 ablehnt.

In leichten Fällen ist nicht zu einer Strafe zu verurteilen. Bei der Beurteilung der Frage, ob ein leichter Fall vorliegt, ist besonders zu berücksichtigen, ob nur unbedeutende Gefahr dafür vorhanden war, daß der Aufwiegelung oder dem Versuch zu ihr Folge geleistet wurde[122].

Ist die Straftat im Hinblick darauf, daß der Täter zu einer ernsten Straftat zu verleiten suchte, oder aus sonstigen Gründen als schwer anzusehen, so ist zu Gefängnis von höchstens vier Jahren zu verurteilen.

§ 6

Verbreitet jemand in der Öffentlichkeit falsche Gerüchte oder andere unwahre Behauptungen, die geeignet sind, die Volksversorgung oder die allgemeine Ordnung und Sicherheit zu gefährden, so ist er wegen *staatsgefährdender Gerüchteverbreitung* zu Geldstrafe oder Gefängnis von höchstens zwei Jahren zu verurteilen.

§ 7

Aufgehoben durch Gesetz Nr. 225 vom 5. 6. 1970[122a].

§ 8

Wer öffentlich oder sonstwie in einer Äußerung oder sonstigen Erklärung, die in der Öffentlichkeit verbreitet wird, einer Volksgruppe von bestimmter Rasse, bestimmter Hautfarbe, bestimmter nationaler oder volksmäßiger Herkunft oder bestimmtem Glaubensbekenntnis droht oder Mißachtung ausdrückt, ist wegen *Hetze gegen eine Volksgruppe* zu Gefängnis von höchstens zwei Jahren oder, wenn die Straftat leicht ist, zu einer Geldstrafe zu verurteilen[123].

§ 9[124]

Ein Gewerbetreibender, der in seinem Gewerbe[125] einen anderen wegen seiner Rasse, Hautfarbe, nationalen oder volksmäßigen Herkunft oder seines Glaubensbekenntnisses dadurch diskriminiert, daß er sich für ihn nicht zu den Bedingungen betätigt, die er in

---

[122] Abs. 2 ist durch Gesetz Nr. 225 vom 5. 6. 1970 eingefügt worden.

[122a] Der frühere § 7 betraf die Verunglimpfung schwedischer Staatssymbole.

[123] Der frühere Gesetzestext wurde durch Gesetz Nr. 224 vom 27. 5. 1970 erweitert und verschärft.

[124] Dieser Paragraph war auf Grund des Gesetzes Nr. 224 vom 27. 5. 1970 ursprünglich als § 8 a eingefügt und ist auf Grund eines Gesetzes Nr. 225 vom 5. 6. 1970 zum § 9 geworden. Bis dahin enthielt § 9 Strafbestimmungen gegen die Verletzung des Glaubensfriedens (Gotteslästerung u. a.), diese Vorschriften sind ganz fortgefallen.

[125] wörtlich: Tätigkeit.

seinem Gewerbe gegenüber anderen anwendet, ist wegen *ungesetzlicher Diskriminierung* zu Geldstrafe oder Gefängnis von höchstens sechs Monaten zu verurteilen.

Das in Abs. 1 über Gewerbetreibende Gesagte findet entsprechende Anwendung auf Personen, die in einem Gewerbebetrieb angestellt sind, und andere, die namens des Gewerbetreibenden handeln, sowie auf Personen, die im öffentlichen Dienst angestellt sind und sich dort für die Allgemeinheit zu betätigen haben.

Wegen ungesetzlicher Diskriminierung ist auch derjenige zu verurteilen, der Veranstalter einer allgemeinen Zusammenkunft oder einer öffentlichen Veranstaltung oder dessen Gehilfe ist, wenn er einen anderen wegen seiner Rasse, Hautfarbe, nationalen oder volksmäßigen Herkunft oder seines Glaubensbekenntnisses dadurch diskriminiert, daß er ihm den Zutritt zu der Zusammenkunft oder Veranstaltung unter den für die anderen Personen geltenden Bedingungen verweigert.

§ 10

Wer unbefugt eine Leiche oder die Asche eines Verstorbenen anderswohin bringt oder schimpflich behandelt, ein Grab öffnet oder sonst an einem Sarg, einer Urne, einem Grab und sonstigen Totenstätte oder an einem Gegenstand der Grabpflege[126] Schaden verursacht oder Unfug treibt, ist wegen *Verletzung der Totenruhe* zu Geldstrafe oder Gefängnis von höchstens sechs Monaten zu verurteilen.

§ 11

Wer auf oder an einem öffentlichen Ort durch Zurschaustellung oder sonstiges ähnliches Verfahren eine pornographische Abbildung in einer Weise ausstellt, die geeignet ist, allgemeinen Anstoß zu erregen, ist wegen *unerlaubten Verfahrens mit einer pornographischen Abbildung* zu Geldstrafe oder Gefängnis von höchstens sechs Monaten zu verurteilen. Gleiches gilt, wenn jemand einem anderen ohne vorangegangene Bestellung eine pornographische Abbildung mit der Post zusendet oder sie ihm in sonstiger Weise zugehen läßt[127].

§ 12

Wer unter Kindern oder Jugendlichen eine Schrift oder Abbildung verbreitet, die durch ihren Inhalt verrohend wirken oder die sitt-

---

[126] Hierzu gehört auch ein an einem Grab gepflanzter Baum, nicht aber die Hecke eines Friedhofs.

[127] Jetzige Fassung auf Grund des Gesetzes Nr. 225 vom 5. 6. 1970, in Kraft seit 17. 2. 1971. Gleichzeitig erfolgte eine entsprechende Änderung der Druckfreiheitsverordnung (Kap. 6 § 2).

liche Erziehung junger Menschen sonst ernsthaft gefährden kann, ist wegen *sittenverderbender Einwirkung auf Jugendliche*[128] zu Geldstrafe oder Gefängnis von höchstens sechs Monaten zu verurteilen.

§ 13

Wer vorsätzlich oder aus grober Fahrlässigkeit durch Mißhandlung, Überanstrengung oder Verwahrlosung oder in sonstiger Weise Tiere unangebracht einem Leiden aussetzt, ist wegen *Tierquälerei* zu Geldstrafe oder Gefängnis von höchstens zwei Jahren zu verurteilen[129].

§ 14

Wer für die Allgemeinheit ein mit Risiko verbundenes Spiel um Geld oder Geldeswert veranstaltet oder wer ein derartiges Spiel in Räumlichkeiten, die er der Allgemeinheit überlassen hat, gestattet, ist wegen *Glücksspiels* zu Geldstrafe oder Gefängnis von höchstens sechs Monaten zu verurteilen.

Wer an einem in Abs. 1 behandelten und für die Allgemeinheit veranstalteten oder an einem in der Allgemeinheit zugänglichen Räumlichkeiten stattfindenden Spiel teilnimmt, ist wegen Glücksspiels zu einer Geldstrafe zu verurteilen[130].

§ 14 a[131]

Ist eine Straftat der in § 14 Abs. 1 genannten Art als schwer anzusehen, so ist wegen *schweren Glücksspiels* zu Gefängnis von höchstens zwei Jahren zu verurteilen.

Bei der Beurteilung der Frage, ob die Straftat schwer ist, ist besonders zu berücksichtigen, ob die Tätigkeit berufsmäßig betrieben worden ist, erhebliche Beträge umfaßt hat oder sonst von besonders gefährlicher Art war.

---

[128] wörtlich: Verleitung der Jugend. Die Bestimmung erfaßt nur die berufs- oder planmäßige Verbreitung unter Kindern und Jugendlichen, also zwar die Versendung von Broschüren u. a. an die Schüler einer Lehranstalt oder den Verkauf an einem Schuleingang, dagegen nicht den Verkauf an jugendliche Käufer in einer Buchhandlung oder einem sonstigen Laden und auch nicht die Aushändigung an vereinzelte Jugendliche. Der Anwendungsbereich ist daher eng begrenzt.

[129] Gemäß einer Gesetzesänderung Nr. 629 vom 8. 12. 1972, durch die auch grobe Fahrlässigkeit einbezogen ist. Vgl. auch Tierschutzgesetz vom 19. 5. 1944 und andere Verordnungen über die Behandlung von Tieren.

[130] Abs. 2 ist durch Gesetz Nr. 222 vom 26. 5. 1972 hinzugefügt worden.

[131] § 14 a ist ebenfalls durch Gesetz Nr. 222 vom 26. 5. 1972 eingefügt worden (vgl. auch § 17).

§ 15

Wer an einem öffentlichen Ort außerhalb oder innerhalb eines Hauses infolge alkoholischer Getränke so berauscht auftritt, daß dies aus seinen Gebärden oder Reden hervorgeht, ist wegen *Trunkenheit* zu einer Geldstrafe von höchstens fünfhundert Kronen zu verurteilen[132].

Zu der genannten Geldstrafe ist ebenfalls zu verurteilen, wenn der Rausch auf anderem als alkoholischen Getränken beruht hat.

§ 16

Wer sich in anderen als den oben in diesem Kapitel genannten Fällen durch Ruhestörung an einem öffentlichen Ort oder sonst öffentlich in einer Weise benimmt, die geeignet ist, bei der Allgemeinheit Ärgernis zu erwecken, ist wegen *Ärgernis erregenden Benehmens* zu einer Geldstrafe von höchstens fünfhundert Kronen zu verurteilen.

§ 17

Wegen des Versuchs oder der Vorbereitung von schwerem Glücksspiel ist gemäß den Bestimmungen des Kap. 23 zu verurteilen.

KAP. 17

Straftaten gegen eine öffentliche Tätigkeit

§ 1

Wer sich mit Gewalt oder durch Drohung mit Gewalt an dem Inhaber eines Amtes oder einer anderen Dienststellung, mit der öffentliche Amtsverantwortlichkeit[133] verbunden ist, bei seiner Dienstausübung oder um ihn zu einer Dienstmaßnahme zu zwingen oder an einer solchen zu hindern oder um sich für eine solche zu rächen, vergreift, ist wegen *Gewalt oder Drohung gegen einen Amtsträger* zu Gefängnis von höchstens vier Jahren oder, wenn die Straftat leicht ist, zu Geldstrafe oder Gefängnis von höchstens sechs Monaten zu ver-

---

[132] Die §§ 15 und 16 sind die einzigen des Kriminalgesetzbuchs, in denen nicht Tagesbußen, sondern gewöhnliche Geldstrafen angedroht werden (vgl. Kap. 25 § 1 Abs. 2), s. Einleitung.

[133] Der bisher sehr bedeutsame schwedische Begriff „ämbetsansvar" (Amtsverantwortlichkeit) bezeichnet die strafrechtliche Verantwortung für die Ausübung einer Amtsstellung. Diese trifft bestimmte staatliche, kommunale und damit vergleichbare Amtsträger und bedeutet, daß sie vom ordentlichen Gericht wegen einer Straftat im Amt (Kap. 20) bestraft werden können, vgl. Fußnote 5. Der deutsche Begriff „Beamter" existiert in Schweden nicht, er läßt sich sogar nicht einmal ins Schwedische übersetzen.

urteilen. Gleiches gilt, wenn sich jemand an dem früheren Inhaber eines Amtes oder einer Dienststellung, mit der öffentliche Amtsverantwortlichkeit verbunden war, wegen einer Handlung vergreift, die dieser vorgenommen oder unterlassen hat.

Das über eine Dienststellung, mit der öffentliche Amtsverantwortlichkeit verbunden ist, Gesagte gilt auch für eine Stellung, mit der nach einer Anordnung der Regierung der gleiche Schutz verbunden sein soll[134].

§ 2

Wer in anderer als der in § 1 genannten Weise, um jemanden, der nach dem erwähnten Paragraphen Schutz genießt, bei der Ausübung seines Amtes zu hindern oder sich an ihm für eine Dienstmaßnahme zu rächen, in unangemessener Weise eine Handlung vornimmt, die für diesen Leiden, Schäden oder sonstige Unzuträglichkeiten mit sich bringt, oder mit ihr droht, ist wegen *Übergriffs gegen einen Amtsträger* zu Geldstrafe oder Gefängnis von höchstens sechs Monaten zu verurteilen.

Ist die Straftat schwer, so ist zu Gefängnis von höchstens vier Jahren zu verurteilen.

§ 3

Das in § 1 und § 2 Bestimmte gilt auch, wenn jemand einen Übergriff der in diesen Paragraphen genannten Art gegen eine Person vornimmt, die damit beauftragt ist oder war, den genannten Inhabern einer Dienststellung bei einer Verrichtung[135] zu helfen[135a].

§ 4

Wer, ohne daß ein oben in diesem Kapitel genannter Fall vorliegt, dadurch, daß er Widerstand leistet oder sonst mit Gewalt die Ausübung eines in § 1 behandelten Amtes zu hindern sucht, ist wegen *gewaltsamen Widerstands gegen die Staatsgewalt*[136] zu Geldstrafe oder Gefängnis von höchstens sechs Monaten zu verurteilen.

---

[134] Derartigen Schutz genießen u. a. auf Grund einer Verordnung vom 24. 11. 1961 Personen im Sicherheits- und Ordnungsdienst von Kanälen und Schleusen, Eisenbahnanlagen und Flugplätzen sowie Soldaten, die mit Wach- und Ordnungsdiensten betraut sind usw. Ausnahmsweise gilt diese Bestimmung sogar auch für ausländische Zoll- und Grenzbeamte auf schwedischem Boden (Gesetz vom 18. 12. 1959).

[135] Vgl. Fußnote 119 zu Kap. 16 § 4.

[135a] Kap. 17 § 3 wird ab 1. 1. 1976 fortfallen (Gesetz Nr. 667 vom 26. 6. 1975).

[136] wörtlich nur: „gewaltsamen Widerstands".

§ 5

Wer einen anderen, der den Schutz des § 1 genießt, während oder wegen dessen Diensttätigkeit verunglimpft, ist wegen *Beleidigung eines Amtsträgers* zu Geldstrafe oder Gefängnis von höchstens sechs Monaten zu verurteilen.

§ 6

Wer in der Öffentlichkeit falsche Gerüchte oder sonstige unwahre Behauptungen verbreitet, die geeignet sind, die Achtung vor einer Behörde oder einem anderen Organ zu untergraben, das zur Beschlußfassung in öffentlichen Angelegenheiten befugt ist, ist wegen *Verleumdung einer Behörde* zu Geldstrafe oder Gefängnis von höchstens zwei Jahren zu verurteilen[137].

§ 7

Wer eine Bestechung oder sonstige ungerechtfertigte Belohnung für die Ausübung einer Diensttätigkeit, mit der Amtsverantwortlichkeit verbunden ist, gewährt, in Aussicht stellt oder anbietet, ist wegen *Bestechung* zu Geldstrafe oder Gefängnis von höchstens zwei Jahren zu verurteilen[138].

§ 8

Wer bei der Wahl zu einem öffentlichen Amt oder bei einer anderen in öffentlichen Angelegenheiten erfolgenden Ausübung des Stimmrechts die Abstimmung zu verhindern oder ihren Ausgang zu entstellen oder sonst unzulässig auf sie einzuwirken sucht, ist wegen *unlauterer Betätigung bei einer Abstimmung* zu Geldstrafe oder Gefängnis von höchstens sechs Monaten zu verurteilen[139].

Ist die Straftat schwer, so ist zu Gefängnis von höchstens vier Jahren zu verurteilen. Bei der Beurteilung der Frage, ob die Straftat schwer ist, ist besonders zu berücksichtigen, ob sie mit Gewalt oder durch Drohung mit Gewalt begangen wurde oder ob sie den Mißbrauch einer Amtsstellung enthalten hat[140].

Wer eine ungerechtfertigte Vergünstigung entgegennimmt, sich zusagen läßt oder verlangt, um in öffentlichen Angelegenheiten in einer bestimmten Weise oder gar nicht zu stimmen, ist, wenn es sich

---

[137] Da in subjektiver Hinsicht Vorsatz vorliegen muß, muß dieser die Unwahrheit mitumfassen. Die Beseitigung oder Änderung der Vorschrift wird erwogen.

[138] Vgl. für die Annahme einer Bestechung oder unangemessenen Belohnung Kap. 20 § 2.

[139] Die Abstimmung in einer Gläubigerversammlung im Konkurs gilt nicht als öffentliche Angelegenheit, in diesen Fällen können aber §§ 213 und 214 Konkursgesetz in Frage kommen.

[140] Kap. 20.

nicht um eine Straftat im Amt handelt, wegen *Annahme einer ungerechtfertigten Vergünstigung bei einer Abstimmung* zu Geldstrafe oder Gefängnis von höchstens sechs Monaten zu verurteilen.

§ 9

Sucht sich jemand unbefugt Kenntnis über etwas zu verschaffen, was bei der Ausübung des Stimmrechts in öffentlichen Angelegenheiten geheimzuhalten ist, so ist er wegen *Verletzung des Abstimmungsgeheimnisses* zu Geldstrafe oder Gefängnis von höchstens sechs Monaten zu verurteilen.

§ 10

Wer mit Gewalt oder durch Drohung mit Gewalt einen anderen deswegen angreift, weil er beim Gericht oder bei einer anderen Behörde eine Anzeige erstattet, einen Rechtsstreit[141] geführt, als Zeuge ausgesagt oder sonst bei einer Vernehmung eine Bekundung gemacht hat, oder um ihn an einer derartigen Handlung zu hindern, ist wegen *Übergriffs in einem Rechtsverfahren* zu Geldstrafe oder Gefängnis von höchstens zwei Jahren zu verurteilen. Gleiches gilt, wenn jemand mit einer anderen Handlung, die Leiden, Schäden oder Unzuträglichkeiten mit sich bringt, oder durch Drohung mit einer derartigen Handlung einen anderen deswegen angreift, weil er als Zeuge ausgesagt oder sonst bei einer Behörde bei einer Vernehmung eine Bekundung gemacht hat, oder um ihn daran zu hindern, eine derartige Bekundung zu machen.

§ 11

Wer einen anderen, der eine Straftat begangen hat, versteckt, ihm hilft, zu entkommen, Beweise für die Straftat beseitigt oder in sonstiger Weise dieser Art ihrer Aufklärung und Verfolgung entgegenwirkt, ist wegen *Begünstigung eines Rechtsbrechers*[142] zu Geldstrafe oder Gefängnis von höchstens zwei Jahren zu verurteilen.

Wer nicht erkannte, aber begründeten Anlaß zu der Annahme hatte, daß der andere ein Rechtsbrecher war, ist zu Geldstrafe zu verurteilen.

Ehegatten, Verlobte, Geschwister, Verwandte in gerade auf- oder absteigender Linie, mit dem Rechtsbrecher im ersten Grade Ver-

---

[141] Der wichtige, nicht wörtlich übersetzbare schwedische Rechtsbegriff „talan" ist das Ersuchen der Prozeßparteien um gerichtlichen Rechtsschutz, d. h. Erlaß einer Entscheidung. Nicht nur der Kläger, sondern auch der Beklagte, und ebenso die ein Rechtsmittel einlegende Partei führt eine „talan".

[142] wörtlich: Beschützung eines Rechtsbrechers (Straftäters).

schwägerte sowie Pflegeeltern oder Pflegekinder sind auf Grund dieses Paragraphen nicht zu bestrafen.

§ 12

Wer einem anderen, dem als Gefangenen, Verhafteten oder Festgenommenen oder sonst zu anderem Zweck als dem der Kranken-, Jugend- und Alkoholikerfürsorge[143] die Freiheit entzogen ist, hilft, freizukommen oder, nachdem er geflüchtet ist, dessen Flucht fördert, indem er ihn versteckt oder eine andere Handlung dieser Art vornimmt, ist wegen *Fluchtförderung* zu Geldstrafe oder Gefängnis von höchstens zwei Jahren zu verurteilen.

§ 13

Jemand, der gegen das Verbot verstößt, Gegenstände zu veräußern oder beiseitezuschaffen oder Gegenstände eines anderen herauszugeben, oder jemand, der Gegenstände, die mit einem Arrest belegt, gepfändet oder beschlagnahmt sind, von ihrem Platz entfernt, oder jemand, der den Anschlagszettel oder die Versiegelung einer Behörde beschädigt oder fortnimmt oder sonst etwas, das eine Behörde verschlossen hat, unbefugt öffnet oder in sonstiger Weise ein behördliches Verbot dieser Art übertritt, ist wegen *Übertretung eines behördlichen Gebots* zu Geldstrafe oder Gefängnis von höchstens einem Jahr zu verurteilen[144].

Verweigert jemand einer Amtsperson den Zutritt, den diese zu fordern berechtigt ist, so ist er wegen *Hinderung einer Amtshandlung* zu Geldstrafe zu verurteilen[145].

§ 14

Übt jemand unberechtigt eine Tätigkeit aus, die zu einer mit Amtsverantwortlichkeit verbundenen Dienststellung gehört, so ist er wegen *Amtsanmaßung* zu Geldstrafe oder Gefängnis von höchstens sechs Monaten zu verurteilen.

Ist die Straftat mit Rücksicht darauf, daß sich der Täter einen unberechtigten Gewinn verschaffen wollte oder sonstwie als schwer

---

[143] Die schwedische Trinkerfürsorge wird als Nüchternheitspflege bezeichnet (vgl. Kap. 31 § 2 und die Fußnote hierzu), s. Einleitung.

[144] Vgl. Kap. 15 § 1 und Kap. 26 § 1 Prozeßgesetz über Arrest und Veräußerungsverbot, sowie u. a. Kap. 27 § 15 Prozeßgesetz über bestimmte Maßnahmen zur Sicherung einer Verbrechensermittlung.

[145] Diese Bestimmung bezieht sich auf das Gesetz vom 14. 12. 1956 über allgemeine Zusammenkünfte. Nach diesem Gesetz (§ 9) darf gewissen Amtspersonen (förrättningsmän), und zwar in erster Linie bestimmten Polizeibeamten, der Zutritt zu öffentlichen Versammlungen nicht verweigert werden.

anzusehen, so ist zu Gefängnis von höchstens vier Jahren zu verurteilen[145a].

§ 15

Gibt sich jemand, ohne daß der in § 14 genannte Fall vorliegt, unberechtigt dafür aus, eine dort genannte Dienststellung innezuhaben, so ist er wegen *Vortäuschung einer öffentlichen Stellung* zu Geldstrafe oder Gefängnis von höchstens sechs Monaten zu verurteilen. Gleiches gilt, wenn jemand unberechtigt eine Uniform, ein Abzeichen oder ein sonstiges Dienstkennzeichen trägt, das ihm den Anschein gibt, der Militärmacht oder einer anderen im Dienst der Allgemeinheit stehenden oder einer sonstigen Organisation[146] anzugehören, deren Tätigkeit den öffentlichen Verkehr oder die Versorgung der Allgemeinheit mit Wasser, Licht, Wärme oder Kraft betrifft.

Gibt sich jemand unbefugt als Rechtsanwalt aus, so ist er wegen *Vortäuschung der Stellung eines Rechtsanwalts* zu Geldstrafe zu verurteilen[147].

§ 16

Wegen des Versuchs oder der Vorbereitung von Gewalt oder Drohung gegen einen Amtsträger ist gemäß den Bestimmungen des Kap. 23 zu verurteilen, sofern die Straftat im Fall ihrer Vollendung nicht als leicht anzusehen wäre. Wegen des Versuchs von Fluchtförderung ist ebenfalls gemäß den Bestimmungen des Kap. 23 zu verurteilen.

KAP. 18

Hochverrat[148]

§ 1

Nimmt jemand in der Absicht, die Staatsordnung mit Waffengewalt oder mit sonstigen gewaltsamen Mitteln umzustürzen oder Maßnahmen oder Beschlüsse des Staatschefs, des Reichstags oder der obersten Gerichtsbarkeit auf diese Weise zu erzwingen oder zu verhindern, eine Handlung vor, die die Gefahr der Verwirklichung dieser Absicht enthält, so ist er, sofern nicht Landesverrat vorliegt, wegen *Aufruhrs* zu Gefängnis von zehn Jahren oder auf Lebenszeit

---

[145a] Kap. 17 § 14 wird ab 1. 1. 1976 fortfallen (Gesetz Nr. 667 vom 26. 6. 1975).

[146] wörtlich: Korps (kår).

[147] Für Ärzte und Zahnärzte gelten besondere Gesetze vom 30. 6. 1960 bzw. 31. 5. 1963.

[148] schwedisch: högmålsbrott (vgl. Fußnote 161 zu Kap. 19 § 1).

oder, wenn die Gefahr gering war, zu Gefängnis von mindestens vier und höchstens zehn Jahren zu verurteilen[149].

§ 2

Enthält eine Tat der in Kap. 3—5 genannten Art ein Vergreifen am König oder an einem anderen Mitglied des Königshauses oder an dem, der in seiner Eigenschaft als Reichsvorsteher die Aufgaben des Staatschefs erfüllt[150], so darf, wenn für die Straftat sonst Gefängnis von höchstens sechs Monaten verhängt werden kann, zu Gefängnis von höchstens vier Jahren und, wenn für die Straftat sonst Gefängnis von mehr als sechs Monaten, aber höchstens vier Jahren verhängt werden kann, zu Gefängnis von höchstens sechs Jahren verurteilt werden.

§ 3

Sammelt jemand in der Absicht, daß Straftaten gegen die öffentliche Sicherheit oder die staatsbürgerliche Freiheit begangen werden sollen, eine bewaffnete Mannschaft[151] oder führt er eine solche an oder hält er sie gesammelt oder versieht er sie mit Waffen, Munition oder sonstiger Ausrüstung dieser Art[152] oder übt er sie im Waffengebrauch ein, so ist er wegen *bewaffneter Bedrohung der gesetzlichen Ordnung* zu Gefängnis von mindestens sechs und höchstens zehn Jahren zu verurteilen.

§ 4

Bildet jemand einen Verband, der als dazu bestimmt angesehen werden muß, ein Machtmittel von der Art einer militärischen Truppe oder Polizeiformation zu bilden, ohne die Landesverteidigung oder Ordnungsgewalt mit ordnungsgemäßer Genehmigung zu verstärken, oder einen Verband, der sich auf Grund seiner Art und des Zwecks, zu dem er gebildet wurde[153], leicht zu einem derartigen Machtmittel entwickeln kann, oder beteiligt er sich an einem derartigen Verband oder befaßt sich jemand für ihn mit Waffen, Munition oder sonstiger Ausrüstung dieser Art, stellt er für dessen Tätigkeit Räumlichkeiten oder Grund und Boden zur Verfügung oder unterstützt er ihn mit Geldmitteln oder auf andere Weise, so ist er

---

149 Geschieht die Tat mit ausländischer Hilfe, so liegt nicht Hoch-, sondern Landesverrat (Kap. 19 § 1) vor.

150 Kap. 5 §§ 4 ff. Regierungsform.

151 § 3 stellt die Vorbereitung bestimmter Taten mit Hilfe einer Mannschaft unter Strafe. Es kann sich dabei um eine selbständig rekrutierte Mannschaft, aber auch um Teile der Militärmacht, Polizei usw., also um eine als solche nicht illegale Mannschaft, handeln.

152 Hierzu können auch Uniformen, Beförderungsmittel usw. gehören.

153 Sog. innere Fakten.

wegen *unerlaubter Korpstätigkeit* zu Geldstrafe oder Gefängnis von höchstens zwei Jahren zu verurteilen[154].

§ 5

Übt jemand eine Nötigung oder ungesetzliche Bedrohung[155] in der Absicht aus, die öffentliche Meinungsbildung zu beeinflussen oder die Handlungsfreiheit innerhalb einer politischen Organisation oder eines Berufs- oder Gewerbeverbandes zu beeinträchtigen, und gefährdet er hierdurch die Meinungs-, Versammlungs- oder Vereinigungsfreiheit, so ist er wegen *Verletzung der staatsbürgerlichen Freiheit* zu Gefängnis von höchstens sechs Jahren zu verurteilen.

§ 6

Macht sich jemand durch Verstümmelung oder in anderer Weise für längere oder kürzere Zeit untauglich zur Verrichtung eines Dienstes, der ihm bei der Militärmacht oder sonst für die Landesverteidigung Schwedens obgelegen hat[156], oder entzieht er sich einer derartigen Pflicht zur Dienstverrichtung, indem er eine Krankheit vorspiegelt oder in anderer Weise irreführt, so ist er wegen *Militärpflichtentziehung*[157] zu Geldstrafe oder Gefängnis von höchstens zwei Jahren oder, wenn sich Schweden im Krieg befindet, zu Geldstrafe oder Gefängnis von höchstens vier Jahren zu verurteilen.

§ 7

Wegen des Versuchs, der Vorbereitung oder der Verabredung von Aufruhr oder bewaffneter Bedrohung der gesetzlichen Ordnung, wegen der Unterlassung, eine derartige Straftat aufzudecken, sowie wegen des Versuchs der Verletzung der staatsbürgerlichen Freiheit oder des Versuchs der Militärpflichtentziehung ist gemäß den Bestimmungen des Kap. 23 zu verurteilen.

§ 8

Enthält eine Tat der in Kap. 3—5 genannten Art ein Vergreifen am König oder an einer anderen im § 2 genannten Person, so darf

[154] Die erste Bestimmung dieser Art (kårverksamhet) wurde schon durch Gesetz vom 15. 6. 1934 geschaffen, um Parallelgründungen zu den faschistischen und nationalsozialistischen Organisationen zum Schutz bestimmter Parteien usw. zu verhindern; 1948 erfolgte die Überführung dieser Vorschriften in das Strafgesetzbuch (Kap. 9 § 7). Der jetzige Wortlaut ist wenig geändert. Bei seiner Auslegung ist der Entstehungszweck zu berücksichtigen.

[155] Vgl. Kap. 4 §§ 4 und 5.

[156] wörtlich: Dienstleistung, deren Ausführung ihm obgelegen hat.

[157] wörtlich: Imstichlassen, Treulosigkeit, Verrat (svek) der Verteidigungspflicht.

vom Ankläger Anklage nicht ohne Anordnung der Regierung erhoben werden, sofern nicht jemand infolge dieser Handlung das Leben verloren hat. Gleiches gilt für den Versuch, die Vorbereitung oder die Verabredung einer der genannten Taten, sowie für die Unterlassung, eine derartige Handlung aufzudecken.

KAP. 19

Straftaten gegen die Sicherheit Schwedens

§ 1

Nimmt jemand in der Absicht[158], Schweden oder Teile des Landes mit gewaltsamen oder sonst gesetzwidrigen Mitteln oder mit ausländischem Beistand unter die Botmäßigkeit eines fremden Staates[159] oder in die Abhängigkeit von einem solchen Staat zu bringen oder Teile Schwedens auf diese Weise loszureißen[160], eine Handlung vor, die die Gefahr der Verwirklichung dieser Absicht enthält, so ist er wegen *Landesverrats*[161] zu Gefängnis von zehn Jahren oder auf Lebenszeit oder, wenn die Gefahr gering war, zu Gefängnis von mindestens vier und höchstens zehn Jahren zu verurteilen.

Nimmt jemand in der Absicht, Maßnahmen oder Beschlüsse des Staatschefs, der Regierung, des Reichstags oder der obersten Gerichtsbarkeit mit ausländischem Beistand zu erzwingen oder zu verhindern, eine Handlung vor, die eine derartige Gefahr enthält, so ist er ebenfalls wegen Landesverrats zu verurteilen.

§ 2

Wer mit gewaltsamen Mitteln oder mit ausländischem Beistand die Gefahr hervorruft, daß Schweden in einen Krieg oder andere Feindseligkeiten[162] verwickelt wird, ist, sofern nicht Landesverrat vorliegt, wegen *Kriegsanstiftung* zu Gefängnis von mindestens zwei und höchstens acht Jahren zu verurteilen.

---

158 Vgl. Fußnote 2 zu Kap. 1 § 2.

159 Gleichbedeutend mit Unterwerfung durch einen ausländischen Staat.

160 Gleichbedeutend mit Selbständigmachen.

161 Der schwedische Ausdruck „högförräderi", der hier verwandt wird, entspricht nicht dem deutschen Hochverrat, sondern dem deutschen Landesverrat. Der schwedische Begriff „landsförräderi" (Kap. 22 § 1) ist dem Kriegsverrat (Landesverrat während eines Krieges oder gleichartigen Zustandes) vorbehalten worden. Dem deutschen Hochverrat entspricht der schwedische Begriff „högmålsbrott", der die Überschrift des Kap. 18 bildet.

162 Hiermit sind militärische Gewalt- und Zwangsmaßnahmen, Okkupation, Blockade usw. gemeint, auch, wenn sie über eine Kriegsanstiftung im engeren Sinn hinausgehen.

§ 3

Mißbraucht jemand, der den Auftrag erhalten hat, für Schweden mit einem ausländischen Staat zu verhandeln oder in anderer Weise Angelegenheiten Schwedens gegenüber einem Vertreter der Interessen eines ausländischen Staates wahrzunehmen, seine Befugnis zur Vertretung Schwedens oder sonst seine Vertrauensstellung und verursacht er hierdurch Schweden erhebliche Nachteile, so ist er wegen *Treulosigkeit bei Verhandlungen mit einem ausländischen Staat* zu zeitbestimmtem Gefängnis von mindestens zwei und höchstens zehn Jahren oder zu Gefängnis auf Lebenszeit zu verurteilen.

§ 4

Ein schwedischer Staatsangehöriger, der sich ohne Genehmigung der Regierung oder einer von dieser hierzu ermächtigten Person als Bevollmächtigter eines ausländischen Staates[163] in diplomatischen Angelegenheiten verwenden läßt, die Schweden betreffen, sowie jeder, der sich unter der vorgetäuschten Eigenschaft eines rechtmäßigen[164] Bevollmächtigten auf Unterhandlungen über derartige Angelegenheiten mit einem Vertreter der Interessen eines ausländischen Staates einläßt, ist wegen *Eigenmächtigkeit bei Verhandlungen mit einem ausländischen Staat* zu Gefängnis von höchstens zwei Jahren und, wenn sich Schweden im Krieg befindet, zu Gefängnis von höchstens vier Jahren zu verurteilen.

Hat die Straftat eine Gefährdung des Selbstbestimmungsrechts Schwedens oder seiner friedlichen Beziehungen zu ausländischen Staaten enthalten, so ist zu Gefängnis von mindestens einem und höchstens sechs Jahren zu verurteilen. Hat sich Schweden im Krieg befunden, so ist zu zeitbestimmtem Gefängnis von mindestens vier und höchstens zehn Jahren oder zu Gefängnis auf Lebenszeit zu verurteilen.

§ 5

Beschafft, befördert, übermittelt oder offenbart jemand sonstwie in der Absicht[165], einem ausländischen Staat behilflich zu sein, unbefugt Angaben über militärische Anlagen, Waffen, Vorräte, Einfuhren, Ausfuhren oder sonstige Angaben, deren Bekanntgabe an

---

[163] Es ist hier und an anderen Stellen des Gesetzes nicht Voraussetzung, daß Schweden den fraglichen Staat und seine Regierung anerkannt hat. Der Gesetzestext spricht (wörtlich) von „einer fremden Macht" (främmande makt), u. U. können auch Exilregierungen, die eine faktische Macht nicht ausüben, in Frage kommen. So *Beckman—Holmberg—Hult—Strahl*, a. a. O., Bd. II, 2. Aufl., S. 304.

[164] wörtlich: befugt, zuständig (behörig).

[165] Dolus indirectus wird von der herrschenden Meinung als ausreichend angesehen (vgl. Fußnote 2 zu Kap. 1 § 2).

einen ausländischen Staat Nachteile für die Verteidigung Schwedens oder die Volksversorgung bei einem Krieg oder unter von einem Krieg verursachten außergewöhnlichen Verhältnissen oder in sonstiger Weise für die Sicherheit Schwedens mit sich bringen kann, so ist er ohne Rücksicht auf die Richtigkeit oder Unrichtigkeit der Angaben wegen *Spionage* zu Gefängnis von höchstens sechs Jahren zu verurteilen. Gleiches gilt, wenn jemand in der genannten Absicht unbefugt Schriftstücke, Zeichnungen oder sonstige Gegenstände, die Angaben dieser Art enthalten, anfertigt oder sich mit ihnen unbefugt befaßt[166].

§ 6

Ist die in § 5 genannte Straftat als schwer anzusehen, so ist wegen *schwerer Spionage* zu zeitbestimmtem Gefängnis von mindestens vier und höchstens zehn Jahren oder zu Gefängnis auf Lebenszeit zu verurteilen.

Bei der Beurteilung der Frage, ob die Straftat als schwer anzusehen ist, ist besonders zu berücksichtigen, ob die Handlung angesichts eines im Gange befindlichen Krieges von ganz besonders gefährlicher Art war oder ob sie Umstände von großer Bedeutung betraf oder ob der Täter etwas bekanntgegeben hat, was ihm auf Grund eines öffentlichen oder privaten Dienstverhältnisses anvertraut worden war[167].

§ 7

Wird eine Handlung der in § 5 genannten Art, die Angaben über Umstände geheimer Natur betrifft, ohne die Absicht begangen, einem ausländischen Staat behilflich zu sein, so ist wegen *unbefugten Befassens mit geheimen Angaben*[168] zu Geldstrafe oder Gefängnis von höchstens zwei Jahren oder, wenn sich Schweden im Krieg befindet, zu Geldstrafe oder Gefängnis von höchstens vier Jahren zu verurteilen.

Befördert, übermittelt oder offenbart jemand sonstwie aus grober Fahrlässigkeit Angaben der in § 5 behandelten Art und beziehen

---

[166] Ein Gesetz vom 16. Dezember 1949 mit späteren Änderungen und Nebengesetzen verbietet die Verbreitung bestimmter militärisch wichtiger Karten; für Zuwiderhandlungen sind Geldstrafe und Gefängnis bis zu sechs Monaten angedroht. Das Verkaufen, Feilbieten oder Verbreiten von Luftaufnahmen schwedischen Gebiets ohne Genehmigung ist nach der Verordnung vom 31. August 1940 verboten; Zuwiderhandlungen werden mit Geldstrafe bedroht.

[167] Vgl. hierzu Art. 29 und 31 Haager Landkriegsordnung vom 18. 10. 1907, die als noch geltend angesehen werden.

[168] Unter „Befassen" (befattning) ist hier und an anderen Stellen des Gesetzes vor allem zu verstehen, daß jemand etwas in seine Hand bringt (sich beschafft) oder weiterleitet.

sich diese Angaben auf Umstände geheimer Natur, so ist er wegen *fahrlässiger Behandlung geheimer Angaben*[169] zu Geldstrafe oder Gefängnis von höchstens sechs Monaten oder, wenn sich Schweden im Krieg befindet, zu Geldstrafe oder Gefängnis von höchstens zwei Jahren zu verurteilen[170].

§ 8

Verbreitet jemand in der Öffentlichkeit falsche Gerüchte oder sonstige unwahre Behauptungen, die geeignet sind, Gefahr für die Sicherheit Schwedens hervorzurufen, oder übermittelt er diese einem ausländischen Staat oder läßt er sie einem solchen übermitteln, so ist er wegen *Gerüchteverbreitung, die die Staatssicherheit gefährdet*, zu Geldstrafe oder Gefängnis von höchstens zwei Jahren zu verurteilen.

§ 9

Betätigt sich jemand in Schweden in der Absicht, einem ausländischen Staat behilflich zu sein, mit der Beschaffung von Angaben über militärische oder sonstige Umstände, deren Bekanntgabe an den fremden Staat Nachteile für die Sicherheit eines anderen ausländischen Staates mit sich bringen kann, oder wirkt jemand in Schweden bei einer derartigen Tätigkeit mit, und ist seine Mitwirkung nicht gelegentlicher Art, so ist wegen *unerlaubter Nachrichtentätigkeit* zu Geldstrafe oder Gefängnis von höchstens zwei Jahren zu verurteilen.

Wegen unerlaubter Nachrichtentätigkeit ist auch zu verurteilen, wenn jemand in der Absicht, einem ausländischen Staat behilflich zu sein, in Schweden heimlich oder unter Anwendung unlauterer Mittel tätig wird, um Angaben über die persönlichen Umstände anderer zu beschaffen, oder wenn er bei einer derartigen Tätigkeit mitwirkt und seine Mitwirkung nicht nur gelegentlicher Art ist.

§ 10

Aufgehoben durch Gesetz Nr. 225 vom 5. 6. 1970[170a].

§ 11

Besteht eine Tat der in Kap. 3 oder 4 genannten Art darin, daß jemand einen ausländischen Staat dadurch kränkt, daß er sich an dem Staatsoberhaupt des fremden Staates oder dessen Repräsentanten in Schweden vergreift, so darf er, wenn für die Straftat sonst Gefängnis von höchstens sechs Monaten verhängt werden

---

[169] wörtlich: Fahrlässigkeit mit geheimen Angaben.

[170] Das bloße Beschaffen ist bei Fahrlässigkeit nicht strafbar.

[170a] Der frühere § 10 betraf die Verunglimpfung ausländischer Staatssymbole.

kann, zu Gefängnis von höchstens zwei Jahren und, wenn für die Straftat sonst Gefängnis vor mehr als sechs Monaten, aber höchstens zwei Jahren verhängt werden kann, zu Gefängnis von höchstens vier Jahren verurteilt werden. Das Gesagte findet entsprechende Anwendung, wenn der ausländische Staat dadurch gekränkt wird, daß jemand in die Räumlichkeiten, die seine Repräsentation innehat, eindringt oder an diesen oder den in ihnen befindlichen Gegenständen Schaden anrichtet[171].

§ 12

Wirbt jemand ohne Genehmigung der Regierung in Schweden Personen für einen ausländischen Militärdienst oder für einen mit einem solchen vergleichbaren Dienst[172] an oder veranlaßt er Personen, unerlaubt Schweden zu verlassen[173], um in derartige Dienste einzutreten, so ist er wegen *unerlaubter Militäranwerbung* zu Geldstrafe oder Gefängnis von höchstens sechs Monaten oder, wenn sich Schweden im Krieg befindet, zu Gefängnis von höchstens zwei Jahren zu verurteilen.

§ 13

Wer von einem ausländischen Staat oder von einer Person, die in dessen Interesse handelt, Geldmittel oder andere Vermögenswerte entgegennimmt, um durch Herausgabe oder Verbreitung von Schriften oder in sonstiger Weise die öffentliche Meinung über die Staatsordnung oder innen- oder außenpolitische Regierungsmaßnahmen Schwedens zu beeinflussen, ist wegen *Annahme ausländischer Unterstützungen* zu Gefängnis von höchstens zwei Jahren zu verurteilen.

§ 14

Wegen des Versuchs, der Vorbereitung oder der Verabredung von Landesverrat, Treulosigkeit bei Verhandlungen mit einem ausländischen Staat, Spionage, schwerer Spionage oder unerlaubter Nachrichtentätigkeit sowie wegen des Versuchs oder der Vorbereitung von unbefugtem Befassen mit geheimen Angaben ist gemäß den Bestimmungen des Kap. 23 zu verurteilen. Als Verabredung von Landesverrat ist es auch anzusehen, wenn jemand in Verbindung zu

---

171 Vgl. hierzu (Gesetzesänderungen von 1970/1971) Gerhard *Simson*, „Der Ehrenschutz ausländischer Staatsoberhäupter, Diplomaten und Staatssymbole im Licht der Rechtsvergleichung", in Festschrift für Ernst Heinitz, 1972, S. 737 ff. (insbes. S. 748). Siehe auch Wiener Abkommen über diplomatische Beziehungen vom 18. 4. 1961 (Art. 20 und 29) und Wiener Konvention über konsularische Beziehungen vom 24. 4. 1963 (Art. 29).

172 Kriegsindustrie fällt nicht unter diese Vorschrift.

173 Zum Beispiel trotz Reiseverbots, administrativer Ausreisebeschränkungen usw.

einem ausländischen Staat tritt, um die Begehung einer derartigen Straftat vorzubereiten, zu ermöglichen oder zu erleichtern.

Wer es unterläßt, Landesverrat, Treulosigkeit bei Verhandlungen mit einem ausländischen Staat, Spionage oder schwere Spionage aufzudecken, ist ebenfalls gemäß den Bestimmungen des Kap. 23 zu verurteilen, und ebenso ist auch derjenige zu verurteilen, der nicht erkannt hat, aber hätte erkennen müssen, daß die Straftat im Entstehen begriffen war.

§ 15

Wirkt jemand, der angesichts des ihm Bekannten oder auf Grund erfolgter Warnung oder sonstwie hätte erkennen müssen, daß Landesverrat, Treulosigkeit bei Verhandlungen mit einem fremden Staat, Spionage oder schwere Spionage im Entstehen begriffen war, bei der Tat mit, so ist er wegen Beihilfe zu dieser zu verurteilen, doch ist keine schwerere Strafe als Gefängnis von zwei Jahren zu verhängen.

§ 16

Wegen unerlaubter Nachrichtentätigkeit oder unerlaubter Militäranwerbung oder wegen des Versuchs, der Vorbereitung oder der Verabredung von unerlaubter Nachrichtentätigkeit darf vom Ankläger Anklage nicht ohne Anordnung der Regierung oder der von der Regierung hierzu ermächtigten Person erhoben werden.

Wegen einer Tat der in Kap. 3 oder 4 genannten Art, die die Kränkung eines ausländischen Staates in der in § 11 angegebenen Weise enthält, sowie wegen des Versuchs, der Vorbereitung oder der Verabredung einer der genannten Handlungen oder wegen der Unterlassung, eine derartige Handlung aufzudecken, darf ebenfalls vom Ankläger Anklage nicht ohne Anordnung der Regierung oder der von der Regierung hierzu ermächtigten Person erhoben werden[174].

KAP. 20

Straftaten im Amt[174a]

§ 1

Mißbraucht ein Amtsträger durch eine Handlung oder Unterlassung seine Stellung zum Nachteil der Allgemeinheit oder einer Ein-

---

[174] Kap. 19 wird u. a. durch ein Gesetz vom 17. Mai 1940 zum Schutz der Landesverteidigung ergänzt. Auf Grund dieses Gesetzes kann das Betreten, Vermessen, Abbilden usw. bestimmter Gebiete, Anlagen, Einrichtungen, Schiffe und Flugzeuge untersagt werden. Verstöße gegen diese Verbote sowie gewisse auf einer Täuschung beruhende ähnliche Handlungen können mit Geldstrafe oder Gefängnis bestraft werden (§ 7).

zelperson, so ist er, wenn die Tat nicht eine Unterschlagung oder sonstige Veruntreuung bildet oder sonst mit besonderer Strafe bedroht ist, wegen *Amtsmißbrauchs* zu Suspendierung oder Amtsenthebung zu verurteilen; liegen Gründe hierfür vor, so ist er gleichzeitig zu Gefängnis von höchstens zwei Jahren zu verurteilen. In leichten Fällen ist nur zu einer Geldstrafe zu verurteilen.

Ist die Straftat schwer, so ist zu Amtsenthebung und Gefängnis von höchstens sechs Jahren zu verurteilen.

§ 2

Ein Amtsträger, der für seine Amtstätigkeit eine Bestechung oder sonstige unangemessene Belohnung annimmt, sich zusagen läßt oder verlangt, ist, wenn die Tat nicht sonst mit besonderer Strafe belegt ist, wegen *Annahme von Bestechung oder unangemessener Belohnung* gemäß den Bestimmungen des § 1 zu verurteilen. Gleiches gilt, wenn er die Tat vor Übertragung der Dienststellung begangen hat.

Begeht jemand, der Amtsträger gewesen ist, die in Abs. 1 genannte Tat, so ist er zu Geldstrafe oder Gefängnis gemäß den Bestimmungen des § 1 zu verurteilen.

§ 3

Offenbart ein Amtsträger etwas, zu dessen Geheimhaltung er verpflichtet ist oder nutzt er unbefugt ein derartiges Geheimnis aus, so ist er, wenn die Tat nicht sonst mit besonderer Strafe bedroht ist, wegen *Verletzung der Schweigepflicht* zu Suspendierung oder Amtsenthebung zu verurteilen; liegen Gründe hierfür vor, so ist er gleichzeitig zu Gefängnis von höchstens einem Jahr zu verurteilen. In leichten Fällen ist nur zu einer Geldstrafe zu verurteilen.

Begeht jemand, der Amtsträger gewesen ist, diese Tat, so ist er gemäß dem in Abs. 1 Gesagten zu Geldstrafe oder Gefängnis zu verurteilen.

[174a] Kap. 20 wird ab 1. 1. 1976 unter der Überschrift „Behördenmißbrauch u. a." einen völlig veränderten Wortlaut erhalten und nur noch aus fünf Paragraphen bestehen. Straftatbestände werden lediglich Behördenmißbrauch bzw. fahrlässige (nachlässige) Behördenausübung (§ 1), passive Bestechung (§ 2) und Verletzung der Schweigepflicht (§ 3) sein. Insbesondere wird der Tatbestand des jetzigen Kap. 20 § 4 (Dienstverfehlung) in abgeänderter Fassung in das Disziplinarrecht überführt. Suspendierung und Amtsenthebung von Amtsinhabern (Kap. 1 § 3) fallen als Amtsstrafen fort, an ihre Stelle treten disziplinäre Maßnahmen. Kap. 1 § 5 Abs. 2, Kap. 17 §§ 3 und 14, Kap. 20 §§ 6—15, Kap. 21 § 17, Kap. 32 §§ 1—5, Kap. 34 §§ 14 bis 17 sowie Kap. 35 § 2 treten demgemäß am 1. 1. 1976 außer Kraft. Dies führt gemäß Gesetz Nr. 667 vom 26. 6. 1975 direkt oder indirekt auch zu einigen weiteren Änderungen im KrimG (insbes. in Kap. 17) sowie in anderen Gesetzen, vor allem im Staatsdienergesetz Nr. 274 vom 3. 6. 1965.

§ 4

Verletzt ein Amtsträger infolge von Säumnis, Unverstand[175] oder Ungebührlichkeit[176] Obliegenheiten, die für ihn auf Grund von Gesetzen, Dienstanweisungen oder anderen Verordnungen oder nach besonderen Vorschriften oder angesichts der Beschaffenheit des Dienstes bestehen, so ist er, wenn die Tat keinen Amtsmißbrauch bildet oder sonst mit besonderer Strafe bedroht ist, wegen *Dienstverfehlung*[177] zu Geldstrafe oder Suspendierung zu verurteilen.

Ist die Verfehlung schwer, so ist zu Suspendierung oder Amtsenthebung zu verurteilen; liegen hierfür Gründe vor, so ist gleichzeitig zu Gefängnis von höchstens einem Jahr zu verurteilen.

Als Dienstverfehlung ist in keinem Fall anzusehen, daß ein Amtsträger entsprechend dem dies anordnenden Beschluß eines Arbeitnehmerverbandes an einem Streik oder einer damit vergleichbaren Kampfmaßnahme teilnimmt.

§ 5

Ergibt sich, daß ein Amtsträger seine Amtspflichten durch eine Tat verletzt hat, die durch andere Bestimmungen als die der §§ 1—4 mit Strafe bedroht ist, so darf auch dann Gefängnis von höchstens zwei Jahren verhängt werden, wenn eine so schwere Strafe sonst nicht erfolgen kann.

§ 6

Bekleidet jemand, der nach den Bestimmungen der §§ 1—4 Suspendierung oder Amtsenthebung von einem bestimmten Amt verschuldet hat, nicht mehr dasselbe Amt, sondern hat er statt dessen eine andere Dienststellung mit gleichartigen Arbeitsaufgaben erhalten, so ist er zu Suspendierung oder Amtsenthebung von dieser Dienststellung zu verurteilen.

Hat er statt seiner Amtsstellung keine andere Dienststellung der in Abs. 1 genannten Art erhalten, so ist er gemäß den Bestimmungen der §§ 1—4 zu Geldstrafe oder Gefängnis zu verurteilen. Würde er sonst neben Geldstrafe oder Gefängnis zu Suspendierung oder Amtsenthebung verurteilt worden sein, so darf bei der Festsetzung der Strafe berücksichtigt werden, daß keine Suspendierung oder Amtsenthebung verhängt wird; würde er zu keiner anderen Sanktion als zu Suspendierung oder Amtsenthebung verurteilt worden sein, so darf von der Verhängung einer Sanktion Abstand genommen werden.

---

[175] schwedisch: oförstånd.

[176] wörtlich: Unschicklichkeit (oskicklighet), das schwedische Wort ist mehrdeutig.

[177] wörtlich: Dienstfehler (tjängstefel), vgl. Kap. 21 § 18.

§ 7

Hat jemand, der gemäß den Bestimmungen der §§ 1—4 zu Suspendierung oder Amtsenthebung verurteilt ist oder eine solche verschuldet hat, eine andere mit Amtsverantwortlichkeit verbundene Dienstellung inne, als sie in § 6 Abs. 1 genannt ist, so ist er von dieser zu entheben, wenn er sich durch die Straftat als offenbar ungeeignet erwiesen hat, sie zu bekleiden; hat er sonst in beträchtlicher Weise dem Ansehen geschadet, das der Inhaber dieser Dienststellung genießen soll, so ist er zur Suspendierung von ihr zu verurteilen.

Wird jemand gemäß § 2 Abs. 2 oder § 3 Abs. 2 zu einer Sanktion verurteilt und bekleidet er eine mit Amtsverantwortlichkeit verbundene Dienststellung, so finden die obigen Bestimmungen des Abs. 1 entsprechende Anwendung.

§ 8

Hat sich ein Amtsträger durch eine andere als die in den §§ 1—4 genannten Straftaten als offenbar nicht geeignet erwiesen, seine Dienststellung innezuhaben, so ist er neben einer sonstigen Sanktion, die ihm aufzuerlegen für richtig befunden wird, zu Amtsenthebung zu verurteilen. Ist für diese Straftat jedoch nicht Gefängnis von zwei Jahren oder darüber hinaus bestimmt, so darf nur dann zu Amtsenthebung verurteilt werden, wenn die besondere Beschaffenheit des Amtes dies erfordert.

Wird ein Amtsträger nicht zu Amtsenthebung gemäß Abs. 1 verurteilt, so ist er zu Suspendierung von seiner Dienststellung zu verurteilen, wenn er durch die Straftat in erheblicher Weise dem Ansehen geschadet hat, das der Inhaber dieser Dienststellung genießen soll.

Wird Suspendierung oder Amtsenthebung entsprechend diesem Paragraphen verhängt, so ist der Verlust, den der Amtsträger hierdurch erleidet, bei der Festsetzung einer anderen Sanktion für die Straftat zu berücksichtigen; auch darf von der Verhängung einer Geldstrafe oder Disziplinstrafe, zu der sonst verurteilt worden wäre, Abstand genommen werden.

§ 9

Hat eine Verwaltungsbehörde einem Amtsträger für eine bestimmte Straftat eine disziplinäre Bestrafung auferlegt, so hat das Gericht dies bei der Festsetzung einer Sanktion für die gleiche Straftat zu berücksichtigen, auch darf von der Verhängung einer Geldstrafe, Disziplinstrafe oder Suspendierung, zu denen sonst verurteilt worden wäre, Abstand genommen werden. Der Beschluß der Verwaltungsbehörde entfällt, wenn er bei der wegen der Straftat erfolgten Anklageerhebung noch nicht ganz oder teilweise vollstreckt worden ist.

§ 10

Hat sich ein Amtsträger ohne Erlaubnis oder ohne mitgeteilten Hinderungsgrund vom Dienst ferngehalten und konnte er mit einer Ladung nicht angetroffen oder zum Einfinden veranlaßt werden, so ist er, wenn er nicht erscheint, bevor drei Monate seit der für ihn vom Gericht ausgefertigten und in amtlichen Zeitungen veröffentlichten Ladung vergangen sind, zur Amtsenthebung zu verurteilen.

§ 11

Hat jemand bei Amtsmißbrauch, bei Annahme einer Bestechung oder von unangemessener Belohnung oder bei Verletzung der Schweigepflicht mitgewirkt, ohne hierdurch eine Amtspflicht zu verletzen, so ist er unter Anwendung der Bestimmungen des Kap. 23 nach dem hier in den §§ 1, 2 oder 3 Gesagten zu Geldstrafe oder Gefängnis zu verurteilen. Ist er selbst Amtsträger, so findet außerdem das in § 8 Gesagte Anwendung.

Wegen Mitwirkung an einer Dienstverfehlung[178] darf nur jemand verurteilt werden, der hierdurch eine Dienstpflicht verletzt hat.

§ 12

In diesem Gesetzbuch gilt als Amtsträger ein Richter und anderer staatlicher Amtsinhaber, der nur durch ein Urteil seines Amtes enthoben werden kann, sowie auch der Inhaber eines Vertrauensamtes, von dem ihn die Regierung entheben darf. Das für Amtsträger Gesagte gilt auch für Personen, die eingesetzt sind, um die Angelegenheiten von Städten, Körperschaften oder öffentlichen, von der Regierung genehmigten Kassen[179], Ämtern[180] oder sonstigen öffentlichen Institutionen oder Stiftungen zu verwalten, ferner für Angehörige des öffentlichen Dienstes, die den Amts- oder Verwaltungsbehörden unterstehen, sowie für andere Personen, die dazu bestellt sind, ein öffentliches Amt oder Diensttätigkeiten auszuüben[181].

Wer zum Mitglied einer beschließenden staatlichen oder kommunalen Versammlung[182] ernannt oder gewählt ist oder in einer Jury[183]

---

[178] Kap. 20 § 4.

[179] Zum Beispiel öffentliche Hypothekenkassen.

[180] wörtlich: Werke (verk).

[181] Zum Beispiel Schöffen.

[182] Zu den Versammlungen (församlingar) gehören der Reichstag und die Provinzial- und Kommunalparlamente, aber auch bestimmte kommunale Ausschüsse (Kollegien) wie z. B. für Jugendfürsorge, Alkoholbekämpfung usw.

[183] Eine Jury entscheidet nur in den sog. Druckfreiheitsverfahren (Presseverfahren u. a.), d. h., wenn durch eine Druckschrift eine Straftat begangen ist (Kap. 12 § 1 der Druckfreiheitsverordnung — Tryckfrihetsförordning —, die eines der vier Grundgesetze Schwedens ist).

oder einem Steuerausschuß[184] Sitz hat, ist Amtsverantwortlichkeit gemäß den §§ 2, 3 und 5—8 unterworfen; eine Suspendierung darf hier jedoch nicht verhängt werden, auch darf der zum Mitglied einer beschließenden staatlichen oder kommunalen Versammlung Gewählte nur dann gemäß § 8 zu Amtsenthebung verurteilt werden, wenn er eine Straftat begangen hat, für die Gefängnis von zwei Jahren oder darüber hinaus bestimmt ist. Für Personen, die im öffentlichen Dienst angestellt sind oder gesetzlich geregelte Amtstätigkeiten ausüben, ohne Amtsverantwortlichkeit zu unterliegen, gilt das in § 3 Gesagte.

Das in den §§ 2 und 3 über ehemalige Amtsträger Gesagte findet entsprechende Anwendung auf Personen, die früher der in Abs. 2 bestimmten Verantwortlichkeit unterlegen haben[185].

§ 13

Verletzt der Amtsträger eines öffentlichen Verkehrsunternehmens, der auf Grund einer Anordnung der Regierung den in Kap. 17 § 1 genannten Schutz genießt, seine Obliegenheiten zur Verhütung von Unfällen, so gelten die Bestimmungen der §§ 5 und 8[186].

§ 14

Ohne Rücksicht auf etwaige sonstige Bestimmungen darf der Ankläger wegen solcher Straftaten Anklage erheben, durch die ein Amtsträger seine Amtspflicht verletzt hat; hierbei gelten jedoch die Bestimmungen dieses Gesetzbuchs, auf Grund deren Anklage nicht ohne Genehmigung der Regierung oder der von der Regierung hierzu ermächtigten Person erhoben werden darf, sowie die Vorschriften anderer Gesetze oder Verordnungen über die Anklage wegen einer in § 3 behandelten Tat, die mit besonderer Strafe bedroht ist, oder wegen einer Tat, für die eine Bestrafung nur dann bestimmt ist, wenn sie von einem Amtsträger begangen wurde.

§ 15

Ist ein wegen einer Straftat Verurteilter vor dem Erlaß des Urteils oder nach diesem, bevor dieses Urteil rechtskräftig geworden ist, zum Amtsträger ernannt oder nach einer innerhalb des genannten Zeit-

---

[184] Die aus Laien bestehenden Steuerausschüsse (taxeringsnämnder) beschließen nach § 4 Taxierungsverordnung (Taxeringsförordning) über die steuerliche Veranlagung der Steuerpflichtigen sowie die Grundstücksbewertungen, die der Besteuerung zugrundezulegen sind.

[185] § 12 findet auch Anwendung auf öffentliche Kassen, Ämter und sonstige öffentliche Institutionen und Stiftungen, die vor dem 1. 1. 1975 vom König genehmigt worden sind.

[186] § 13 betrifft Eisenbahn- sowie Kanal-, Schleusen- und ähnliche Verkehrbehörden.

raums erfolgten Wahl hierzu bestellt worden und hat das Gericht die Frage der Suspendierung oder Amtsenthebung nicht gemäß den §§ 6, 7 oder 8 geprüft, so darf in einem besonderen Verfahren über die Suspendierung oder Enthebung von diesem Amt entschieden werden. Ein derartiges Verfahren muß jedoch innerhalb von zwei Jahren nach Rechtskraft des Urteils oder, wenn die Stimmenzählung nach einer Wahl erst nach Rechtskraft geschehen ist, nach erfolgter Zählung anhängig gemacht werden.

KAP. 21

Straftaten von Soldaten

§ 1

Weigert sich oder unterläßt es ein Soldat[187], dem Befehl eines Vorgesetzten zu gehorchen, oder hält er die Ausführung eines Befehls in ungebührlicher Weise auf und ist nicht offenbar, daß dieser Befehl den Dienst nicht betraf, so ist er wegen *Verletzung des Gehorsams* zu Disziplinstrafe oder Gefängnis von höchstens einem Jahr zu verurteilen.

§ 2

Ist die in § 1 genannte Straftat als schwer anzusehen, so ist wegen *schwerer Verletzung des Gehorsams* zu Gefängnis von höchstens vier Jahren zu verurteilen. Bei der Beurteilung der Frage, ob die Straftat schwer ist, ist besonders zu berücksichtigen, ob sich der Befehl auf eine dienstliche Handlung von größerer Bedeutung bezogen hat oder ob die Straftat vor versammelter Truppe geschehen oder von mehreren Personen im Einvernehmen miteinander[188] begangen worden ist.

Befindet sich Schweden im Krieg und wurde die Straftat während eines Kampfes oder bei einer sonstigen Gelegenheit begangen, in der die Verletzung der militärischen Gehorsamspflicht besondere Gefahr herbeiführt, so ist zu Gefängnis von höchstens zehn Jahren oder auf Lebenszeit zu verurteilen.

---

[187] Definition des Soldatenbegriffs in § 20 (Neufassung). Für sog. „waffenfreie Dienstpflichtige“, d. h. Militärdienstverweigerer aus ernster persönlicher Überzeugung und in tiefer Gewissensnot, gelten die Sonderbestimmungen des Gesetzes Nr. 413 vom 3. 6. 1966, das auch besondere Strafvorschriften (§§ 14 ff.) enthält, z. B. für Entfernung vom Dienst, Trunkenheit im Dienst usw.

[188] schwedisch: „i samråd“, was etwa (der Ausdruck ist schwer übersetzbar) in bzw. nach gegenseitiger Beratung, d. h. unter Kontakt miteinander bedeutet.

§ 3

Legen versammelte Soldaten die Absicht an den Tag, sich gegen einen Vorgesetzten mit vereinter Gewalt aufzulehnen, so ist wegen *Meuterei* zu verurteilen, und zwar Anstifter und Anführer zu Gefängnis von höchstens sechs Jahren sowie sonstige Teilnehmer zu Disziplinstrafe oder Gefängnis von höchstens vier Jahren.

Haben die Teilnehmer an der Meuterei zu vereinter Gewalt gegen Personen oder Vermögenswerte gegriffen, so sind Anstifter und Anführer zu Gefängnis von höchstens zehn Jahren oder auf Lebenszeit sowie sonstige Teilnehmer zu Gefängnis von höchstens sechs Jahren zu verurteilen.

Wird eine Meuterei begangen, während sich Schweden im Krieg befindet und erfolgt sie während eines Kampfes oder bei einer sonstigen Gelegenheit, in der die Verletzung der militärischen Gehorsamspflicht besondere Gefahr herbeiführt, so ist zu Gefängnis von höchstens zehn Jahren oder auf Lebenszeit zu verurteilen.

§ 4

Kommt ein Soldat nicht einer Anweisung nach, die ihm von einem Wachtposten oder sonstigem Soldaten, der Dienst zur Bewachung oder Aufrechterhaltung der Ordnung tut, in Ausübung dieses Dienstes[189] erteilt ist, so ist wegen *Unfolgsamkeit gegenüber einem Wachtposten* zu Disziplinstrafe oder Gefängnis von höchstens einem Jahr zu verurteilen.

Ist die Straftat schwer, so ist zu Gefängnis von höchstens vier Jahren zu verurteilen.

§ 5

Mißbraucht ein Vorgesetzter seine Befehlsstellung, indem er einen Untergebenen zu veranlassen sucht, etwas zu tun, zu dulden oder zu unterlassen, was nicht zu seinem Dienst gehört, so ist er wegen *Mißbrauchs der Vorgesetzteneigenschaft* zu Disziplinstrafe oder Gefängnis von höchstens einem Jahr zu verurteilen.

Gleiches gilt, wenn ein Vorgesetzter auf Grund der innerhalb oder außerhalb des Dienstes bestehenden Verhältnisse eines Untergebenen diesem in unbilliger Weise eine besondere dienstliche Tätigkeit auferlegt oder ihm eine Vergünstigung verweigert, sowie wenn ihn der Vorgesetzte grundlos einer Gefahr für Leben oder Gesundheit aussetzt.

Ist die Straftat schwer, so ist zu Gefängnis von höchstens vier Jahren zu verurteilen.

---

[189] wörtlich: für diesen Dienst.

§ 6

Ein Soldat, der sich, ohne hierzu befugt zu sein, Befehlsgewalt über andere Soldaten anmaßt, ist wegen *unbefugter Befehlsausübung* zu Disziplinstrafe oder Gefängnis von höchstens einem Jahr zu verurteilen.

Ist die Straftat schwer, so ist zu Gefängnis von höchstens vier Jahren zu verurteilen.

§ 7

Vergreift sich ein Soldat mit Gewalt oder durch Drohung mit Gewalt an einem Soldaten bei dessen Dienstausübung oder um ihn zu einer Diensthandlung zu zwingen oder an einer solchen zu hindern, oder sonst aus Anlaß von dessen Dienst, so ist er wegen *Gewalt oder Drohung gegen einen Soldaten* zu Disziplinstrafe oder Gefängnis von höchstens zwei Jahren oder, wenn die Straftat leicht ist, zu Disziplinstrafe oder Gefängnis von höchstens sechs Monaten zu verurteilen. Ist die Straftat, weil sie Gefahr für den militärischen Gehorsam enthalten hat, oder in sonstiger Hinsicht als schwer anzusehen, so ist zu Gefängnis von höchstens vier Jahren zu verurteilen.

Begeht ein Soldat, während sich Schweden im Krieg befindet, eine Straftat der hier genannten Art gegen einen Vorgesetzten, einen Wachtposten oder sonstigen Soldaten, der Dienst zur Bewachung oder Aufrechterhaltung der Ordnung tut, so ist zu Gefängnis von höchstens zehn Jahren oder, wenn die Straftat leicht ist, zu Disziplinstrafe oder Gefängnis von höchstens sechs Monaten zu verurteilen. Geschieht dies während eines Kampfes oder bei einer sonstigen Gelegenheit, in der die Verletzung der militärischen Gehorsamspflicht besondere Gefahr herbeiführt, so darf zu Gefängnis auf Lebenszeit verurteilt werden.

§ 8

Ein Soldat, der einen anderen Soldaten während oder wegen dessen Dienst verunglimpft, ist wegen *Beleidigung eines Soldaten* zu Disziplinstrafe oder Gefängnis von höchstens sechs Monaten zu verurteilen.

§ 9

Zeigt ein Soldat in anderen als den oben genannten Fällen Respektlosigkeit gegen einen Vorgesetzten oder Mißachtung gegen einen Untergebenen oder läßt er es sonst an anständigem Auftreten gegen einen Soldaten fehlen und geschieht dies während oder wegen dessen Dienst, so ist er wegen *ungebührlichen Benehmens* zu Disziplinstrafe zu verurteilen.

§ 10

Ein Soldat, der mündlich vor versammelten Soldaten oder in sonstiger Weise in einer sich an Soldaten richtenden Aufforderung[190] zu Gehorsamsverletzung oder anderen Handlungen, durch die ein Soldat seine Dienstpflicht verletzt, auffordert oder sonst hierzu zu verleiten sucht, ist wegen *Aufwiegelung von Soldaten* zu Disziplinstrafe oder Gefängnis von höchstens einem Jahr zu verurteilen.

Ist die Straftat mit Rücksicht darauf, daß der Täter zu einer ernsten Straftat zu verleiten suchte, oder in sonstiger Hinsicht als schwer anzusehen, so ist zu Gefängnis von höchstens vier Jahren zu verurteilen.

§ 11

Entfernt sich ein Soldat unerlaubt von der Truppenabteilung der Militärmacht, bei der er Dienst tun oder sich aufhalten soll oder, wenn er an anderer Stelle als bei einer Truppenabteilung Dienst tun soll, von seiner Dienststelle, oder bleibt er der Truppenabteilung oder Dienststelle fern, so ist er wegen *Fernbleibens von der Truppe*[191] zu Disziplinstrafe oder Gefängnis von höchstens sechs Monaten zu verurteilen.

Wegen Fernbleibens von der Truppe während eines Bereitschaftszustandes oder wenn sich Schweden im Krieg befindet, ist zu Disziplinstrafe oder Gefängnis von höchstens zwei Jahren zu verurteilen.

§ 12

Bringt das Fernbleiben von der Truppe angesichts des Zeitraums, während dessen sich der Täter ferngehalten hat oder fernzuhalten beabsichtigte, oder im Hinblick auf die Art seiner Diensttätigkeit erheblichen Abbruch für die Ausbildung oder sonstige beträchtliche dienstliche Nachteile mit sich oder konnte sie solchen Abbruch oder solche Nachteile herbeiführen, so ist wegen *Fahnenflucht* zu Disziplinstrafe oder Gefängnis von höchstens zwei Jahren zu verurteilen.

Wegen Fahnenflucht während eines Bereitschaftszustandes ist zu Gefängnis von höchstens zwei Jahren zu verurteilen. Befindet sich Schweden im Krieg, so ist Gefängnis von höchstens zehn Jahren zu verhängen.

---

190 wörtlich: Mitteilung (meddelande), was im Schwedischen ein umfassenderer Ausdruck als im Deutschen ist. Auch Gesten, bildliche Darstellungen u. ä. können hier unter den Begriff fallen (*Beckman-Holmberg-Hult-Strahl*, a. a. O., Bd. II, 2. Aufl., S. 433).

191 wörtlich: etwa Wegbleiben oder unerlaubtes Entfernen, Abwesenheit (undanhållande).

§ 13

Verläßt ein Soldat, der als Chef einer militärischen Truppe Dienst tut oder Wachtdienst verrichtet oder eine gleichartige Aufgabe ausführt, unbefugt seinen Posten oder ergibt sich, daß er sich durch Genuß alkoholischer Getränke oder in sonstiger Weise außerstandegesetzt hat, seinen Dienst zu versehen, so ist er wegen *Verlassens des Postens* zu Disziplinstrafe oder Gefängnis von höchstens zwei Jahren zu verurteilen.

Wegen Verlassens des Postens ist, wenn sich Schweden im Krieg befindet, zu Disziplinstrafe oder Gefängnis von höchstens vier Jahren zu verurteilen; wird die Straftat während eines Kampfes oder bei einer sonstigen Gelegenheit begangen, in der die Verletzung der militärischen Gehorsamspflicht besondere Gefahr herbeiführt, so ist zu Gefängnis von höchstens zehn Jahren oder auf Lebenszeit zu verurteilen.

§ 14

Steht ein Soldat, während er Dienst tut, so unter der Einwirkung alkoholischer Getränke, daß seine Fähigkeit zur Dienstausübung als herabgesetzt angesehen werden muß, so ist er wegen *mangelnder Nüchternheit im Dienst* zu Disziplinstrafe oder Gefängnis von höchstens einem Jahr zu verurteilen.

§ 15

Ein Soldat, der innerhalb eines Bereichs oder Raumes[192], der von der Militärmacht benutzt wird, infolge alkoholischer Getränke so berauscht auftritt, daß dies aus seinen Gebärden oder Reden hervorgeht, ist wegen *Trunkenheit* zu Disziplinstrafe zu verurteilen.

Zu Disziplinstrafe ist ebenfalls zu verurteilen, wenn der Rausch von anderem als alkoholischen Getränken verursacht ist.

§ 16

Ein Soldat, der sich innerhalb eines Bereichs oder Raumes, der von der Militärmacht benutzt wird, durch Ruhestörung oder sonst in einer Weise benimmt, die geeignet ist, allgemeines Ärgernis zu erwecken, ist wegen *Ärgernis erregenden Benehmens* zu Disziplinstrafe zu verurteilen[193].

---

[192] Unter einem „Raum" sind hier Gebäude, Anlagen, Schiffe, Luftfahrzeuge usw. zu verstehen (ebenso in §§ 16 und 20).

[193] Während es in Kap. 16 § 16 heißt „bei der Allgemeinheit Ärgernis zu erwecken", wird hier von „allgemeinem Ärgernis" gesprochen, da die Öffentlichkeit oft keinen Zutritt hat.

§ 17

Mißbraucht ein Soldat, der nicht der Amtsverantwortlichkeit unterworfen ist[194], durch eine Handlung oder Unterlassung seine Stellung zum Nachteil der Militärmacht oder der sonstigen Allgemeinheit oder einer Einzelperson, so ist er, wenn die Tat nicht mit besonderer Strafe bedroht ist, wegen *Amtsmißbrauchs*[195] zu Gefängnis von höchstens zwei Jahren oder, wenn die Straftat leicht ist, zu Disziplinstrafe zu verurteilen[196].

§ 18

Verletzt ein Soldat, der nicht der Amtsverantwortlichkeit unterworfen ist, infolge von Säumnis, Unverstand oder Ungebührlichkeit[197] Obliegenheiten, die für ihn auf Grund der Dienstordnung[198] oder nach Dienstanweisungen[199] oder anderen allgemeinen Bestimmungen[200] oder besonderen Vorschriften oder angesichts der Beschaffenheit des Dienstes bestehen, so ist er, wenn die Tat keinen Amtsmißbrauch bildet oder sonst mit besonderer Strafe bedroht ist, wegen *Dienstverfehlung* zu Disziplinstrafe zu verurteilen. Auf die Soldaten der Militärmacht finden die Bestimmungen des Kap. 20 § 4 Abs. 3 entsprechende Anwendung.

Ist die Verfehlung schwer, so ist zu Gefängnis von höchstens einem Jahr zu verurteilen.

§ 19

Wegen der Vorbereitung oder Verabredung von Meuterei oder der Unterlassung, sie aufzudecken, sowie wegen des Versuchs, der Vorbereitung oder der Verabredung von Fahnenflucht während eines Bereitschaftszustandes oder Krieges oder der Unterlassung, diese aufzudecken, ist gemäß den Bestimmungen des Kap. 23 zu verurteilen. Gleiches gilt für den Versuch, die Vorbereitung oder die Verabredung von Gewalt oder Drohung gegen einen Soldaten[201], sofern die Straftat im Fall ihrer Vollendung nicht als leicht anzusehen wäre.

---

[194] Siehe für den Begriff „Amtsverantwortlichkeit" die Fußnote 5 zu Kap. 1 § 3; vgl. Kap. 21 § 21, Kap. 22 § 14 und Kap. 20 § 12.

[195] Dienstmißbrauchs (der schwedische Ausdruck ist gleichlautend für beide Begriffe).

[196] Kap. 21 § 17 wird ab 1. 1. 1976 fortfallen, die §§ 18, 21 und 22 werden abgeändert (Gesetz Nr. 667 vom 26. 6. 1975).

[197] wörtlich: Unschicklichkeit (oskicklighet), vgl. Fußnote 176.

[198] schwedisch: reglement.

[199] schwedisch: instruktioner.

[200] Vgl. u. a. Wehrpflichtgesetz vom 30. 12. 1941.

[201] Kap. 21 § 7.

Wegen Mitwirkung an einer Dienstverfehlung darf nur jemand verurteilt werden, der hierdurch eine Dienstpflicht verletzt hat.

§ 20[202]

Soldaten gemäß diesem Gesetzbuch sind Personen, die als Regimentsoffiziere, Kompanieoffiziere, Plutonoffiziere[203], Verbändechefs[204], Reserveoffiziere oder Mannschaften bei der Militärmacht angestellt sind[205], Wehrpflichtige, die nicht die Genehmigung zu waffenfreiem Dienst erhalten haben[206], Heimwehrmänner und Heimwehrrekruten, und zwar sämtlich während der Zeit, in der sie in dieser Eigenschaft dienstpflichtig sind. Ferner sind, soweit die Regierung dies im Hinblick auf den Bedarf an Befehlsstellungen und die sonstigen Dienstverhältnisse angeordnet hat, diejenigen Personen Soldaten, die sonstwie bei der Militärmacht angestellt sind oder sich verpflichtet haben, als Freiwillige Militärdienst zu tun, solange sie in dieser Eigenschaft dienstpflichtig sind. Genießt jemand Dienstbefreiung, die nicht mit kürzerer Dauer als zwei Wochen befristet ist, so gilt er nicht als dienstpflichtig. Die Regierung erläßt nähere Bestimmungen darüber, was unter der Militärmacht zu verstehen ist[207].

Die in Abs. 1 genannten Personen sind auch abgesehen von der Zeit, in der Dienstpflicht besteht, dann als Soldaten anzusehen, wenn sie im Anschluß an sie in einem Militärkrankenhaus gepflegt werden, sich in Militärhaft befinden, sowie wenn sie in einem Bereich oder Raum, der von der Militärmacht benutzt wird, oder sonst öffentlich in militärischer Dienstkleidung auftreten, und ferner bei der Erfüllung der ihnen obliegenden Anmeldeverpflichtung oder einer anderen besonderen Dienstpflicht.

Ein Soldat, dem Befehlsbefugnis über einen anderen Soldaten zusteht, ist dessen Vorgesetzter. Ein Soldat, über den ein anderer Soldat Befehlsbefugnis besitzt, ist im Verhältnis zu diesem ein Untergebener.

§ 21

Von dem in § 20 Abs. 1 genannten Personal sind Befehlshaber vom Mindestgrad eines Oberfuriers[208] oder einer entsprechenden

---

[202] Neufassung der §§ 20, 21 durch Gesetz vom 2. 6. 1972.

[203] Plutone sind die Unterabteilungen einer Kompanie.

[204] wörtlich: Gruppenchefs.

[205] Der schwedische Begriff „anställd“ ist umfassender als der deutsche Ausdruck „angestellt“, aber enger als „beschäftigt“.

[206] Vgl. Fußnote 187 zu Kap. 21 § 1.

[207] Verordnung vom 28. 5. 1968 über den rechtlichen Inhalt der Begriffe Militärmacht und Soldat (mit bedeutsamen Verweisungen auf andere Vorschriften).

[208] etwa: Oberfeldwebel bzw. Oberstabsfeldwebel (höchster schwedischer Mannschaftsgrad).

Dienststellung an aufwärts ohne Rücksicht darauf, ob sie dienstpflichtig sind oder nicht, der Amtsverantwortlichkeit unterworfen.

§ 22

Die Bestimmungen des Kap. 20 § 14 finden auf Straftaten, durch die ein Soldat seine Dienstpflichten verletzt hat, entsprechende Anwendung[209].

KAP. 22

Kriegsartikel

§ 1

Jemand, der, während sich Schweden im Krieg befindet,

1. Angehörige des Militärs oder andere Personen, die für die Verteidigung Schwedens tätig sind, behindert, irreführt oder verrät oder sie zu Meuterei, Treulosigkeit oder Mutlosigkeit verleitet,
2. Befestigungen, Kriegsmaterialien, Fabriken, Vorräte, Kraftanlagen, Verkehrsverbindungen, Fahrzeuge oder sonstiges, das für die Verteidigung oder Volksversorgung von Bedeutung ist, verrät, untauglich macht oder beschädigt,
3. durch eine unwahre Darstellung unter der Öffentlichkeit Verzagtheit verbreitet,
4. dem Feind Militärpersonen, Dienstleistungen[210], Bedarfsgüter oder Unterstützung beschafft oder
5. andere ähnlich verräterische Handlungen begeht,

ist, wenn die Tat geeignet ist, erhebliche Nachteile für die schwedische Militärmacht oder sonst für die Verteidigung Schwedens oder die Volksversorgung herbeizuführen, oder eine beträchtliche Hilfe für den Feind bedeutet, wegen *Landesverrats im Krieg*[211] zu zeit-

---

[209] Für das 1948 dem Strafgesetzbuch einverleibte Militärstrafrecht Schwedens ist das Gesetz Nr. 18 vom 26. 1. 1973 über Disziplinstrafen von Soldaten von besonderer Bedeutung. Es hat auch zu einer Änderung von Kap. 32 § 6 geführt (siehe unten). Es ist ferner auf das Militärprozeßgesetz von 1948 (Nr. 472) mit bedeutsamen Änderungen von 1973 (Nr. 19) hinzuweisen.

[210] Ein solcher Fall kann z. B. auch vorliegen, wenn ein Gelehrter während eine Okkupation bei der experimentellen Erfindung und Erforschung vernichtender neuer Waffen mitwirkt, obwohl es sich hier nicht um „Beschaffen" einer Dienstleistung im eigentlichen Sinn handelt.

[211] Während in Kap. 19 § 1 Landesverrat als „högförräderi" bezeichnet wird, wird hier für die Fälle des Landesverrats im Krieg (Kriegsverrats) der Ausdruck „landsförräderi" verwandt (vgl. Fußnote 161 zu Kap. 19 § 1).

bestimmtem Gefängnis von mindestens vier und höchstens zehn Jahren oder zu Gefängnis auf Lebenszeit zu verurteilen.

Ist die in Abs. 1 genannte Tat nur in geringerem Ausmaß geeignet, für die Verteidigung Schwedens oder für die Volksversorgung Nachteile herbeizuführen, oder bedeutet sie nur eine kleinere Hilfe für den Feind, als dort gesagt ist, so ist wegen *Treubruchs gegen das Land*[212] zu Gefängnis von höchstens sechs Jahren zu verurteilen. Bestand die Tat in der Beschaffung von Dienstleistungen oder Bedarfsgütern oder in sonstigen Diensten für den Feind innerhalb eines Gebietes, das von diesem besetzt war, und konnte sie mit Rücksicht auf den Bedarf der Bevölkerung, die Versorgung des Täters oder andere besondere Verhältnisse nicht als unbillig angesehen werden, so ist nicht zu einer Strafe zu verurteilen.

§ 2

Begeht jemand eine Tat der in § 1 genannten Art aus Nachlässigkeit, so ist er wegen *landesschädlicher Fahrlässigkeit* zu Gefängnis von höchstens vier Jahren zu verurteilen.

§ 3

Geht, während sich Schweden im Krieg befindet, ein Soldat zum Feind über oder liefert er sich diesem sonst freiwillig aus, so ist er wegen *Überlaufens zum Feind* zu zeitbestimmtem Gefängnis von mindestens vier und höchstens zehn Jahren oder zu Gefängnis auf Lebenszeit zu verurteilen.

Gleiches gilt, wenn, während sich Schweden im Krieg befindet, ein schwedischer Staatsangehöriger Waffen gegen Schweden trägt und die Tat nicht als Landesverrat im Krieg[213] anzusehen ist.

§ 4

Ein Soldat, der, während sich Schweden im Krieg befindet, unbefugt eine Mitteilung an jemand absendet, der der Militärmacht des Feindes angehört oder sich auf feindlichem Gebiet aufhält, oder sich sonstwie mit ihm in Verbindung setzt, ist wegen *Verbindung mit dem Feind* zu Disziplinstrafe oder Gefängnis von höchstens zwei Jahren zu verurteilen.

§ 5

Gibt ein Soldat, während sich Schweden im Krieg befindet, während eines Kampfes oder bei einer sonstigen Gelegenheit, in der

[212] Der schwer wörtlich zu übersetzende schwedische Ausdruck lautet „landssvek" und charakterisiert ein heimtückisches, pflichtwidriges oder verräterisches Verhalten gegenüber dem Lande.

[213] Landesverrat im Krieg (§ 1 Abs. 1) setzt erhebliche Nachteile für Schweden oder beträchtliche Hilfe für den Feind voraus.

die Verletzung der militärischen Gehorsamspflicht besondere Gefahr herbeiführt, den Rat, sich dem Feind zu ergeben, oder unternimmt er in Gegenwart anderer Soldaten unbefugt etwas, das geeignet ist, Treulosigkeit oder Mutlosigkeit hervorzurufen, so ist er wegen *Untergrabens des Kampfwillens* zu zeitbestimmtem Gefängnis von mindestens vier und höchstens zehn Jahren oder zu Gefängnis auf Lebenszeit zu verurteilen. War die Gefahr gering, so ist zu Gefängnis von höchstens sechs Jahren zu verurteilen.

§ 6

Verbreitet ein Soldat, während sich Schweden im Krieg befindet, unter anderen Soldaten falsche Gerüchte oder andere unwahre Behauptungen, die geeignet sind, Treulosigkeit oder Mutlosigkeit hervorzurufen, so ist er wegen *Verbreitung eines die Landesverteidigung schädigenden Gerüchts* zu Disziplinstrafe oder Gefängnis von höchstens zwei Jahren zu verurteilen.

§ 7

Halten Soldaten während eines Bereitschaftszustandes[214] oder während sich Schweden im Krieg befindet, unbefugt eine Zusammenkunft ab, die sich auf Gesprächsstoffe bezieht, durch deren Behandlung leicht eine Verletzung der militärischen Gehorsamspflicht oder Fahnenflucht bewirkt oder unter den Soldaten Furcht oder Verzagtheit verbreitet werden kann, so sind die Teilnehmer wegen *unerlaubter Zusammenkunft* zu Disziplinstrafe oder Gefängnis von höchstens zwei Jahren zu verurteilen. Wer an ihr auf Veranlassung oder mit Genehmigung eines Vorgesetzten teilgenommen hat, ist nicht strafbar.

§ 8

Unterläßt ein Soldat während eines Bereitschaftszustandes oder während sich Schweden im Krieg befindet, es vorsätzlich oder fahrlässig, in der ihm obliegenden Weise Verteidigungsanlagen in Kampfzustand[215] zu versetzen, Militärtruppen in kampffähige Verfassung zu bringen, Bedarfsgüter zu beschaffen oder militärische Unternehmen sonstwie vorzubereiten, so ist er wegen *Verabsäumung der militärischen Vorbereitungstätigkeit*[216] zu Gefängnis von höchstens sechs Jahren zu verurteilen.

Ist eine vorsätzlich begangene Straftat der genannten Art mit Rücksicht darauf, daß hierdurch der Erfolg eines militärischen Unter-

---

[214] Vgl. Kap. 22 § 18 und Gesetz Nr. 513 vom 3. 6. 1960 über den Bereitschaftszustand.

[215] wörtlich: Streitbereitschaft.

[216] wörtlich: Kriegsvorbereitung.

nehmens gefährdet wurde, oder sonstwie als schwer anzusehen, so ist zu zeitbestimmtem Gefängnis von mindestens vier und höchstens zehn Jahren oder zu Gefängnis auf Lebenszeit zu verurteilen.

§ 9

Übergibt, während sich Schweden im Krieg befindet, ein Soldat, der als Befehlshaber einer Militärtruppe Dienst tut, ohne daß die für die Verteidigung zugänglichen militärischen Mittel und Auswege genutzt oder die angeordneten Zerstörungsmaßnahmen vorgenommen sind oder besonders befohlener Widerstand geleistet ist, dem Feind eine Kampfstellung, Kriegsmaterial oder sonstiges, das erhebliche Bedeutung für die Kriegsführung hat, oder ergibt er sich und seine Truppe in diesen Fällen dem Feind, so ist er wegen *Übergabe an den Feind* zu zeitbestimmtem Gefängnis von mindestens sechs und höchstens zehn Jahren oder zu Gefängnis auf Lebenszeit zu verurteilen.

§ 10

Unterläßt ein Soldat, während sich Schweden im Krieg befindet, vorsätzlich oder fahrlässig während eines Kampfes oder im Anschluß an diesen die Erfüllung seiner Pflicht, aufs äußerste die Kriegsführung zu unterstützen, so ist er wegen *Pflichtvergessenheit im Kampf*[217] zu Gefängnis von höchstens sechs Jahren zu verurteilen.

Ist eine vorsätzlich begangene Straftat der genannten Art mit Rücksicht darauf, daß hierdurch der Erfolg eines militärischen Unternehmens gefährdet wurde, oder daß der Täter eine verantwortliche Stellung innehatte oder auch sonstwie als schwer anzusehen, so ist zu zeitbestimmtem Gefängnis von mindestens vier und höchstens zehn Jahren oder zu Gefängnis auf Lebenszeit zu verurteilen.

§ 11[218]

Wer bei der Kriegsführung durch Anwendung von Kampfmitteln, die geeignet sind, unnötige Leiden hervorzurufen, oder durch

---

[217] wörtlich: Kampfversäumnis, Kampfnachlässigkeit (stridsförsumlighet).

[218] Kap. 22 § 11 KrimG (Kap. 27 § 11 des früheren StGB) und die im Zusammenhang mit ihm stehenden Bestimmungen dieses Kapitels (§ 13) wurden im Dezember 1953 aus Anlaß der Ratifizierung der vier Genfer Konventionen vom 12. 8. 1949 zum Schutz der Kriegsopfer neugefaßt, beziehen sich aber auf alle ähnlichen zwischenstaatlichen Verträge Schwedens und die allgemeinen Grundsätze des Völkerrechts. Vgl. auch Gesetz Nr. 770 vom 30. 12. 1953 über die Berücksichtigung völkerrechtlicher Regelungen bei der Bestrafung bestimmter Ausländer.

Mißbrauch des Kennzeichens des Roten Kreuzes[219] oder sonstwie in einer Weise verfährt, die den geltenden, mit ausländischen Staaten abgeschlossenen Verträgen oder allgemein anerkannten völkerrechtlichen Grundsätzen widerspricht, ist wegen *Verletzung des Völkerrechts* zu Gefängnis von höchstens vier Jahren zu verurteilen; ist die Straftat leicht, so darf zu Geldstrafe oder, wenn es sich um einen Soldaten handelt, zu Disziplinstrafe verurteilt werden. Wegen Verletzung des Völkerrechts ist auch derjenige zu verurteilen, der in einem anderen Fall als dem der Kriegsführung das verletzt, was er nach diesen Verträgen oder nach den Grundsätzen über den Schutz der Verwundeten, Kranken und Schiffbrüchigen der Streitkräfte im Feld oder zur See, der Kriegsgefangenen oder der Zivilpersonen in Kriegszeiten oder sonst bei Besetzungen zu beachten hat und hierdurch Personenschäden, körperliche oder seelische Leiden oder auch sonstige Schäden oder Unzuträglichkeiten, die nicht gering sind, verursacht.

Ist die Straftat schwer, so ist zu zeitbestimmtem Gefängnis von mindestens zwei und höchstens zehn Jahren oder zu Gefängnis auf Lebenszeit zu verurteilen. Bei der Beurteilung der Frage, ob die Straftat schwer ist, ist besonders zu berücksichtigen, ob sie durch eine große Anzahl verschiedener Handlungen begangen worden ist oder ob hierdurch sonst viele Menschen getötet oder geschädigt wurden oder umfangreiche Vermögensverluste entstanden sind.

§ 12

Wegen des Versuchs, der Vorbereitung oder der Verabredung von Landesverrat im Krieg, Treubruch gegen das Land oder Überlaufen zum Feind ist gemäß den Bestimmungen des Kap. 23 zu verurteilen. Als Verabredung ist auch anzusehen, daß jemand in Verbindung mit dem Feind tritt, um die Begehung einer dieser Straftaten vorzubereiten, zu ermöglichen oder zu erleichtern. Wegen Vorbereitung oder Verabredung während einer Zeit, in der Schweden von Krieg, Besetzung oder anderen Feindseligkeiten bedroht ist, ist auch dann zu verurteilen, wenn die Feindseligkeiten nicht ausgebrochen sind.

Wer es unterläßt, Landesverrat im Krieg, Treubruch gegen das Land oder Überlaufen zum Feind aufzudecken, ist gemäß den Bestimmungen des Kap. 23 zu verurteilen. Dies gilt auch, wenn er nicht erkannt hat, aber hätte erkennen müssen, daß die Straftat im Entstehen begriffen war.

---

[219] Vgl. Gesetz Nr. 771 vom 30. 12. 1953 über den Schutz internationaler Krankenpflegekennzeichen, das auch besondere Strafbestimmungen (§ 4) enthält.

§ 13

Hat jemand während eines Krieges eine Straftat begangen und konnte er hierbei nicht ohne Grund der Annahme sein[220], daß diese Handlung nach Kriegsbrauch erlaubt war, so kann er zu einer leichteren Strafe verurteilt werden, als sie für die Tat bestimmt ist. Liegen ganz besonders mildernde Umstände vor, so ist er nicht zu bestrafen.

§ 14

Während eines Bereitschaftszustandes oder während sich Schweden im Krieg befindet, ist außer den Personen, die gemäß Kap. 21 § 20 oder den auf Grund dieser Vorschrift erlassenen Bestimmungen Soldaten sind, auch jeder andere als Soldat anzusehen, der bei der Militärmacht dienstpflichtig ist, sofern die Regierung nichts anderes anordnet. Das über die Soldaten Gesagte findet, während sich Schweden im Krieg befindet, entsprechende Anwendung auf Polizeibeamte, die ohne Dienstpflicht bei der Militärmacht zur Teilnahme an der Verteidigung Schwedens verpflichtet sind[221], auf Personen, die eine zur Bewachung bestimmter Güter[222] erforderliche Polizeitätigkeit auszuführen haben und auf Anordnung der Regierung hierbei der Militärmacht angehören, sowie auch auf Personen, die in einem Dienstzweig innerhalb der Zivilverteidigung tätig sind, dessen Personal gemäß Anordnung der Regierung verpflichtet ist, eine der Militärmacht obliegende Tätigkeit auszuüben[223].

Wer sich sonst während eines Bereitschaftszustandes oder während sich Schweden im Krieg befindet, bei einer Militärtruppe aufhält, die im Feld steht oder unter ähnlichen Verhältnissen Dienst tut, ist ebenfalls als Soldat anzusehen[224].

Auf Kriegsgefangene, Kriegsteilnehmer, die bei einem Krieg, in dem Schweden neutral ist, interniert sind, und auf Ausländer, die sich unter Kriegsgefangenen oder internierten Kriegsteilnehmern aufhalten, um dort Krankenpflege oder Seelsorge auszuüben, finden die Bestimmungen über die Soldaten entsprechende Anwendung[225].

---

[220] Wörtlich: „fehlte für ihn hierbei nicht ein Anlaß anzunehmen ...".

[221] Gesetz Nr. 881 vom 17. 12. 1943 über die Stellung der Polizei während eines Krieges (§ 1) mit Änderungen von 1948 (Nr. 469) und der Ausführungsverordnung vom 25. 4. 1958 (Nr. 262) mit Änderung des § 8 vom 2. 6. 1972 (Nr. 367).

[222] Anlagen, die für die Verteidigung oder Volksversorgung bedeutsam sind, Vorräte usw.

[223] Gesetz vom 22. 4. 1960 über die Zivilverteidigung u. a.

[224] Die Bestimmung bezieht sich nicht auf zufällig oder kurzfristig Anwesende.

[225] Die Bestimmung beruht auf der Genfer Konvention von 1949 über Kriegsgefangene (Art. 33 Abs. 2 c).

§ 15

Wird, während sich Schweden im Krieg befindet, eine Tat der in Kap. 21 oder in diesem Kapitel genannten Art gegen einen Staat begangen, der mit Schweden verbündet ist, oder gegen die Militärmacht eines derartigen Staates oder gegen jemand, der dieser angehört, so finden die Bestimmungen über gleichartige Taten gegen Schweden, seine Militärmacht oder seine Soldaten entsprechende Anwendung[226].

§ 16

Soweit dies angesichts einer Kriegsgefahr, in der sich Schweden befindet, oder anderer durch einen Krieg veranlaßter außerordentlicher Verhältnisse angebracht erscheint, kann die Regierung anordnen, daß die Bestimmungen der Kap. 19 und 21 sowie die für den Kriegsfall geltenden Bestimmungen dieses Kapitels entsprechend auch für Straftaten gelten sollen, die zu anderer Zeit begangen werden.

Sollte Schweden ganz oder teilweise von einem fremden Staat besetzt werden, ohne daß militärischer Widerstand erfolgt, so gilt für die während einer derartigen Zeit begangenen Taten entsprechend ebenfalls das für den Kriegsfall Bestimmte. Hierbei findet das über die Verteidigung Schwedens Gesagte auf die Widerstandstätigkeit und das über den Feind Gesagte auf die Besatzungsmacht Anwendung.

§ 17

In diesem Kapitel wird dem Feind ein ausländischer Staat gleichgestellt, mit dem sich Schweden nicht im Krieg befindet, wenn Gefahr besteht, daß Krieg mit diesem Staat ausbrechen kann[227].

§ 18

Für Eintritt und Beendigung des Bereitschaftszustandes gelten besondere Bestimmungen[228].

§ 19

Durch Gesetz Nr. 17 vom 26. 1. 1973 aufgehoben[228a].

---

[226] Diese Bestimmung geht schon auf das Jahr 1914 (§ 14 des damaligen Militärstrafgesetzbuchs) zurück.

[227] § 17 dient vor allem der terminologischen Klarstellung, da der Begriff „Feind" mitunter zu eng sein kann. Dem Täter muß auch klar gewesen sein, daß Kriegsgefahr auf Grund der Verhältnisse tatsächlich vorlag.

[228] Gesetz vom 3. 6. 1960 über den Bereitschaftszustand.

[228a] Der Paragraph erlaubte die Todesstrafe in bestimmten Fällen, wenn sich Schweden im Krieg befindet. Gleichzeitig ist ein Gesetz vom 30. 6. 1948, das die näheren Bestimmungen über diese Fälle und die Vollstreckung von Todesurteilen enthielt, aufgehoben worden. Die Unzulässigkeit der Todesstrafe ist in der am 1. 1. 1975 in Kraft getretenen Verfassung grundgesetzlich festgelegt (Kap. 8 § 1).

KAP. 23

Versuch, Vorbereitung, Verabredung und Mitwirkung

§ 1

Hat jemand die Ausführung einer bestimmten Straftat begonnen, ohne daß diese zur Vollendung gekommen ist, so ist er in den Fällen, in denen dies besonders bestimmt ist, wegen Versuchs der Straftat zu verurteilen, falls die Gefahr vorgelegen hat, daß die Handlung zur Vollendung der Straftat führen würde oder eine derartige Gefahr nur auf Grund zufälliger Umstände ausgeschlossen war[229].

---

[229] Der Versuch ist ein Delikt, dessen objektive Tatbestandsmerkmale (in Schweden nennt man diese „Requisiten") unvollständig sind. In subjektiver Hinsicht besteht kein Unterschied; einen fahrlässigen Versuch gibt es nicht.

Wann der sog. Versuchspunkt erreicht, d. h. die Vorbereitung überschritten ist, soll sich aus der Formulierung der §§ 1 und 2 ergeben. Manche Abgrenzungsprobleme, auf die hier nicht eingegangen werden kann, sind geblieben.

Der Gesetzgeber sucht ferner die Unterscheidung von tauglichem und untauglichem Versuch durch das Kriterium der Gefahr zu überwinden, wobei der tatsächlich vorhandenen Gefahr eine nur durch zufällige Umstände ausgeschlossene Gefahr gleichsteht. Ob ein solcher Zufall vorlag, ist vom Standpunkt des Täters aus zu beurteilen. Der in eine leere Rocktasche greifende Taschendieb ist grundsätzlich strafbar, da das Leersein der Tasche von ihm aus gesehen zufällig war. Dies gilt auch, wenn der Angegriffene die Brieftasche vorsorglich in eine andere als die gewöhnliche Tasche gesteckt hatte.

Der Versuch mit objektiv untauglichen Mitteln (Tinte als Gift) ist als imaginäres Tötungsdelikt stets straflos, da keine Lebensgefahr entstehen konnte. Anders kann es bei einer individuell nicht ausreichenden Giftmenge liegen, die sonst tödlich wirken kann.

Im Jahre 1956 wurde eine kommunale, amtsverantwortliche Heimleiterin von der Anklage des Tötungsversuchs in allen Instanzen einstimmig freigesprochen. Sie hatte zur Verdeckung einer eigenen Nachlässigkeit eine fast 90jährige Schwerkranke zu töten versucht, indem sie ihren Kopf in einen Wassereimer tauchte. Es ergab sich aber als wahrscheinlich (in dubio pro reo), daß die Patientin schon kurz vor der Tat eines natürlichen Todes gestorben war. Die umstrittene Grenzfrage war, ob dieser Tod für die Angeklagte einen Zufall bildete oder ob der Erfolg des Verbrechensplans wegen Nichtexistenz des Objekts absolut imaginär war. (Die Täterin wurde wegen der Handlung, die als schwere Dienstverfehlung gemäß Kap. 20 § 4 gewertet wurde, zur dort vorgesehenen Höchststrafe verurteilt.)

Schießen auf einen Baumstamm, der für einen bestimmten Menschen gehalten wird, ist straflos, wenn die fragliche Person gar nicht anwesend war (zu allem: *Beckman—Holmberg—Hult—Strahl*, a. a. O., Bd. II, 2. Aufl., S. 545 ff.). Im ganzen besteht für die schwedische Rechtsauffassung von alters her die Tendenz, den Versuchsbegriff nicht unter dem

Für einen Versuch ist höchstens die Strafe festzusetzen, die für die vollendete Straftat gilt. Sie darf nicht leichter als Gefängnis sein, wenn als Mindeststrafe für die vollendete Tat Gefängnis von zwei Jahren oder darüber hinaus bestimmt ist.

§ 2

Jemand, der in der Absicht, eine Straftat auszuführen oder zu fördern, Geld oder sonstiges als Vergütung für Ausgaben oder als Gegenleistung[230] für die Straftat gewährt oder entgegennimmt, sowie auch jemand, der Gift, Sprengstoffe, Waffen, Dietriche, Fälschungsmittel oder andere Tatwerkzeuge[231] dieser Art beschafft, anfertigt, aushändigt, entgegennimmt, verwahrt, fortschafft oder sich mit ihnen in anderer ähnlicher Weise dieser Art befaßt[232], ist in den Fällen, in denen hierüber besondere Bestimmungen ergangen sind, wegen Vorbereitung der Straftat zu verurteilen, sofern er nicht wegen vollendeter Straftat oder ihres Versuchs strafbar ist.

In den besonders angegebenen Fällen ist auch wegen Verabredung zu einer Straftat zu verurteilen. Unter einer Verabredung (stämpling)[233] ist zu verstehen, daß jemand die Straftat im Einvernehmen[234] mit einem anderen beschließt, sowie auch, daß jemand einen anderen zu der Straftat anzustiften sucht oder es übernimmt oder sich erbietet, sie auszuführen.

Die Strafe für Vorbereitung oder Verabredung ist unter der Höchstgrenze zu bestimmen und darf unter der Mindestgrenze liegen, die für die vollendete Straftat gilt. Zu einer höheren Strafe als zu Gefängnis von zwei Jahren darf nicht verurteilt werden, falls für die vollendete Straftat nicht Gefängnis von acht Jahren oder darüber hinaus verhängt werden kann. War die Gefahr der Vollendung der Straftat gering, so ist nicht zu bestrafen.

§ 3

Wegen des Versuchs, der Vorbereitung oder der Verabredung einer Straftat ist nicht zu verurteilen, wenn jemand durch Abbruch der

---

Gesichtspunkt des bösen Willens zu weit auszulegen, sondern hier die objektiven Tatbestandsmerkmale als relevant einzubeziehen. Vor den Reformen von 1942 und 1948 war die Strafmöglichkeit noch beschränkter.

[230] Lohn, Belohnung u. a. (vederlag).

[231] wörtlich: Hilfsmittel (hjälpmedel).

[232] Zum Beispiel Umarbeitung. Der Ausdruck „befassen" ist hier eng auszulegen (anders bei Hehlerei, Kap. 9 § 6).

[233] Vgl. zum schwedischen Begriff „stämpling", der mit Verabredung (Konspiration) nicht ganz kongruent übersetzt werden konnte, die Fußnote 29 zu Kap. 3 § 10.

[234] Vgl. für den schwer übersetzbaren Begriff „i samråd" die Fußnote 188 zu Kap. 21 § 2.

Tatausführung oder in anderer Weise freiwillig bewirkt hat, daß die Straftat nicht vollendet wurde. Auch bei Vollendung einer Straftat darf jemand, der sich gesetzwidrig mit Tatwerkzeugen befaßt hatte, aus diesem Grunde dann nicht zu einer Strafe verurteilt werden, wenn er der strafbaren Verwendung dieser Werkzeuge freiwillig vorgebeugt hat.

§ 4

Die in diesem Gesetz für eine bestimmte Tat festgesetzten Sanktionen sind nicht nur gegen diejenigen zu verhängen, von denen die Tat ausgeführt wurde, sondern ebenfalls gegen solche andere Personen, die sie mit Rat oder Tat gefördert haben. Wer nicht als Täter anzusehen ist, ist, wenn er einen anderen zur Ausführung bestimmt hat, wegen Anstiftung zu der Straftat oder sonst wegen Beihilfe an ihr zu verurteilen[235].

---

[235] Bei Vorhandensein mehrerer an einer Straftat Beteiligter ist es eine Grundregel, daß jeder an ihr Mitwirkende als solcher zu bestrafen ist, und zwar ganz unabhängig davon, ob ein anderer Beteiligter bestraft werden kann oder nicht.

Während in den Einzelbestimmungen des Besonderen Teils in der Regel nur der Täter mit Strafe bedroht wird, wird in Kap. 23 § 4 die Strafbarkeit grundsätzlich auf denjenigen erstreckt, der das Delikt psychisch (Rat) oder physisch (Tat) gefördert hat. Er ist Mitwirkender (Teilnehmer). Voraussetzung ist aber nach § 4, daß die strafbedrohte Handlung ausgeführt wurde, wobei Versuch oder Vorbereitung dann genügen, wenn sie strafbar sind. Für die Strafbarkeit eines Anstifters oder Gehilfen (Mitwirkenden) ist unerheblich, ob der Täter wegen seelischer Abnormität, Minderjährigkeit, fehlender Absicht, Unkenntnis von Tatumständen usw. straflos (schuldlos) ist. Straflos macht aber, daß die Ausführung der Straftat infolge des Verhaltens einer anderen Person, eines Naturereignisses oder eines Zufalls unterblieb. So kann erfolglose Anstiftung nur unter § 2 Abs. 2 dieses Kapitels fallen, der bei relativ wenigen Straftaten anwendbar ist.

Nicht erheblich für das Vorliegen einer Mitwirkung ist, ob die Förderung eine objektiv notwendige Bedingung der Tat war, auch unnötiges Wachestehen kann Mitwirkung (Beihilfe) bei einem Einbruch sein. Dagegen ist die bloße Betätigung eines verbrecherischen Beteiligungswillens (Beschaffen einer Waffe, ohne daß der Täter davon erfährt) keine Mitwirkung, sondern höchstens Vorbereitung (§ 2 Abs. 1).

Mitwirkung an der Mitwirkung (z. B. Anstiftung zur Beihilfe) ist möglich.

Die Strafrechtsterminologie unterscheidet zwischen Mitwirkung (medverkan) und Beihilfe (medhjälp). Aus diesem Grund wurden in der Übersetzung die Worte „Teilnahme" und „Teilnehmer" nicht verwandt, obwohl sie den schwedischen Begriffen „Mitwirkung" und „Mitwirkender" etwa entsprechen. Beihilfe liegt vor, wenn der Beteiligte weder Täter noch Anstifter war. Die Begriffe „Täter" und „Täterschaft" werden nicht definiert, sondern sollen sich aus der Erfüllung der objektiven Tatbestandsmerkmale ergeben. Bei Notzucht kann zwar nur ein Mann, bei Meineid nur

Jeder bei einer Straftat Mitwirkende ist nach dem Vorsatz oder der Fahrlässigkeit zu beurteilen, die ihm zur Last fällt. Die für die Tat eines bevollmächtigten Verwalters[236], eines Schuldners oder einer anderen sich in besonderer Stellung befindlichen Person[237] festgesetzte Strafe trifft auch denjenigen, der bei der Handlung neben ihm mitgewirkt hat.

Das in diesem Paragraphen Gesagte gilt nicht, wenn sich aus dem für besondere Fälle Bestimmten etwas anderes ergibt.

§ 5

Ist jemand durch Zwang, Hinterlist[238] oder Mißbrauch seiner Jugend, seines Unverstandes[239] oder seiner abhängigen Stellung dazu bestimmt worden, bei einer Straftat mitzuwirken, und hat er sich an ihr nur in geringerem Ausmaß beteiligt, so darf die Strafe für

---

der Schwörende Täter sein, strafbare Beihilfe ist aber möglich. Veranlaßt ein Geschäftsinhaber seinen Buchhalter zu strafbaren Falschbuchungen, so ist nur der Buchhalter Täter, da nur er die tatbestandsmäßige Handlung ausgeführt hat, doch besteht kein Hindernis, den Geschäftsinhaber als Mitwirkenden strenger als den Täter zu bestrafen. Begriffe wie Tatherrschaft, Täterwillen usw. werden schon im Hinblick auf diese Möglichkeit in der Praxis entbehrlich.

Auch der Rechtsbegriff „mittelbare Täterschaft" ist, wie sich aus Obigem ergibt, beseitigt, da die Akzessorietät der Teilnahme hinsichtlich der Strafbarkeit des Täters abgeschafft wurde (1948). Zwar kann der geisteskranke Mörder nicht bestraft werden, aber derjenige, der ihm die geladene Waffe zum Abfeuern in die Hand gedrückt hat, ist als an der Tat Mitwirkender wegen Beihilfe strafbar. Er kann nach § 4 ebenso streng bestraft werden, wie wenn er selbst der Täter gewesen wäre.

Veranlaßt ein Mann eine nachlässige Krankenschwester, einem Patienten eine zu hohe und tödliche Arzneidosis zu geben, so ist die Schwester als Täterin wegen fahrlässiger Tötung, der Mann als Anstifter zum Mord strafbar (§ 4 Abs. 2). Vgl. zu Vorstehendem *Beckman—Holmberg—Hult—Strahl*, a. a. O., Bd. II, 2. Aufl., S. 572 ff. Da die Strafdrohungen für Täterschaft, Anstiftung und Beihilfe grundsätzlich die gleichen sind (Ausnahme: Kap. 23 § 5), kommt den dogmatischen Abgrenzungen in der schwedischen Praxis geringere Bedeutung zu als in anderen Rechtsordnungen. Ausgangspunkt ist die objektive Lehre mit restriktivem Täterbegriff.

236 Syssloman (Bevollmächtigter) ist eine Person, die auf Grund eines Vertrages die wirtschaftlichen oder rechtlichen Angelegenheiten anderer (z. B. eines Krankenhauses) zu verwalten hat, aber auch ein Zwangsverwalter bei bestimmten Vollstreckungsmaßnahmen; vgl. Kap. 10 § 5.

237 Die schwedische Terminologie spricht hier von einem Spezialsubjekt.

238 schwedisch: svek (schwer mit einem einzelnen Wort übersetzbar), umfaßt u. a. Treulosigkeit, böswilliges Imstichlassen und Verrat; vgl. Kap. 18 § 6.

239 schwedisch: oförstånd, d. h. mangelndes Verständnis u. dgl. (vgl. Kap. 20 § 4; Kap. 21 § 18).

ihn unterhalb der Grenze des sonst für die Straftat Bestimmten festgesetzt werden; in leichten Fällen ist er nicht zu bestrafen. Gleiches gilt, wenn es sich darum handelt, eine für eine in besonderer Stellung befindliche Person bestimmte Strafe gegen eine andere Person zu verhängen.

§ 6

Unterläßt es jemand, eine im Entstehen begriffene Straftat zu einer Zeit anzuzeigen oder sonst aufzudecken, in der dies ohne Gefahr für ihn selbst oder einen der ihm am nächsten Stehenden[240] geschehen kann, so ist er, wenn dies besonders vorgeschrieben ist, für die Unterlassung der Aufdeckung der Straftat gemäß den Bestimmungen zu verurteilen, die für Personen gelten, die an einer derartigen Straftat nur in geringerem Umfang mitgewirkt haben; es ist jedoch keinesfalls eine schwerere Strafe als zwei Jahre Gefängnis zu verhängen. Ist dies in den einzelnen Fällen besonders vorgeschrieben, so ist wegen unterlassener Aufdeckung der Straftat auch derjenige zu verurteilen, der nicht erkannt hat, aber hätte erkennen müssen, daß die Straftat im Entstehen begriffen war.

Unterlassen es in anderen als den in Abs. 1 genannten Fällen Eltern oder sonstige Erzieher oder Vormünder, eine in ihrer Pflege oder zu ihnen in Gehorsamspflicht stehende Person an einer Straftat zu verhindern, obwohl dies ohne Gefahr für sie selbst oder einen der ihnen am nächsten Stehenden und ohne Anzeige bei einer Behörde geschehen konnte, so ist wegen unterlassener Verhinderung der Straftat gemäß den Bestimmungen des Abs. 1 zu verurteilen.

Wegen der Unterlassung, eine Straftat aufzudecken oder zu verhindern, ist nicht zu verurteilen, wenn die im Entstehen begriffene Handlung noch nicht so weit fortgeschritten war, daß für sie eine Bestrafung erfolgen kann[241].

§ 7

Eine in diesem Gesetzbuch für den Fall bestimmte Strafe, daß sich jemand durch eine Straftat einen Gewinn verschafft oder etwas aneignet, ist ebenfalls dann zu verhängen, wenn jemand in der Absicht handelte, einem anderen einen Gewinn zu verschaffen oder ihm etwas zuzueignen[242].

---

[240] Anders als in Kap. 17 § 11 erfolgt keine begrenzende Aufzählung bestimmter Angehöriger, sondern es kommt auch auf die menschlichen Umstände an, z. B. können zwei nicht verwandte, ältere Frauen, die seit Jahrzehnten zusammenleben, einander „am nächsten" stehen.

[241] Man spricht in den Fällen des § 6 von „negativer Mitwirkung".

[242] Die Ausdrücke „aneignen" und „zueignen" sind im Schwedischen identisch (tillägna).

KAP. 24

Notwehr und andere Nothandlungen

§ 1

Eine Handlung, die jemand in Notwehr begeht, zieht keine Strafbarkeit nach sich.

In Notwehr[243] handelt jemand, der versucht,

einen begonnenen oder bevorstehenden strafbaren Angriff gegen eine Person oder gegen Sachen abzuwenden,

denjenigen zu bezwingen, der mit Gewalt oder durch Drohung mit Gewalt oder in sonstiger Weise hindert, daß nach frischer Tat angetroffene Vermögenswerte zurückgenommen werden[244],

einen anderen daran zu hindern, unbefugt in einen Raum, ein Haus oder ein Fahrzeug einzudringen, oder einen anderen aus einem Raum, Haus oder Fahrzeug zu entfernen, der unbefugt eingedrungen ist oder sich sonst, wenn es sich um eine Wohnung handelt, trotz Aufforderung weigert, diese zu verlassen,

und zwar alles dies, soweit die Handlung mit Rücksicht auf die Beschaffenheit des Angriffs und die Bedeutung des Angegriffenen nicht offenbar ungerechtfertigt ist.

§ 2

Begegnet ein Polizeiangehöriger, der eine Dienstmaßnahme auszuführen hat, Gewalt oder Drohung mit Gewalt oder wird er in dieser Weise angegriffen, so darf er zur Durchführung der Maßnahme diejenige Gewalt anwenden, die angesichts der Umstände als gerechtfertigt[245] angesehen werden kann. Gleiches gilt für einen derartigen Wachtposten oder sonstigen Soldaten oder bei Zivilver-

---

[243] Das Notwehrrecht ist nie absolut, sondern immer relativ, wie sich aus dem letzten Satz ergibt, es beruht stets auf einer Abwägung gewisser Interessen (Proportionalität). Eine Tat, die im Hinblick auf die Beschaffenheit der Angriffshandlung und die Bedeutung des Angriffsobjekts „offenbar ungerechtfertigt“ (wörtlich: offenbar nicht verteidigbar) ist, ist nie Notwehr. Nicht gefordert wird, daß die Notwehrhandlung objektiv notwendig war, auch Putativnotwehr kann daher ausreichen. Es genügt ja, daß sie nicht „offenbar ungerechtfertigt“ war, d. h. sich entschuldigen oder verteidigen läßt, der Täter sie also im Tatzeitpunkt mit gutem Grund für notwendig halten konnte, was unter objektiven Gesichtspunkten zu beurteilen ist (Notwehrexzeß: Kap. 24 § 5). Die Beweisführung, daß die Tat „offenbar ungerechtfertigt“ war, liegt als Voraussetzung der Strafbarkeit grundsätzlich beim Staatsanwalt, doch kann sich dies mitunter, wie die Praxis erwiesen hat, auch ohne weiteres aus den Gesamtumständen ergeben.

[244] wörtlich: Eigentum auf frischer Tat wiedergenommen wird.

[245] wörtlich: verteidigbar (entschuldbar); vgl. § 1.

teidigungsbereitschaft für einen Angehörigen der Zivilverteidigung, der Polizeiaufgaben erfüllt oder zu einer Bewachung oder zur Aufrechterhaltung der Ordnung Dienst tut.

Flüchtet ein Gefangener[246], Verhafteter, Festgenommener oder sonst jemand, dem die Freiheit entzogen worden ist[247], oder setzt er sich mit Gewalt oder durch Drohung mit Gewalt zur Wehr oder leistet er in sonstiger Weise Widerstand gegen den ihn Beaufsichtigenden, wenn dieser ihn zur Ordnung anzuhalten hat, so darf ebenfalls zur Verhinderung der Flucht oder zur Aufrechterhaltung der Ordnung diejenige Gewalt angewendet werden, die angesichts der Umstände als gerechtfertigt angesehen werden kann. Versucht jemand, der verhaftet oder festgenommen werden oder sonst seine Freiheit verlieren soll, zu entkommen oder den zur Vollziehung der Maßnahme Berechtigten zu behindern, so darf ebenso gemäß dem Gesagten Gewalt angewendet werden. Gleiches gilt, wenn in den in diesem Absatz genannten Fällen Widerstand von anderen als den oben erwähnten Personen geleistet wird.

Ist jemand nach diesem Paragraphen berechtigt, Gewalt anzuwenden, so steht jedem, der ihm zu Hilfe kommt, das gleiche Recht zu.

§ 3

Bei einer Meuterei oder einem Kampf sowie auch bei sonstigen Gelegenheiten, in denen die Verletzung des militärischen Gehorsams eine besondere Gefahr herbeiführt, darf ein Soldat gegen einen Untergebenen, der Ungehorsam zeigt, diejenige Gewalt anwenden, die zur Aufrechterhaltung des militärischen Gehorsams notwendig ist.

In den hier in Frage kommenden Fällen findet das in § 2 Abs. 3 Gesagte entsprechende Anwendung.

§ 4

Wer in anderen als den oben in diesem Kapitel genannten Fällen, um eine Gefahr für Leben oder Gesundheit abzuwenden, um wertvolle Vermögensgegenstände zu retten oder auf Grund sonstiger ähnlicher Ursachen in Not handelt[248], ist ebenfalls nicht strafbar, wenn die Handlung mit Rücksicht auf die Art der Gefahr, den einem anderen entstehenden Schaden und die sonstigen Umstände als gerechtfertigt angesehen werden muß.

---

[246] Der Ausdruck „Gefangener" ist im Kriminalvollzug inzwischen zumeist durch „Insasse" ersetzt worden, gemeint ist die gleiche Person.

[247] Entscheidend ist, ob jemand gezwungen ist, sich in einer öffentlichen Anstalt (auch sog. offenen Anstalt) aufzuhalten.

[248] Notstand wird in Schweden als Notsituation bezeichnet.

§ 5

Hat jemand in einem der in den §§ 1—4 genannten Fälle größere Gewalt angewendet oder schwereren Schaden angerichtet, als im einzelnen Fall zulässig war, so ist er trotzdem dann nicht zu bestrafen, wenn die Umstände es ihm schwer machten, besonnen zu sein[249].

Wird die Tat als strafbar befunden, so darf zu einer milderen als der für sie sonst festgesetzten Strafe verurteilt werden.

§ 6

Begeht jemand eine Tat auf Befehl eines anderen, zu dem er in Gehorsamspflicht steht, so führt sie nicht zu seiner Strafbarkeit, wenn er dem Befehl mit Rücksicht auf die Art des Gehorsamsverhältnisses, die Beschaffenheit der Tat und die sonstigen Umstände nachzukommen hatte[250].

---

[249] Bei Notwehrexzeß ist die auf den Umständen beruhende Schwierigkeit, „sich besinnen zu können" (kunde besinna sig), entscheidend, wobei Zeitknappheit, Schreck, Panik, Erregung, Verwirrung usw. als derartige Umstände angesehen werden können. Eine feste bestimmte Grenze gibt es nicht, weshalb Abs. 2 eine Strafherabsetzung ermöglicht. Es handelt sich um einen rein subjektiven Umstand; bei mehreren Beteiligten ist trotz der Formulierung von Abs. 2 jeder für sich zu beurteilen, z. B. ist strafbare Anstiftung eines straflosen Täters theoretisch möglich.

[250] Es muß bei Handeln auf Befehl eine Interessenabwägung erfolgen. Grundsätzlich darf der Untergebene den Befehl zur Begehung einer Straftat nicht ausführen (Interesse, daß kein Verbrechen begangen wird), aber das Interesse an der Aufrechterhaltung der Disziplin, die Rücksicht auf die Art der Tat, die Tatsituation und das Risiko des Untergebenen können diesen straffrei machen (vgl. auch Kap. 23 § 5 über Mißbrauch der abhängigen Stellung). Nach § 14 der Polizeiinstruktion Nr. 511 vom 8. 9. 1972 muß ein Polizist einem Befehl folgen, wenn nicht offenbar ist, daß er gesetzwidrig war oder sich nicht auf den Dienst bezog.

DRITTER ABSCHNITT

Sanktionen

KAP. 25

Geldstrafen u. a.

§ 1

Geldstrafen werden als Tagesbußen[251] verhängt.

Ist für eine Geldstrafe jedoch ein bestimmter Höchstbetrag von nicht mehr als fünfhundert Kronen festgesetzt[252] oder sind Geldstrafen nach einem besonderen Berechnungsgrundsatz zu bestimmen (normierte Geldstrafen)[253], so sind sie unmittelbar in Höhe fester Geldbeträge zu verhängen.

§ 2

Tagesbußen sind in einer bestimmten Zahl von mindestens einer und höchstens einhundertzwanzig zu verhängen.

Tagesbußen sind mit einem Geldbetrag von mindestens zwei und höchstens fünfhundert Kronen festzusetzen, wobei begründete Rücksicht auf Einkommen, Vermögen, Unterhaltspflichten und sonstige wirtschaftliche Verhältnisse des Angeklagten zu nehmen ist. Ist die

---

[251] In der deutschen Terminologie: Tagessätze (schwedisch: dagsböter). Vgl. hierzu Gerhard *Simson*, „Grundzüge der schwedischen Kriminalrechtsreform", Karlsruhe 1966, S. 8 ff., s. auch Einleitung.

[252] In der schwedischen Rechtssprache werden diese vor allem im Nebenstrafrecht vorkommenden Geldstrafen „Geldbußen" (penningböter) zum Unterschied von den Tagesbußen, die die schwerere Strafart sind, genannt. Geldbußen wurden im Kriminalgesetzbuch am 1. 1. 1975 nur noch in Kap. 16 § 15 (Trunkenheit) und § 16 (Ärgernis erregendes Benehmen) angedroht. Ferner gibt es im Verkehrsrecht außerhalb des Kriminalgesetzbuchs polizeiliche Ordnungsbußen (ordningsböter) für kleinere Zuwiderhandlungen (Kap. 48 §§ 13 ff. Prozeßgesetz), s. Einleitung.

[253] Normierte Geldstrafen werden nach dem Wert des erzielten Gewinns festgesetzt, z. B. auf das Mehrfache einer durch Schmuggel, Devisendelikt usw. erlangten Bereicherung. Innerhalb des Kriminalgesetzbuchs werden sie jetzt nicht mehr angewandt.

Straftat leicht, so darf der Tagesbußenbetrag entsprechend gesenkt werden[254].

§ 3

Die niedrigste Geldstrafe beträgt zehn Kronen, wenn nichts anderes bestimmt ist.

§ 4

Als Gesamtstrafe für mehrere Straftaten darf eine Geldstrafe verhängt werden, wenn eine solche jeder einzelnen dieser Taten folgen kann.

Eine Gesamtgeldstrafe darf sich nicht auf Straftaten beziehen, für die normierte oder solche Geldstrafen festgesetzt sind, die nicht in Gefängnis umgewandelt werden dürfen.

§ 5

Als Gesamtstrafe für mehrere Straftaten ist die Geldstrafe in Tagesbußen zu verhängen, wenn eine solche für eine der Straftaten vorgesehen ist.

Als Gesamtstrafe dürfen Tagesbußen bis zu einer Anzahl von einhundertachtzig und solche Geldstrafen, die unmittelbar in Höhe fester Geldbeträge festzusetzen sind, bis zu einem Betrag von eintausend Kronen verhängt werden.

Ist für eine der Straftaten eine Mindestgeldstrafe festgesetzt, so darf diese nicht unterschritten werden.

§ 6

Geldstrafen fallen an die Krone[255], wenn nichts anderes vorgeschrieben ist.

Werden Geldstrafen für mehrere Straftaten als Gesamtstrafe verhängt, und soll die Geldstrafe für eine dieser Taten ganz oder teilweise nicht der Krone zufallen oder für einen besonderen Zweck verwendet werden, so ist die Aufteilung der Geldstrafe entsprechend den Umständen des Falles anzuordnen.

§ 7

Für die Beitreibung von Geldstrafen gelten besondere Bestimmungen[256].

Nicht gezahlte Geldstrafen sind entsprechend den hierüber be-

---

[254] wörtlich: angepaßt werden.

[255] Fiskus.

[256] Gesetz Nr. 168 vom 20. 3. 1964 über die Vollstreckung von Geldstrafen mit Ausführungsverordnung Nr. 589 vom 2. 10. 1964.

sonders ergangenen Bestimmungen[257] in Gefängnis von mindestens zehn und höchstens neunzig Tagen umzuwandeln, wenn nichts anderes vorgeschrieben ist[258].

§ 8

Auf eine Zwangsstrafe (vite), die jemandem in einem besonderen Fall durch den Beschluß eines Gerichts oder einer sonstigen Behörde auferlegt ist, finden § 6 Abs. 1 und § 7 entsprechende Anwendung. Auf andere Zwangsstrafen finden die in diesem Kapitel über die Geldstrafen enthaltenen Bestimmungen Anwendung[259].

KAP. 26

Gefängnis[260]

§ 1

Gefängnis ist nach den für die Straftat ergangenen Vorschriften entweder zeitbestimmt mit nicht mehr als zehn Jahren oder auf Lebenszeit zu verhängen. Zeitbestimmtes Gefängnis darf einen Monat nicht unterschreiten.

Über die Verhängung von Gefängnis als Umwandlungsstrafe für Geldstrafen gelten besondere Bestimmungen[261].

§ 2

Gefängnis darf als Gesamtstrafe für mehrere Straftaten verhängt werden, wenn für eine der Straftaten Gefängnis vorgesehen ist.

Zeitbestimmtes Gefängnis darf die schwerste der für die einzelnen Straftaten vorgesehenen Höchststrafen übersteigen, doch mit nicht mehr als zwei Jahren, und darf auch die Summe der zusammengezogenen Höchststrafen nicht überschreiten. Eine Geldstrafe ist hier-

---

[257] Besondere Bestimmung u. a. in § 9 des in der Fußnote 256 genannten Gesetzes.

[258] Man spricht nicht von einer Ersatzfreiheits-, sondern einer Umwandlungsstrafe.

[259] Eine Zwangsstrafe (vite) ist ein im voraus fixierter Geldbetrag, der für die Verletzung einer auferlegten bestimmten Verpflichtung festgesetzt wird.

[260] In diesem Kapitel werden nur die unmittelbar für die Straftat verhängten Gefängnisstrafen, also nicht die in Gefängnis umgewandelten Geldstrafen behandelt. Eine gewisse Ausnahme gilt nur für Kap. 26 § 8. Vgl. die folgende Fußnote.

[261] §§ 8—20 des Gesetzes Nr. 168 vom 20. 3. 1964 über die Vollstreckung von Geldstrafen.

bei als derjenigen Gefängniszeit entsprechend anzusehen, die bei einer Umwandlung festgesetzt werden würde[262].

Die schwerste der Mindeststrafen darf nicht unterschritten werden[263].

§ 3

Ist jemand wegen einer in diesem Gesetzbuch behandelten und mit Gefängnis bedrohten Straftat zu einer Sanktion verurteilt worden und begeht er nach Rechtskraft des Urteils von neuem eine in diesem Gesetzbuch behandelte und mit Gefängnis von höchstens sechs Monaten bedrohte Straftat, so darf er bei einem Rückfall zu Gefängnis von höchstens zwei Jahren verurteilt werden. Ist für die neue Tat Gefängnis von mehr als sechs Monaten, aber von höchstens zwei Jahren bestimmt, so darf er bei Rückfall zu Gefängnis von höchstens vier Jahren verurteilt werden.

Eine vor Vollendung des achtzehnten Lebensjahres begangene Straftat, sowie eine Verurteilung zu einer Geld- oder Disziplinstrafe darf der in Abs. 1 genannten Erhöhung nicht zugrundegelegt werden.

Einem ausländischen Urteil darf die gleiche Wirkung wie einem schwedischen beigemessen werden[263a].

§ 4

Wer noch nicht achtzehn Jahre alt ist, darf nicht zu Gefängnis verurteilt werden, wenn nicht ganz besondere Gründe hierfür vorliegen[264].

---

262 Vgl. die Tabelle über das Verhältnis von Geld- und Umwandlungsstrafen (Anlage zum Gesetz Nr. 168 vom 20. 3. 1964).

263 Die gemeinsame Strafe darf nicht niedriger sein, als wenn die Strafe für eine der Straftaten allein für sich verhängt worden wäre. Die Bestimmungen des § 2 gelten im übrigen grundsätzlich auch für das Nebenstrafrecht.

263a In dem Entwurf des Justizministeriums von 1975 ist vorgesehen, § 3 ersatzlos zu streichen. Er hat in der Praxis ohnehin aus Gründen der Generalprävention nur eine verschwindende Bedeutung in Extremfällen gehabt. Die jetzigen Strafrahmen reichen auch bei Rückfällen aus, wie die Praxis ergeben hat. Als Mittel der Individualprävention (längere Anstaltsbehandlung) erscheint er heute unangebracht, da bei langen Freiheitsentziehungen die schädlichen Wirkungen des Anstaltsaufenthalts zumeist den Resozialisierungseffekt überwiegen.

264 Wie sich aus Gesetzestext und gesetzgeberischen Vorarbeiten ergibt, soll die Verurteilung eines Jugendlichen zu Gefängnis ein sehr seltener Ausnahmefall sein, § 4 Abs. 1 also ganz restriktiv angewendet werden. In der Regel soll der kriminelle Jugendliche in Jugendfürsorge eingewiesen werden (Kap. 33 § 1); der Jugendfürsorgeausschuß kann den Täter dann zwangsweise in einer Jugendfürsorgeschule unterbringen (Kap. 31

Gegen eine Person, die das achtzehnte, aber noch nicht das einundzwanzigste Lebensjahr vollendet hat, darf Gefängnis nur verhängt werden, wenn eine Freiheitsentziehung vor allem mit Rücksicht auf die allgemeine Gesetzesbefolgung erforderlich ist oder Gefängnis sonst angebrachter erscheint als eine andere Sanktion[265].

Gefängnis auf Lebenszeit darf nicht für eine Straftat verhängt werden, die jemand vor Vollendung des achtzehnten Lebensjahres begangen hat.

§ 5

Wer zu Gefängnis verurteilt worden ist, ist zum Vollzug der Strafe in einer Kriminalvollzugsanstalt (Kriminalpflegeanstalt) unterzubringen. Hierüber gelten besondere Bestimmungen[266].

§ 6

Wer zeitbestimmtes Gefängnis verbüßt, darf bedingt entlassen werden, wenn Zweidrittel oder, falls besondere Gründe vorliegen, die Hälfte der Straftat verbüßt ist. Die bedingte Entlassung darf jedoch nicht erfolgen, bevor der Vollzug mindestens vier Monate gedauert hat.

§ 7

Bei der Prüfung der Frage einer bedingten Entlassung sind besonders die Wirkungen eines fortgesetzten Freiheitsverlusts auf den Verurteilten und die Voraussetzungen für seine Anpassung an die Gesellschaft im Hinblick auf die Verhältnisse, in die er nach der Entlassung gelangen würde, zu berücksichtigen.

---

§ 1 Jugendfürsorgegesetz). Eventuell ist auch die Verurteilung zu Jugendgefängnis zulässig, falls die Voraussetzungen vorliegen (Kap. 29 § 1 Abs. 2). Nur in den seltenen Fällen, in denen diese beiden Sanktionsarten nicht angebracht erscheinen, soll Verurteilung zu Gefängnis erwogen werden können, s. Einleitung.

[265] Da bei dieser Alterskategorie die Unterbringung in einer Fürsorgeschule nur in begrenztem Umfang möglich ist, ist für sie in erster Linie Jugendgefängnis als freiheitsentziehende Sanktion vorgesehen, da die gesetzlichen Voraussetzungen für seine Verhängung (Kap. 29 § 1) in der Regel vorliegen werden. Nur in besonderen Ausnahmefällen, in denen dies nicht der Fall ist und auch eine andere Sanktion wie z. B. Schutzaufsicht mit kurzfristiger Anstaltsunterbringung (Kap. 28 § 3) nicht angebracht erscheint, sollen Heranwachsende zwischen 18 und 21 Jahren zu Gefängnis verurteilt werden können, s. Einleitung.

[266] Gesetz Nr. 203 vom 19. 4. 1974 über den Kriminalvollzug in Anstalten. Vgl. ferner Nordisches Vollstreckungsgesetz vom 22. 5. 1963; in deutscher Übersetzung abgedruckt in Heinrich *Grützner*, „Internationaler Rechtshilfeverkehr in Strafsachen" (Loseblattausgabe), hierzu auch Gerhard *Simson*, „Das Nordische Strafvollstreckungsgesetz Schwedens", in Zeitschrift für die gesamte Strafrechtswissenschaft Bd. 77 (1975), S. 167 ff.

§ 8

Werden mehrere Freiheitsstrafen gleichzeitig vollstreckt, so ist bei Anwendung von § 6 die zusammengelegte Gefängniszeit zu berücksichtigen. Als Gefängnis ist hierbei auch die Umwandlung von Geldstrafen anzusehen.

Als verbüßte Strafzeit ist auch die Zeit einzurechnen, während derer die Strafe auf Grund einer gemäß den Bestimmungen von Kap. 33 §§ 5—7 ergangenen Anordnung als vollstreckt anzusehen ist.

§ 9

Die Frage der bedingten Entlassung wird von dem Aufsichtsausschuß geprüft, zu dessen Tätigkeitsbereich die Anstalt gehört.

§ 10

In dem Beschluß über die bedingte Entlassung ist eine Bewährungsfrist von mindestens einem und höchstens drei Jahren festzusetzen oder, wenn der Strafrest bei der Entlassung drei Jahre übersteigt, von höchstens fünf Jahren.

§ 11

Während der Bewährungsfrist steht der bedingt Entlassene unter Aufsicht.

Ergibt sich bei der Entlassung oder später, daß Aufsicht nicht erforderlich ist, so darf beschlossen werden, diese nicht stattfinden zu lassen. So lange die Bewährungsfrist andauert, darf der bedingt Entlassene bei Vorliegen von Gründen unter Aufsicht gestellt werden. Der fragliche Beschluß wird vom Aufsichtsausschuß erlassen.

§ 12

Die Aufsicht liegt in den Händen des Aufsichtsausschusses. Der Bewährungshelfer[267] wird von diesem Ausschuß bestellt. Der Schutzkonsulent des Ausschusses darf jedoch einen Bewährungshelfer für die Zeit bestellen, bevor der Ausschuß in dieser Frage entschieden hat.

Ist zum Bewährungshelfer nicht der beim Aufsichtsausschuß tätige Schutzkonsulent bestellt worden, so unterliegt die Bewährungshilfe der Oberaufsicht eines derartigen Konsulenten[268].

§ 13

Der bedingt Entlassene hat den Bewährungshelfer über seine Wohnung und seine Arbeitsanstellung unterrichtet zu halten, er hat

---

[267] wörtlich: Überwacher (övervakare).

[268] §§ 12, 14, 15, 18, 19 und 20 dieses Kapitels sind durch Gesetz Nr. 918 vom 23. 11. 1973 abgeändert worden.

sich bei ihm auf Aufforderung einzufinden und seinen Weisungen gemäß auch im übrigen die Verbindung mit ihm aufrechtzuerhalten.

§ 14

Der bedingt Entlassene soll während der Bewährungsfrist ein gutes Benehmen an den Tag legen[269], sich nach Kräften selbst zu unterhalten suchen und im übrigen befolgen, was ihm nach diesem Gesetzbuch oder nach einer Vorschrift oder Weisung, die auf Grund dieses Gesetzes ergangen ist, obliegt. Ist er verpflichtet worden, den durch die Straftat entstandenen Schaden zu ersetzen, so hat er alles in seinen Kräften Stehende zur Erfüllung dieser Pflicht zu tun.

§ 15

Liegen Gründe für die Annahme vor, daß der bedingt Entlassene zu seiner Anpassung an die Gesellschaft der Stützung durch besondere Vorschriften über das bedarf, was er während der Bewährungszeit zu beachten hat, so dürfen derartige Vorschriften für eine bestimmte Frist oder bis auf weiteres erteilt werden. Die besonderen Vorschriften dürfen sich beziehen:

1. auf den Aufenthaltsort oder Wohnsitz während einer bestimmten Frist von jeweils höchstens einem Jahr,
2. auf die Ausbildung oder Arbeitsanstellung,
3. auf ärztliche Pflege, Nüchternheitsfürsorge oder eine sonstige Pflege oder Behandlung innerhalb oder außerhalb eines Krankenhauses oder einer anderen ähnlichen Einrichtung.

Ist der bedingt Entlassene dazu verpflichtet worden, den durch die Straftat entstandenen Schaden zu ersetzen, so dürfen Vorschriften über Zeit und Art der Erfüllung dieser Schadensersatzpflicht erlassen werden, soweit nicht im Hinblick auf die wirtschaftliche Lage des bedingt Entlassenen und sonstige Umstände anzunehmen ist, daß derartige Vorschriften seiner Anpassung an die Gesellschaft entgegenwirken.

§ 16

Die gemäß § 15 ergehenden Vorschriften werden vom Aufsichtsausschuß erlassen.

Geben die Entwicklung und sonstigen persönlichen Umstände des bedingt Entlassenen Anlaß hierzu, so darf der Aufsichtsausschuß die ergangenen Vorschriften abändern, sowie auch neue Vorschriften erlassen.

---

[269] Der vom Gesetz hier verwandte Ausdruck „iakttaga skötsamhet“ ist schwer zu übersetzen, er bedeutet etwa: Ordentlichkeit, Strebsamkeit bzw. Umsicht zeigen.

§ 17

Der Bewährungshelfer darf Weisungen über die Ausführung der gemäß § 15 ergangenen Vorschriften erteilen, sowie auch vorübergehende Erleichterungen bewilligen und sofort erforderliche Anpassungen vornehmen.

§ 18

Läßt der bedingt Entlassene die Obliegenheiten außer acht, die er nach diesem Gesetzbuch oder nach einer Vorschrift oder Weisung, die auf Grund dieses Gesetzbuchs ergangen ist, zu befolgen hat, so darf der Aufsichtsausschuß außer der Anordnung von Aufsicht oder dem gemäß § 15 erfolgenden Erlaß von Vorschriften beschließen, daß ihm eine Warnung erteilt wird.

§ 19

Hat der bedingt Entlassene seine Obliegenheiten ernsthaft verletzt und ist anzunehmen, daß er sich nicht durch andere Maßnahmen, zu denen der Aufsichtsausschuß berechtigt ist, auf den rechten Weg führen läßt, so darf der Ausschuß die bedingt bewilligte Freiheit für verwirkt erklären.

§ 20

Maßnahmen der in § 18 behandelten Art dürfen nicht mehr nach Ablauf der Bewährungsfrist beschlossen werden. Beschlüsse über Maßnahmen der in § 19 behandelten Art dürfen auch nach Ablauf der Bewährungsfrist erlassen werden, wenn diese Frage schon vorher vom Aufsichtsausschuß zur Behandlung aufgenommen worden war.

§ 21

Für die Verwirkung einer bedingt erfolgten Entlassung und für bestimmte andere Maßnahmen in dem Fall, daß der zu Gefängnis Verurteilte anderer Straftaten überführt erscheint, gelten die Bestimmungen des Kap. 34.

§ 22

Ist über die Frage zu entscheiden, ob eine bedingt gewährte Entlassung für verwirkt zu erklären oder eine in § 18 behandelte Maßnahme zu ergreifen ist, so darf der Aufsichtsausschuß in Fällen, in denen die Umstände hierzu Anlaß geben, anordnen, daß der bedingt Entlassene in Erwartung weiterer Anordnungen in angebrachter Weise in Gewahrsam zu nehmen ist.

Wer in dieser Weise in Gewahrsam genommen ist, darf in ihm nicht länger als eine Woche einbehalten werden. Liegen hierfür ganz besondere Gründe vor, so darf jedoch durch einen neuen Beschluß angeordnet werden, daß er während höchstens einer weiteren Woche in Gewahrsam verbleibt. Nach Ablauf der Bewährungsfrist darf der in Gewahrsam Genommene dort nicht mehr zurückgehalten werden.

§ 23

Wird die bedingt gewährte Entlassung für verwirkt erklärt, so ist der Strafrest hinsichtlich der Frage einer neuen bedingten Entlassung als eine neue Strafe anzusehen. Wird der bedingt Entlassene nicht gleichzeitig zu zeitbestimmtem Gefängnis verurteilt, so darf jedoch eine bedingte Entlassung stattfinden, auch wenn der in § 6 genannte Zeitraum noch nicht geendet hat.

§ 24

Kann eine bedingte Entlassung nicht mehr für verwirkt erklärt werden, so ist die Strafe mit Ablauf der Bewährungsfrist als vollständig vollstreckt anzusehen.

KAP. 27

Bedingte Verurteilung

§ 1

Bei Straftaten, für die Gefängnis verhängt werden kann, darf eine Bedingte Verurteilung[270] erfolgen, wenn insbesondere wegen des Charakters des Verurteilten und seiner sonstigen persönlichen Verhältnisse begründeter Anlaß zu der Annahme vorliegt, daß Aufsicht oder andere eingreifendere Maßnahmen nicht erforderlich sind, um ihn von weiterer Kriminalität abzuhalten[271].

Eine Bedingte Verurteilung darf nicht erfolgen, wenn dem angesichts der Schwere der Straftat oder sonstwie Hinderungsgründe im Hinblick auf die allgemeine Gesetzesbefolgung entgegenstehen. Bei Straftaten von Soldaten darf eine Bedingte Verurteilung nicht

---

270 Der schwedische Begriff „Bedingte Verurteilung" (villkorlig dom, wörtlich: bedingtes Urteil), der sich schon vor Erlaß dieses Gesetzbuchs eingebürgert hatte, bringt, seitdem es sich um eine selbständige Sanktion handelt, bei der Übersetzung ins Deutsche gewisse sprachliche Schwierigkeiten mit sich, da der Richter zu einer bedingten Verurteilung verurteilt. Es wird hier daher stets nicht „bedingte" sondern „Bedingte" Verurteilung geschrieben.

271 Eine Bedingte Verurteilung wird — anders als Geldstrafen — in das Allgemeine Kriminalregister (früher: Strafregister) eingetragen, das beim Reichspolizeiamt geführt wird (§ 2 des Gesetzes Nr. 197 vom 22.5.1963).

zur Anwendung gelangen, wenn dies nicht ohne Gefährdung des militärischen Gehorsams und der Ordnung innerhalb der Militärmacht geschehen kann.

§ 2

Erscheint es, um den Angeklagten auf den rechten Weg zu führen, oder im Hinblick auf die allgemeine Gesetzesbefolgung erforderlich, so darf er neben der Bedingten Verurteilung noch zu höchstens einhundertzwanzig Tagesbußen ohne Rücksicht darauf verurteilt werden, ob für die Straftat eine Geldstrafe festgesetzt ist oder nicht.

§ 3

Jeder, gegen den eine Bedingte Verurteilung verhängt wird, unterliegt einer Bewährungsfrist von zwei Jahren.

Der Lauf der Bewährungsfrist beginnt mit dem Tage, an dem die gerichtliche Entscheidung über die Sanktion durch Rechtsmittelverzicht oder in sonstiger Weise gegen den Verurteilten rechtskräftig geworden ist.

§ 4

Der Verurteilte soll während der Bewährungsfrist ein gutes Benehmen an den Tag legen[272] und sich nach Kräften selbst zu unterhalten suchen.

§ 5

Ist der Verurteilte dazu verpflichtet worden, den durch die Straftat entstandenen Schaden zu ersetzen, so hat er zur Erfüllung dieser Pflicht alles in seinen Kräften Stehende zu tun. Das Gericht darf regeln, wie er während der Bewährungsfrist versuchen soll, die Schadensersatzpflicht oder einen Teil von ihr in der im Urteil angegebenen Zeit und Art zu erfüllen.

Die in Abs. 1 behandelte Vorschrift darf auf Antrag des Anklägers oder des Verurteilten bei Vorliegen von Gründen abgeändert oder aufgehoben werden.

§ 6

Läßt der Verurteilte die sich aus der Bedingten Verurteilung ergebenden Obliegenheiten außer acht, so darf das Gericht, wenn der Ankläger die Sache vor Ablauf der Bewährungsfrist anhängig gemacht hat, je nach den Umständen

1. beschließen, daß dem Verurteilten eine Warnung erteilt wird,

---

[272] Vgl. Fußnote 269 zu Kap. 26 § 14.

2. eine Vorschrift gemäß § 5 erlassen oder eine derartige zuvor ergangene Vorschrift abändern,
3. die Bedingte Verurteilung aufheben und eine andere Sanktion für die Straftat bestimmen.

Nach Ablauf der Bewährungsfrist darf eine Maßnahme der in Abs. 1 Ziff. 1 oder 2 genannten Art nicht mehr beschlossen werden.

Wird die Bedingte Verurteilung aufgehoben, so ist bei der Festsetzung der Sanktion angebrachte Rücksicht auf eine Geldstrafe zu nehmen, die gemäß § 2 neben der Bedingten Verurteilung verhängt worden war[272a].

§ 7

Für die Aufhebung einer Bedingten Verurteilung und für bestimmte andere Maßnahmen in dem Fall, daß der Verurteilte anderer Straftaten überführt erscheint, gelten die Bestimmungen des Kap. 34.

KAP. 28

Schutzaufsicht

§ 1

Bei Straftaten, für die Gefängnis verhängt werden kann, darf zu Schutzaufsicht verurteilt werden, wenn es für notwendig befunden wird, daß der Angeklagte unter Aufsicht steht und eine eingreifendere Sanktion nicht erforderlich erscheint.

Wer jünger als achtzehnjährig ist, darf nicht zu Schutzaufsicht verurteilt werden, sofern diese Sanktion nicht geeigneter als Fürsorge gemäß dem Jugendfürsorgegesetz erscheint.

Beträgt die für die fragliche Straftat bestimmte mildeste Strafe Gefängnis von einem Jahr oder darüber hinaus, so darf nur bei Vorliegen ganz besonderer Gründe zu Schutzaufsicht verurteilt werden.

§ 2

Erscheint es, um den Angeklagten auf den rechten Weg zu führen, oder im Hinblick auf die allgemeine Gesetzesbefolgung erforderlich, so darf er neben der Schutzaufsicht noch zu höchstens einhundertzwanzig Tagesbußen ohne Rücksicht darauf verurteilt werden, ob für die Straftat eine Geldstrafe festgesetzt ist oder nicht.

§ 3

Hat der Angeklagte das achtzehnte Lebensjahr vollendet, so darf das Gericht, sofern dies, um ihn auf den rechten Weg zu führen oder

---

[272a] Nach dem Entwurf des Justizministeriums von 1975 sollen die Schlußworte des § 6 lauten: „die gemäß § 2 und Kap. 34 § 5 verhängt worden ist". (Kap. 34 § 5 soll geändert bzw. ergänzt werden, s. unten.)

sonstwie erforderlich erscheint, im Urteil anordnen, daß in der Schutzaufsicht auch Behandlung in einer Anstalt enthalten sein soll. Eine derartige Behandlung erfolgt entsprechend dem, was hierüber in ihrem Verlauf bestimmt wird, während mindestens eines und höchstens zweier Monate. Hat die Behandlung einen Monat gedauert, so soll sie aufhören, sobald eine Fortsetzung der Anstaltsunterbringung nicht mehr erforderlich erscheint. Für die Behandlung gelten im übrigen besondere Bestimmungen[273].

Machen die Umstände dies erforderlich, so darf das Gericht beschließen, daß die in Abs. 1 genannte Anordnung ohne Rücksicht darauf zu vollstrecken ist, daß das Schutzaufsicht verhängende Urteil noch keine Rechtskraft erlangt hat.

Der Beschluß über die Beendigung der Behandlung gemäß Abs. 1 wird von demjenigen Aufsichtsausschuß erlassen, zu dessen Tätigkeitsbereich die Anstalt gehört.

§ 4

Eine Schutzaufsicht geht während einer Bewährungsfrist von drei Jahren vor sich.

Der Lauf der Bewährungsfrist beginnt mit dem Tage, an dem die gerichtliche Entscheidung über die Sanktion durch Rechtsmittelverzicht oder in sonstiger Weise gegen den Verurteilten rechtskräftig geworden ist.

Hat das Gericht einen Beschluß der in § 3 Abs. 2 genannten Art erlassen, so beginnt die Bewährungsfrist mit dem Tage des Urteils.

§ 5

Die Schutzaufsicht ist vom Beginn der Bewährungsfrist an mit Aufsicht verbunden.

Erscheint Aufsicht nicht mehr erforderlich, so ist ihre Beendigung anzuordnen. Liegen Gründe hierfür vor, so darf der Verurteilte erneut unter Aufsicht gestellt werden.

Die Aufsicht hört ohne besondere Anordnung auf, wenn zwei Jahre der Bewährungszeit verflossen sind. Wird erachtet, daß der Verurteilte aus besonderen Gründen eine verlängerte Aufsicht benötigt, so darf eine solche für die darauf folgende Zeit, doch höchstens bis zum Ablauf der Bewährungsfrist angeordnet werden.

Beschlüsse gemäß diesem Paragraphen werden vom Aufsichtsausschuß erlassen.

§ 6

Die Bestimmungen des Kap. 26 §§ 12—17 finden auf die zu Schutzaufsicht Verurteilten entsprechende Anwendung. Bei der Verhän-

---

[273] Gesetz Nr. 203 vom 19. 4. 1974 über den Kriminalvollzug in Anstalten. Die fragliche Anstaltsunterbringung ist keine selbständige Sanktion, sondern ein Teil der Schutzaufsicht. Früher war die Altersgrenze 23 Jahre.

gung von Schutzaufsicht darf vom Gericht auch ein Bewährungshelfer bestellt und es dürfen auch Vorschriften gemäß Kap. 26 § 15 erlassen werden.

§ 7

Läßt der Verurteilte die sich für ihn aus dem Schutzaufsicht verhängenden Urteil ergebenden Obliegenheiten außer acht, so darf der Aufsichtsausschuß außer der Anordnung von Aufsicht oder dem gemäß Kap. 26 § 15 erfolgenden Erlaß von Vorschriften beschließen, daß dem Verurteilten eine Warnung erteilt wird.

Nach Ablauf der Bewährungsfrist dürfen vom Aufsichtsausschuß Maßnahmen der in diesem Paragraphen genannten Art nicht mehr beschlossen werden.

§ 8

Hat der Verurteilte seine Obliegenheiten ernsthaft verletzt, und ist nicht anzunehmen, daß er sich durch Maßnahmen, zu deren Ergreifung der Aufsichtsausschuß berechtigt ist, auf den rechten Weg führen läßt, so hat der Ausschuß an den Ankläger das Ersuchen zu richten, beim Gericht die Aufhebung der Schutzaufsicht oder die in § 3 bestimmte Behandlung zu beantragen.

Der hier genannte Antrag ist vor Ablauf der Bewährungsfrist anhängig zu machen.

§ 9

Wird die Schutzaufsicht aufgehoben, so hat das Gericht eine andere Sanktion für die Straftat zu bestimmen. Hierbei ist angebrachte Rücksicht auf den erfolgten Vollzug des Schutzaufsichtsurteils sowie auf eine neben der Schutzaufsicht gemäß § 2 verhängte Geldstrafe zu nehmen, auch darf Gefängnis für eine kürzere Frist verhängt werden, als sie für die Straftat festgesetzt ist.

Wird befunden, daß keine ausreichenden Gründe für die Aufhebung der Schutzaufsicht vorliegen, so darf das Gericht statt dessen eine in § 7 genannte Maßnahme beschließen oder, wenn der Verurteilte das achtzehnte Lebensjahr vollendet hat, die Durchführung einer Behandlung gemäß § 3 anordnen. Wird eine derartige Behandlung beantragt, so darf statt dessen die Aufhebung der Schutzaufsicht oder eine Maßnahme der in § 7 genannten Art beschlossen werden. Nach Ablauf der Bewährungsfrist darf eine in § 7 genannte Maßnahme nicht mehr beschlossen werden.

§ 10

Für die Aufhebung von Schutzaufsicht und für bestimmte andere Maßnahmen in dem Fall, daß der Verurteilte anderer Straftaten schuldig erscheint, gelten die Bestimmungen des Kap. 34.

§ 11

Ist über die Frage zu entscheiden, ob eine Schutzaufsicht aufzuheben oder eine Behandlung gemäß § 3 oder eine Maßnahme der in § 7 genannten Art zu beschließen ist, so darf der Aufsichtsausschuß oder das Gericht, bei dem der Antrag gemäß § 8 gestellt ist, in Fällen, in denen die Umstände hierzu Anlaß geben, anordnen, daß der Verurteilte in Erwartung weiterer Anordnungen in angebrachter Weise in Gewahrsam zu nehmen ist.

Wer in dieser Weise in Gewahrsam genommen ist, darf in ihm nicht länger als eine Woche einbehalten werden. Liegen hierfür ganz besondere Gründe vor, so darf jedoch durch einen neuen Beschluß angeordnet werden, daß er während höchstens einer weiteren Woche in Gewahrsam verbleibt. Nach Ablauf der Bewährungsfrist darf der in Gewahrsam Genommene dort nicht mehr zurückgehalten werden.

KAP. 29

Jugendgefängnis

§ 1

Bei Straftaten, für die Gefängnis verhängt werden kann, darf jemand, der das achtzehnte, aber nicht das einundzwanzigste Lebensjahr vollendet hat, zu Jugendgefängnis verurteilt werden, falls mit Rücksicht auf seine persönliche Entwicklung, seinen Lebenswandel und seine sonstigen Lebensumstände eine Erziehung und Ausbildung, wie sie mit dem Jugendgefängnis beabsichtigt ist, als angebracht befunden wird.

Wer noch nicht das achtzehnte oder wer zwar das einundzwanzigste, aber noch nicht das dreiundzwanzigste Lebensjahr vollendet hat, darf zu Jugendgefängnis verurteilt werden, wenn diese Sanktion offenbar geeigneter erscheint als eine andere.

Das Gericht darf anordnen, daß ein auf Jugendgefängnis lautendes Urteils ohne Rücksicht darauf zu vollstrecken ist, daß es noch keine Rechtskraft erlangt hat.

§ 2

Die Behandlung des zu Jugendgefängnis Verurteilten findet innerhalb und außerhalb einer Anstalt statt und darf höchstens fünf Jahre, davon höchstens drei Jahre in einer Anstalt, dauern.

§ 3

Die Behandlung nimmt ihren Anfang in einer Anstalt.

Die Anstaltsbehandlung[274] geht in einer Kriminalvollzugsanstalt vor sich. Hierüber gelten besondere Bestimmungen[275].

§ 4

Die Behandlung ist außerhalb der Anstalt fortzusetzen, wenn der Anstaltsaufenthalt so lange gedauert hat, wie dies im Hinblick auf den Behandlungszweck erforderlich erscheint. Der Verurteilte darf nicht vor Ablauf eines Jahres nach seiner Anstaltsunterbringung in Behandlung außerhalb einer Anstalt überführt werden, sofern hierfür nicht besondere Gründe vorliegen.

§ 5

Der Beschluß über den Übergang in Behandlung außerhalb einer Anstalt wird vom Jugendgefängnisausschuß erlassen, der jedoch den Aufsichtsausschuß, zu dessen Tätigkeitsbereich die Anstalt gehört, damit beauftragen darf, den Tag des Übergangs näher zu bestimmen.

Findet der Aufsichtsausschuß, daß der Verurteilte in Behandlung außerhalb einer Anstalt überführt werden soll, oder ersucht dieser selbst hierum, so verweist der Aufsichtsausschuß die Angelegenheit mit einer eigenen Äußerung zur Prüfung an den Jugendgefängnisausschuß.

§ 6

Der Verurteilte steht während der Behandlung außerhalb einer Anstalt unter Aufsicht.

§ 7

Auf die Behandlung außerhalb einer Anstalt finden die Bestimmungen des Kap. 26 §§ 12—17 entsprechende Anwendung. In dem Beschluß über eine Behandlung außerhalb einer Anstalt darf vom Jugendgefängnisausschuß auch ein Bewährungshelfer bestellt und es dürfen auch Vorschriften gemäß Kap. 26 § 15 erlassen werden.

§ 8

Läßt der außerhalb einer Anstalt Behandelte die Obliegenheiten außer acht, die er nach diesem Gesetzbuch oder nach einer Vorschrift oder Weisung, die auf Grund dieses Gesetzbuchs ergangen ist, zu befolgen hat, so darf der Aufsichtsausschuß außer dem gemäß Kap. 26 § 15 erfolgenden Erlaß von Vorschriften beschließen, daß ihm eine Warnung erteilt wird[276].

---

[274] wörtlich: Anstaltspflege.

[275] Gesetz Nr. 203 vom 19. 4. 1974 über den Kriminalvollzug in Anstalten.

[276] Die hier und in anderen Fällen früher zulässige Androhung einer Zwangsstrafe zur Befolgung der Weisungen ist durch Gesetz Nr. 918 vom 23. 11. 1973 beseitigt worden, vgl. Fußnote 336.

§ 9

Zeigt der außerhalb einer Anstalt Behandelte bei der Befolgung seiner Obliegenheiten Widerspenstigkeit oder erscheint eine Anstaltsbehandlung auf Grund seiner Führung oder aus sonstigen Gründen erforderlich, um der Begehung von Straftaten vorzubeugen, so darf der Jugendgefängnisausschuß anordnen, daß er wieder in einer Anstalt untergebracht wird.

Der Wiederuntergebrachte ist erneut in Behandlung außerhalb einer Anstalt zu überführen, wenn der Behandlungszweck hierdurch am besten erfüllt wird.

§ 10

Für die Wiederunterbringung in einer Anstalt und für bestimmte andere Maßnahmen in dem Fall, daß der Verurteilte anderer Straftaten schuldig erscheint, gelten die Bestimmungen des Kap. 34.

§ 11

Ist über die Frage zu entscheiden, ob der Verurteilte wieder in einer Anstalt unterzubringen oder eine in § 8 genannte Maßnahme zu ergreifen ist, so darf der Aufsichtsausschuß oder der Jugendgefängnisausschuß in Fällen, in denen die Umstände hierzu Anlaß geben, anordnen, daß er in Erwartung weiterer Anordnungen in angebrachter Weise in Gewahrsam zu nehmen ist.

Wer in dieser Weise in Gewahrsam genommen ist, darf in ihm nicht länger als eine Woche einbehalten werden. Liegen hierfür ganz besondere Gründe vor, so darf jedoch durch einen neuen Beschluß angeordnet werden, daß er während höchstens einer weiteren Woche in Gewahrsam verbleibt. Nach dem Ende der verhängten Sanktion darf der in Gewahrsam Genommene dort nicht mehr zurückgehalten werden.

§ 12

Ist nicht mehr erforderlich, daß der außerhalb einer Anstalt Behandelte unter Aufsicht steht, so ordnet der Jugendgefängnisausschuß die Beendigung der verhängten Sanktion an. Eine derartige Anordnung darf jedoch, sofern nicht besondere Gründe hierfür vorliegen, nicht erfolgen, bevor die Behandlung außerhalb einer Anstalt während eines ununterbrochenen Zeitraums von zwei Jahren vor sich gegangen ist.

Ergeht keine Anordnung der in Abs. 1 genannten Art, so endet die Sanktion mit Ablauf der Frist, innerhalb derer die Behandlung längstens vor sich gehen darf.

KAP. 30

Internierung

§ 1

Kann für eine Straftat oder, wenn mehrere Straftaten begangen sind, für eine von ihnen Gefängnis von zwei Jahren oder darüber hinaus verhängt werden, und erscheint im Hinblick auf die Kriminalität des Angeklagten, seine Geistesart, seinen Lebenswandel und seine sonstigen Lebensumstände eine langdauernde Freiheitsentziehung ohne im voraus bestimmte Frist als erforderlich, um weiterer ernster Kriminalität von seiner Seite vorzubeugen, so darf zu Internierung verurteilt werden[277].

§ 2

Die Behandlung des zu Internierung Verurteilten findet innerhalb und außerhalb einer Anstalt statt und nimmt ihren Anfang in einer Anstalt.

§ 3

Wird eine Internierung verhängt, so hat das Gericht im Hinblick auf die Beschaffenheit der Straftat und die übrigen Umstände eine bestimmte Mindestfrist von mindestens einem und höchstens zwölf Jahren für den Gewahrsam in der Anstalt festsetzen.

§ 4

Die Anstaltsbehandlung geht in einer Kriminalvollzugsanstalt vor sich. Hierfür gelten besondere Bestimmungen[278].

§ 5

Die Behandlung findet nach Ablauf der Mindestfrist ihre Fortsetzung außerhalb einer Anstalt, wenn eine Anstaltsbehandlung nicht mehr erforderlich erscheint, um den Verurteilten von weiterer Kriminalität abzuhalten[279].

---

[277] Nach §§ 2 und 7 des Gesetzes Nr. 542 vom 29. 6. 1964 über die Personenuntersuchung in Strafverfahren muß der Internierung eine Personenuntersuchung mit einem psychiatrischen Zeugnis vorangehen, zumeist erfolgt darüber hinaus eine umfassende gerichtspsychiatrische Untersuchung (Gesetz Nr. 301 vom 16. 6. 1966), da eine Abgrenzung zu Kap. 33 § 2 nötig ist. Gemäß Kap. 38 § 7 ist ferner vom Gericht in der Regel zuvor eine Äußerung des Internierungsausschusses (Kap. 37 §§ 4 ff.) einzuholen. Von der erfolgten Verurteilung zu Internierung ist der Internierungsausschuß zu unterrichten (§ 9 Verordnung vom 6. 11. 1964).

[278] Gesetz Nr. 203 vom 19. 4. 1974.

[279] Die Überführung in sog. Freibehandlung ist keine bedingte Entlassung, sondern ein integrierender Bestandteil des Internierungsinstituts. Leider ist die Rückfallfrequenz der Internierten hoch, s. Einleitung.

§ 6

Der Beschluß über den Übergang in Behandlung außerhalb einer Anstalt wird vom Internierungsausschuß erlassen[280], der jedoch den Aufsichtsausschuß, zu dessen Tätigkeitsbereich die Anstalt gehört, damit beauftragen darf, den Tag des Übergangs näher zu bestimmen.

Vor Ablauf der Mindestfrist und alsdann in mindestens jedem sechsten Monat prüft der Aufsichtsausschuß die Frage des Übergangs in Behandlung außerhalb einer Anstalt[281].

Findet der Aufsichtsausschuß, daß der Verurteilte in Behandlung außerhalb einer Anstalt überführt werden soll, oder ersucht dieser selbst hierum, so verweist der Aufsichtsausschuß die Angelegenheit mit einer eigenen Äußerung zur Prüfung an den Internierungsausschuß.

§ 7

Wird befunden, daß der Verurteilte ständige, geschlossene psychiatrische Pflege oder Pflege in einem Spezialkrankenhaus für psychisch Entwicklungsgestörte benötigt, und wird ihm nach Ablauf der Mindestfrist auf Grund des Gesetzes über die Beschaffung psychiatrischer Pflege oder auf Grund des § 35 des Gesetzes über die Betreuung psychisch Entwicklungsgestörter derartige Pflege gewährt, so darf der Internierungsausschuß die Beendigung der Internierung anordnen[282].

§ 8

Ohne Genehmigung des Gerichts darf eine Anstaltsbehandlung die Mindestfrist nicht mit insgesamt drei Jahren oder, wenn die Mindestfrist drei Jahre oder darüber hinaus beträgt, mit insgesamt fünf Jahren überschreiten.

Die in Abs. 1 genannte Genehmigung ist zu erteilen, um weiterer ernster Kriminalität seitens des Verurteilten vorzubeugen. Die Genehmigung erstreckt sich auf eine Verlängerung von drei Jahren; durch eine neue Genehmigung kann diese Frist um jeweils drei weitere Jahre verlängert werden.

---

280 Der Beschluß liegt beim Internierungsausschuß, aber die Initiative beim Aufsichtsausschuß (Abs. 3), zumeist auf Antrag des Internierten.

281 Zur Vorbereitung geschehen Urlaubserteilungen, oft auch ein sog. Langzeiturlaub (§ 33 Anstaltsgesetz). Es ist für die Behandlung außerhalb der Anstalt vom Aufsichtsausschuß rechtzeitig eine Aufsichtsperson (Bewährungshelfer) auszuwählen, deren Bestellung durch ihn oder den Internierungsausschuß erfolgt.

282 Gesetze vom 16. 6. 1966 bzw. vom 15. 12. 1967 (vgl. Fußnoten zu Kap. 31 § 3). Der frühere psychiatrische Begriff „geistesschwach" (oligophren, schwedisch: sinnesslö) ist in der Fachsprache jetzt oft durch den Begriff „entwicklungsgestört" (utvecklingsstörd) ersetzt worden.

Der Antrag auf Verlängerung wird auf Ersuchen des Internierungsausschusses vom Reichsankläger gestellt. Wird ein derartiger Antrag anhängig gemacht, so darf der Verurteilte in Erwartung des rechtskräftigen Gerichtsbeschlusses in der Anstalt zurückgehalten werden.

§ 9

Der Verurteilte steht während der Behandlung außerhalb einer Anstalt unter Aufsicht.

§ 10

Auf die Behandlung außerhalb einer Anstalt finden die Bestimmungen des Kap. 26 §§ 12—17 entsprechende Anwendung. In dem Beschluß über die Behandlung außerhalb einer Anstalt darf vom Internierungsausschuß auch ein Bewährungshelfer bestellt und es dürfen auch Vorschriften gemäß Kap. 26 § 15 erlassen werden.

§ 11

Läßt der außerhalb einer Anstalt Behandelte die Obliegenheiten außer acht, die er nach diesem Gesetzbuch oder nach einer Vorschrift oder Weisung, die auf Grund dieses Gesetzbuchs ergangen ist, zu befolgen hat, so darf der Aufsichtsausschuß außer dem gemäß Kap. 26 § 15 erfolgenden Erlaß von Vorschriften beschließen, daß ihm eine Warnung erteilt wird.

§ 12

Zeigt der außerhalb einer Anstalt Behandelte bei der Befolgung seiner Obliegenheiten Widerspenstigkeit oder erscheint eine Anstaltsbehandlung auf Grund seiner Führung oder aus sonstigen Gründen erforderlich, um der Begehung von Straftaten vorzubeugen, so darf der Internierungsausschuß anordnen, daß er wieder in einer Anstalt untergebracht wird.

Der Wiederuntergebrachte ist erneut in Behandlung außerhalb einer Anstalt zu überführen, wenn eine Anstaltsbehandlung nicht mehr erforderlich erscheint.

§ 13

Für die Wiederunterbringung in einer Anstalt und für bestimmte andere Maßnahmen in dem Fall, daß der Verurteilte anderer Straftaten schuldig erscheint, gelten die Bestimmungen des Kap. 34.

§ 14

Ist über die Frage zu entscheiden, ob der Verurteilte wieder in einer Anstalt unterzubringen oder eine in § 11 genannte Maßnahme zu ergreifen ist, so darf der Aufsichtsausschuß oder der Internierungsausschuß in Fällen, in denen die Umstände hierzu Anlaß geben, anordnen, daß er in Erwartung weiterer Anordnungen in angebrachter Weise in Gewahrsam zu nehmen ist.

Wer in dieser Weise in Gewahrsam genommen ist, darf in ihm nicht länger als eine Woche einbehalten werden. Liegen hierfür ganz besondere Gründe vor, so darf jedoch durch einen neuen Beschluß angeordnet werden, daß er während höchstens einer weiteren Woche in Gewahrsam verbleibt. Nach dem Ende der verhängten Sanktion darf der in Gewahrsam Genommene dort nicht mehr zurückgehalten werden.

§ 15

Ist nicht mehr erforderlich, daß der außerhalb einer Anstalt Behandelte unter Aufsicht steht, so ordnet der Internierungsausschuß die Beendigung der verhängten Sanktion an. Eine derartige Anordnung darf jedoch, sofern nicht besondere Gründe hierfür vorliegen, nicht erfolgen, bevor drei Jahre vergangen sind, seitdem der Verurteilte zuletzt in Behandlung außerhalb einer Anstalt überführt worden ist.

Hat der Verurteilte während einer ununterbrochenen Frist von drei Jahren unter Aufsicht gestanden, so hat der Ausschuß zu prüfen, ob die Sanktion enden soll; hat die Aufsicht fünf Jahre gedauert, so endet die Sanktion.

KAP. 31

Einweisung in besondere Fürsorge (Pflege)

§ 1

Kann jemand, der eine strafbare Handlung begangen hat, *Fürsorge auf Grund des Jugendfürsorgegesetzes*[283] erhalten[284], so darf das Gericht nach Anhörung des Jugendfürsorgeausschusses oder in Fällen, in denen es sich um einen in einer Jugendfürsorgeschule[285]

---

[283] Gesetz Nr. 97 vom 29. 4. 1960 über die Jugendfürsorge (Barnavårdslag), mehrfach abgeändert. Dieses Gesetz enthält u. a. die Bestimmungen über den kommunalen Jugendfürsorgeausschuß (barnavårdsnämnd) und die diesem zu Gebote stehenden fürsorgerischen Eingriffsmöglichkeiten. Diese sind Hilfsmaßnahmen (Rat und Stützung), Ermahnung und Warnung, Erlaß von Vorschriften über die Lebensführung und Aufsicht (§ 26), sowie Gewahrsamnahme durch Einweisung in ein Privatheim oder Unterbringung in einer Jugendfürsorgeschule (§§ 31, 36).

[284] wörtlich: Gegenstand von Pflege (Fürsorge) werden.

[285] Die näheren Bestimmungen über die Jugendfürsorgeschulen (Fürsorgeheime) finden sich in den §§ 64 ff. des Jugendfürsorgegesetzes. Ihre Aufgabe ist Fürsorge (Pflege), Erziehung und Ausbildung.

eingetragenen Schüler[286] handelt, nach Anhörung der Schulleitung diesem Ausschuß oder dieser Schulleitung übertragen, für die erforderlichen Fürsorgemaßnahmen Sorge zu tragen.

Erscheint es, um den Verurteilten auf den rechten Weg zu führen, oder im Hinblick auf die allgemeine Gesetzesbefolgung erforderlich, so darf er neben der Einweisung in Jugendfürsorge noch zu höchstens einhundertzwanzig Tagesbußen ohne Rücksicht darauf verurteilt werden, ob für die Straftat eine Geldstrafe festgesetzt ist oder nicht.

§ 2

Kann jemand, der eine strafbare Handlung begangen hat, *Fürsorge auf Grund des Gesetzes gegen Alkoholmißbrauch*[287] durch Aufsicht oder durch Zwangsunterbringung in einer Alkoholikeranstalt erhalten, so darf das Gericht nach Anhörung des Nüchternheitsausschusses oder in Fällen, in denen es sich um einen Insassen einer derartigen Anstalt handelt, nach Anhörung der Anstaltsleitung diesem Ausschuß oder dieser Anstaltsleitung übertragen, für die erforderlichen Fürsorgemaßnahmen Sorge zu tragen.

Ist für die Straftat eine strengere Strafe als Gefängnis von sechs Monaten bestimmt, so darf die Einweisung in Fürsorge auf Grund des Gesetzes gegen Alkoholmißbrauch nur bei Vorliegen besonderer Gründe erfolgen.

§ 3

Kann jemandem, der eine strafbare Handlung begangen hat, nach dem Ergebnis einer vorgeschriebenen medizinischen Untersuchung[288] Pflege auf Grund des Gesetzes über die Beschaffung geschlossener psychiatrischer Pflege[289] oder Pflege in einem Spezialkrankenhaus auf Grund von § 35 des Gesetzes über die Betreuung psychisch Entwicklungsgestörter[290] gewährt werden, so darf das Gericht, wenn es

---

[286] Die Insassen der Jugendfürsorgeschulen werden (ebenso wie die von Jugendgefängnissen) als „Schüler" bezeichnet.

[287] Gesetz Nr. 579 vom 27. 7. 1954 (Lag om nykterhetsvård, wörtlich: Gesetz über die Nüchternheitspflege). In diesem Gesetz sind u. a. die Bestimmungen über den kommunalen Nüchternheitsausschuß (nykterhetsnämnd) und die diesem zu Gebote stehenden Maßnahmen enthalten. Es kann sich um offene (ambulante) Behandlung unterschiedlicher Art, darunter Aufsicht (§ 14), oder um Einweisung in eine Anstalt (§§ 18 ff.) handeln.

[288] Gesetz Nr. 301 vom 16. 6. 1966 über die gerichtspsychiatrische Untersuchung in Strafverfahren (§ 2).

[289] Gesetz Nr. 301 vom 16. 6. 1966 (§ 3). Vgl. hierzu Gerhard *Simson*, „Der psychisch gestörte Täter im schwedischen Strafrecht", Monatsschrift für Kriminologie, Jg. 52 (1969), S. 49 ff.

[290] Gesetz Nr. 940 vom 16. 12. 1967.

ein derartiges Pflegebedürfnis als vorliegend ansieht, anordnen, daß er in *geschlossene psychiatrische Pflege* oder in *Pflege in einem Spezialkrankenhaus für psychisch Entwicklungsgestörte* eingewiesen wird[291]. Ist die Tat nicht unter dem Einfluß einer Geisteskrankheit, einer Geistesschwäche oder einer sonstigen seelischen Abnormität so tiefgreifender Art, daß sie als einer Geisteskrankheit gleichstehend angesehen werden muß, begangen worden, so darf eine derartige Anordnung jedoch nur erlassen werden, falls für sie besondere Gründe vorliegen.

§ 4

Bedarf jemand, der eine strafbare Handlung begangen hat, psychiatrischer Behandlung oder Aufsicht, und ergeht keine Anordnung der in § 3 genannten Art, so darf das Gericht anordnen, daß er in *offene psychiatrische Pflege* eingewiesen wird, falls aus besonderen Gründen eingreifendere Maßnahmen nicht erforderlich erscheinen[292].

KAP. 32

Amtsstrafen sowie Disziplinstrafen von Soldaten[293]

§ 1

Suspendierung bedeutet den Verlust einer bestimmten Dienststellung für eine festgesetzte Frist und führt während der Zeit, in der dem Verurteilten die Ausübung seiner Dienststellung entzogen ist, zum Verlust der Rechte und Vergünstigungen, die mit der Stel-

---

[291] Der unter § 3 fallende geistes- oder entwicklungsgestörte Täter wird — ebenso wie ein normaler — nur freigesprochen, wenn sich ergibt, daß er keine Straftat begangen hat. Wegen seines psychischen Zustands erfolgt nicht — wie zuvor — eine sog. Straffreiheitserklärung, sondern gemäß Kap. 33 § 2 ist neben anderen Sanktionen (nicht: Bedingte Verurteilung und Gefängnis) u. a. eine Verurteilung zur Einweisung in eine psychiatrische Anstalt möglich. Diese setzt eine gerichtspsychiatrische Untersuchung mit entsprechendem Ergebnis voraus.

[292] Nach der Krankenpflegeverordnung Nr. 703 vom 13. 11. 1970 (§ 4) ist es in den Fällen des § 4 Pflicht einer Krankenhausleitung, für die geeignete Pflege und Behandlung des ambulant Eingewiesenen zu sorgen, doch bestehen keine Zwangsmittel. Aus diesem Grund erfolgt in derartigen Fällen überwiegend die Anordnung von Schutzaufsicht mit entsprechenden Anweisungen über eine psychiatrische Behandlung.

[293] Vgl. Militärisches Prozeßgesetz vom 30. 6. 1948 (Nr. 472) mit Änderungsgesetz Nr. 19 vom 26. 1. 1973. Ab 1. 1. 1976 wird die Überschrift von Kap. 32 nur noch „Disziplinstrafen von Soldaten“ lauten, die §§ 1—5 fallen fort, ein § 8 wird hinzugefügt (Gesetz Nr. 667 vom 26. 6. 1975), vgl. Fußnote 174a.

lung verbunden sind, falls für ein bestimmtes Recht oder eine bestimmte Vergünstigung nichts anderes besonders vorgeschrieben ist.

§ 2

Die Frist einer Suspendierung ist mit mindestens einem Monat und höchstens einem Jahr ohne Rücksicht darauf festzusetzen, ob es sich um eine oder mehrere Straftaten handelt.

Als gemeinsame Strafe für mehrere Straftaten darf eine Suspendierung angewendet werden, wenn sie für jede der Taten verhängt werden kann.

§ 3

Eine Suspendierung darf nicht vollstreckt werden, so lange der Verurteilte zum Vollzug einer Sanktion in einer Kriminalvollzugsanstalt oder in Militärhaft untergebracht ist.

§ 4

Die Amtsenthebung von einer bestimmten Dienststellung bedeutet den Verlust dieser Stellung und der Rechte und Vergünstigungen, die mit der Stellung verbunden sind, falls für ein bestimmtes Recht oder eine bestimmte Vergünstigung nichts anderes besonders vorgeschrieben ist.

§ 5

Als gemeinsame Strafe für mehrere Straftaten, für die Amtsstrafen verhängt werden können, darf eine Amtsenthebung angewendet werden, wenn sie auf eine der Taten folgen kann.

§ 6[294]

Disziplinstrafen für Soldaten sind Freizeitstrafe und Disziplinbuße.

Die Freizeitstrafe besteht:

für denjenigen, der in ein Kasernengebiet, ein Lager oder ein entsprechendes Gebiet verlegt ist, in dem Verbot, sich innerhalb einer bestimmten Frist von mindestens acht und höchstens fünfzehn Tagen während der Freizeit außerhalb eines derartigen Gebiets oder eines solchen Teils von ihm aufzuhalten, der einer bestimmten Truppe überlassen ist, und

für denjenigen, der an Bord eines Fahrzeugs verlegt ist, in dem Verbot, innerhalb einer bestimmten Frist von mindestens acht und höchstens fünfzehn Tagen oder an einer bestimmten Zahl einzelner Tage von mindestens fünf und höchstens acht das Fahrzeug während der Freizeit zu verlassen.

---

[294] Neugefaßt durch Gesetz vom 26. 1. 1973 (Nr. 17).

Gemäß den hierüber ergangenen besonderen Bestimmungen[295] besteht eine Disziplinbuße in einem Lohnabzug oder in einer entsprechenden Geldzahlung und wird für mindestens einen und höchstens vierzig Tage verhängt.

Eine Disziplinbuße darf gemäß den hierüber besonders ergangenen Bestimmungen[296] neben einer Freizeitstrafe verhängt werden.

§ 7

Für Disziplinstrafen als gemeinsame Strafe für mehrere Straftaten sowie, wenn es sich um die Straftat eines Soldaten handelt, für die Verhängung einer Disziplinstrafe anstelle einer Geldstrafe und einer Geldstrafe anstelle einer Disziplinstrafe gelten die Bestimmungen eines besonderen Gesetzes, das ebenfalls die Vorschriften über die Vollstreckung der Disziplinstrafen enthält[297].

Hat sich jemand, der nicht Soldat ist, durch Mitwirkung an einer Tat strafbar gemacht, für die eine Disziplinstrafe vorgesehen ist, so ist es bei der Festsetzung der Sanktion so anzusehen, als ob eine Geldstrafe anstelle der Disziplinstrafe festgesetzt ist.

KAP. 33

Herabsetzung und Ausschließung von Sanktionen

§ 1

Für eine Straftat, die jemand begangen hat, bevor er das fünfzehnte Lebensjahr vollendet hat, ist nicht zu einer Sanktion zu verurteilen.

§ 2

Für eine Straftat, die jemand unter dem Einfluß einer Geisteskrankheit, einer Geistesschwäche oder einer sonstigen seelischen Abnormität so tiefgreifender Art begangen hat, daß sie als einer Geisteskrankheit gleichstehend angesehen werden muß[298], darf keine

---

[295] § 5 Gesetz vom 26. 1. 1973 (Nr. 18) über Disziplinstrafen von Soldaten.

[296] § 6 Gesetz vom 26. 1. 1973 (Nr. 18).

[297] §§ 2 ff. Gesetz vom 26. 1. 1973 (Nr. 18) und Verordnung vom 19. 11. 1948 über die militärische Rechtspflege (§§ 39—50).

[298] Bei dieser dritten Kategorie der sog. „Gleichstehenden" handelt es sich um in Entstehung und Symptomen heterogene Abnormzustände. In der Praxis gehören zu ihnen die sehr schweren Formen von Psychopathie, sowie die Auswirkungen solcher Gehirnschäden mechanischer, toxischer und inflammatorischer Art, die medizinisch schwer von Psychosen abzugrenzen sind. Aber auch quälende neurotische Angst- und Spannungszustände, die ihre Entladung in einem gewaltsamen, ohne diesen Angst-

andere Sanktion als Einweisung in besondere Fürsorge (Pflege) oder in den in Abs. 2 angegebenen Fällen Geldstrafe oder Schutzaufsicht zur Anwendung gelangen.

Zu einer Geldstrafe darf verurteilt werden, wenn dies zweckmäßig erscheint, um den Angeklagten von weiterer Kriminalität abzuhalten[299]. Schutzaufsicht darf verhängt werden, sofern diese Sanktion geeigneter erscheint als eine Einweisung in besondere Pflege; in diesen Fällen darf keine Behandlung der in Kap. 28 § 3 bestimmten Art angeordnet werden.

Wird befunden, daß eine Sanktion der hier genannten Art nicht verhängt werden soll, so ist der Angeklagte frei von Sanktionen[300].

§ 3

Aufgehoben durch Gesetz Nr. 43 vom 2. 3. 1973.

§ 4

Hat jemand eine Straftat begangen, bevor er das achtzehnte Lebensjahr vollendet hat, so darf nach den jeweiligen Umständen eine mildere Strafe verhängt werden, als sie für die Straftat festgesetzt ist. Auch für eine Straftat, die jemand unter dem Einfluß seelischer Abnormität begangen hat, darf eine mildere Strafe bestimmt werden, falls hierfür besondere Gründe vorliegen[301].

Ebenso darf in anderen Fällen eine mildere als die für die Straftat festgesetzte Strafe verhängt werden, wenn hierfür ganz besondere Gründe vorliegen und dem im Hinblick auf die allgemeine Gesetzesbefolgung offenbar keine Hinderungsgründe entgegenstehen.

Erscheint auf Grund besonderer Umstände offenbar, daß für die

---

mechanismus nicht erklärbaren Verbrechen gefunden haben, können hier in Frage kommen. Wichtig ist der Gesetzesausdruck „muß". Dagegen sind die Begriffe „Zurechnungsfähigkeit" und „Zurechnungsunfähigkeit" (Schuldfähigkeit und Schuldunfähigkeit) seit langem aufgegeben. Vgl. hierzu Gerhard *Simson*, „Der psychisch gestörte Täter im schwedischen Strafrecht", in Monatsschrift für Kriminologie, Jg. 52 (1969), S. 52.

[299] Die Verurteilung eines derartigen Täters zu einer Geldstrafe ist in der Praxis eine seltene Ausnahme. Die hierfür vorgesehene gesetzliche Möglichkeit beruht auch darauf, daß nach dem Gesetz Nr. 301 vom 16. 6. 1966 über die gerichtspsychiatrische Untersuchung (§ 2) eine solche Untersuchung nur „aus besonderen Gründen" erfolgen soll, wenn für die Tat lediglich eine Geldstrafe angedroht ist, s. Einleitung.

[300] Ein solcher Fall kann z. B. vorliegen, wenn der Täter nach einer längere Zeit zurückliegenden Tat wieder geistig gesund geworden ist.

[301] Der Begriff „verminderte Zurechnungsfähigkeit" existiert nicht. In der Praxis wird diese Bestimmung nur selten und in schweren Fällen psychischer Abnormität angewendet.

Straftat eine Sanktion nicht erforderlich ist, so darf von einer solchen völlig abgesehen werden[302].

§ 5

Wird jemand zu zeitbestimmtem Gefängnis, Jugendgefängnis oder Internierung verurteilt oder ordnet das Gericht unter Anwendung von Kap. 34 § 1 an, daß eine Sanktion dieser Art eine weitere Straftat umfaßt, und war dem Verurteilten wegen eines im Strafverfahren vom Gericht geprüften Tatverdachts die Freiheit während einer zusammenhängenden Zeitdauer von mindestens vierundzwanzig Stunden als Festgenommener, Untersuchungshäftling, militärischer Arrestant oder gemäß § 9 des Gesetzes Nr. 301 von 1966 über die gerichtspsychiatrische Untersuchung in Strafverfahren als Insasse einer gerichtspsychiatrischen Klinik entzogen worden, so ist derjenige Teil des Freiheitsverlustes, durch den nicht gleichzeitig ein in einem anderen Verfahren ergangenes Urteil vollstreckt wurde, als Zeitdauer anzusehen, während derer die Sanktion in einer Anstalt vollstreckt worden ist. Das Gericht hat im Urteil die Anzahl der Tage anzugeben, während derer die Sanktion als vollstreckt anzusehen ist. Ist die Zeitdauer, mit der eine Gefängnisstrafe die Freiheitsentziehung übersteigt, gering, so darf angeordnet werden, daß die Gefängnisstrafe durch den Freiheitsverlust als völlig vollstreckt anzusehen ist.

Wird eine Bedingte Verurteilung oder Schutzaufsicht aufgehoben und statt dessen zu zeitbestimmtem Gefängnis, Jugendgefängnis oder Internierung verurteilt, so findet Abs. 1 entsprechende Anwendung auch auf eine Freiheitsentziehung, die der Verhängung von Bedingter Verurteilung oder Schutzaufsicht oder der durch ein Urteil erfolgten Anordnung, daß die durch dieses Urteil verhängte Sanktion auch eine weitere Straftat umfaßt, vorangegangen ist. Dies gilt jedoch nur, soweit die Freiheitsentziehung nicht gemäß Abs. 1 oder Abs. 3 angerechnet worden ist.

Wird jemand zu Geldstrafe, Suspendierung oder Disziplinstrafe

---

[302] Diese Bestimmung hat eine Parallele in Kap. 20 § 7 Prozeßgesetz, wonach der Ankläger in bestimmten Fällen von der Anklageerhebung absehen darf. Hierzu gehört (Ziff. 3), daß aus besonderen Gründen offenbar ist, daß sich der Beschuldigte weiterer Kriminalität enthalten wird und die Anklageerhebung auch im Hinblick auf die sonstigen Gründe nicht erforderlich erscheint. Dies setzt aber einen Beschluß des Reichsanklägers voraus und geschieht selten.

In der Praxis ist gerichtliches Absehen von einer Sanktion bei hohem Alter oder schwerer Krankheit vorgekommen, wenn die Unterbringung in einem Altersheim oder Krankenhaus sinnvoller erscheint. Aber auch andere Situationen, z. B. notwehrähnliche Taten, Selbstmordversuch aus Verzweiflung über eine Fahrlässigkeit, Euthanasie aus tiefer Barmherzigkeit usw. können hier in Frage kommen.

verurteilt und war ihm wegen eines im Strafverfahren vom Gericht geprüften Tatverdachts durch Urteil die Freiheit in der in Abs. 1 angegebenen Weise entzogen worden, so darf angeordnet werden, daß die Sanktion durch den Freiheitsverlust als völlig oder teilweise vollstreckt anzusehen ist.

§ 6

Die Bestimmungen des § 5 über die Anrechnung der Zeit einer Freiheitsentziehung auf eine Sanktion dürfen auch bei einer außerhalb von Schweden erfolgten Freiheitsentziehung angewendet werden, soweit dies mit Rücksicht auf die Umstände als angemessen erachtet wird.

§ 7

Hat jemand die Verbüßung von Gefängnis, Jugendgefängnis, Internierung oder einer gemäß Kap. 28 § 3 nach einer Verurteilung zu Schutzaufsicht folgenden Behandlung begonnen, und wird er statt dessen von einem höheren Gericht zu einer anderen der in § 5 Abs. 1 oder Abs. 3 genannten Sanktionen verurteilt, so finden die dortigen Vorschriften über die Anrechnung der Zeitdauer eines Freiheitsverlustes entsprechende Anwendung auf die Zeit, während derer eine Vollstreckung erfolgt ist.

Wird eine Bedingte Verurteilung oder eine Verurteilung zu Schutzaufsicht aufgehoben und statt dessen zu zeitbestimmtem Gefängnis, Jugendgefängnis oder Internierung verurteilt, so findet Abs. 1 entsprechende Anwendung auf eine Zeitdauer, während derer eine Vollstreckung auf Grund eines Urteils in dem Verfahren geschehen ist, in dem schließlich die Bedingte Verurteilung oder die Verurteilung zu Schutzaufsicht erfolgt war.

§ 8

Prüft ein höheres Gericht eine Beschwerde über eine verhängte Sanktion, so darf der Beschluß hinsichtlich einer in den §§ 5—7 behandelten Frage abgeändert werden, auch wenn kein Rechtsmittel gegen den Beschluß eingelegt worden ist.

KAP. 34

Zusammentreffen von Straftaten und Abänderung von Sanktionen

§ 1

Ergibt sich, daß jemand, der wegen einer Straftat zu Gefängnis, Bedingter Verurteilung, Schutzaufsicht, Jugendgefängnis oder Internierung verurteilt ist, eine andere Straftat vor dem Urteil begangen hat oder begeht er eine neue Straftat nach dem Urteil, aber vor völliger Vollstreckung oder sonstiger Beendigung der Sanktion, so darf das Gericht unter Berücksichtigung der in den §§ 2—9 für bestimmte Fälle enthaltenen Vorschriften je nach den Umständen:

1. anordnen, daß sich die früher verhängte Sanktion ebenfalls auf die andere Straftat beziehen soll,
2. für diese Straftat zu einer besonderen Sanktion verurteilen, oder
3. sofern das frühere Urteil rechtskräftig geworden ist, die verhängte Sanktion aufheben und wegen der Straftat zu einer Sanktion anderer Art verurteilen.

§ 2

Verbüßt der Verurteilte Gefängnis auf Lebenszeit, so darf lediglich eine Anordnung gemäß § 1 Ziff. 1 ergehen.

§ 3

Handelte es sich bei der früher verhängten Sanktion um zeitbestimmtes Gefängnis, so darf eine Anordnung auf Grund von § 1 Ziff. 1 lediglich ergehen, wenn offenbar ist, daß die neue Straftat im Verhältnis zu der vorangegangenen ohne nennenswerte Bedeutung hinsichtlich der Sanktion ist, oder wenn sonst ganz besondere Gründe hierfür vorliegen.

Wird unter Anwendung von § 1 Ziff. 2 wegen einer Straftat, die vor Beginn der Vollstreckung des früheren Urteils begangen ist, verurteilt, so ist bei der Festsetzung der Strafe möglichst zu beachten, daß die Strafen insgesamt nicht die Strafhöhe übersteigen, die wegen beider Straftaten auf Grund von Kap. 26 § 2 festgesetzt werden konnte; hierbei darf auch zu einer milderen Strafe verurteilt werden, als sie für die Straftat bestimmt ist[303].

Die Aufhebung einer Gefängnisstrafe gemäß § 1 Ziff. 3 darf nur erfolgen, wenn das Urteil erlassen wird, bevor die Strafe völlig vollstreckt worden ist.

§ 4

Wird § 1 Ziff. 1 oder 2 auf einen bedingt aus dem Gefängnis Entlassenen angewendet, so darf die bedingte Entlassung für verwirkt erklärt werden; wird auf Grund von § 1 Ziff. 2 zu zeitbestimmtem

---

[303] Es handelt sich vor allem um Fälle, in denen auch für die frühere Straftat Gefängnis verhängt werden soll.

Gefängnis verurteilt, so ist eine derartige Erklärung zu erlassen, wenn nicht besondere Gründe dagegen sprechen[303a].

Wird keine Verwirkung auf Grund von Abs. 1 beschlossen, so darf das Gericht eine der in Kap. 26 § 18 behandelten Maßnahmen beschließen, oder die Bewährungsfrist um höchstens ein Jahr über die bei der bedingten Entlassung bestimmte Zeitdauer hinaus verlängern.

Eine Verwirkung oder eine der hier genannten Maßnahmen darf nicht beschlossen werden, wenn diese Frage nicht in einem Verfahren zur Behandlung gelangt, in dem der bedingt Entlassene verhaftet oder ihm die Anklage vor Ablauf der Bewährungsfrist zugestellt worden ist.

§ 5

Handelte es sich bei der früher verhängten Sanktion um eine Bedingte Verurteilung, so darf eine Anordnung auf Grund von § 1 Ziff. 1 nur hinsichtlich einer Straftat ergehen, die vor Beginn der Bewährungsfrist begangen worden ist.

Wird § 1 Ziff. 1 oder 2 angewandt, so darf das Gericht eine der in Kap. 27 § 6 Ziff. 1 oder 2 genannten Maßnahmen beschließen oder die Bewährungsfrist auf drei Jahre verlängern, doch nur, wenn die Frage in einem Verfahren zu behandeln ist, in dem der Verurteilte verhaftet oder ihm die Anklage vor Ablauf der Bewährungsfrist zugestellt worden ist.

Die Aufhebung einer Bedingten Verurteilung gemäß § 1 Ziff. 3 darf nicht erfolgen, wenn die Frage nicht in einem Verfahren zu behandeln ist, in dem der Verurteilte verhaftet oder ihm die Anklage innerhalb von einem Jahr nach Ablauf der Bewährungsfrist zugestellt worden ist[303b].

[303a] Im Entwurf des Justizministeriums von 1975 wird vorgeschlagen, Kap. 34 § 5 durch folgenden Abs. 2 zu ergänzen: „Wird eine Anordnung gemäß § 1 Ziff. 1 erlassen, so darf das Gericht, wenn dies, um den Angeklagten auf den rechten Weg zu führen oder im Hinblick auf die allgemeine Gesetzesbefolgung erforderlich erscheint, auch zu höchstens 120 Tagesbußen ohne Rücksicht darauf verurteilen, ob für die Straftat eine Geldstrafe festgesetzt ist oder nicht". Kap. 34 § 1 Ziff. 1 behandelt die gerichtliche Erklärung, daß sich die frühere Sanktion ebenfalls auf eine andere (vor Verurteilung oder Verbüßung begangene) Tat beziehen soll. Im § 5 würden Abs. 2 und 3 dann Abs. 3 und 4 werden.

[303b] Im Entwurf des Justizministeriums von 1975 wird vorgeschlagen, § 1 einen Abs. 1 voranzustellen, dessen Text dem in der vorangehenden Fußnote wiedergegebenen Wortlaut ungefähr entspricht, aber sich auf die Anwendung von Kap. 34 § 1 Ziff. 1 im Fall der früher erfolgten Verurteilung zu Schutzaufsicht bezieht. Abs. 2 soll dann mit den Worten „Bei Anwendung von § 1 Ziff. 1 oder 2 darf das Gericht ..." beginnen.

§ 6

Handelte es sich bei der früher verhängten Sanktion um Schutzaufsicht, so darf das Gericht bei der Anwendung von § 1 Ziff. 1 oder 2 eine Maßnahme oder eine Behandlung der in Kap. 28 § 9 genannten Art beschließen oder die Bewährungsfrist bis zu höchstens fünf Jahren verlängern.

Wird unter Anwendung von § 1 Ziff. 3 zu Gefängnis verurteilt, so finden bei der Festsetzung der Strafe die Bestimmungen von Kap. 28 § 9 Anwendung.

Ein auf Grund von Abs. 1 ergehender oder ein auf Aufhebung von Schutzaufsicht lautender Beschluß darf nicht erlassen werden, wenn die Frage nicht in einem Verfahren zu behandeln ist, in dem der Verurteilte verhaftet oder ihm die Anklage vor dem Ablauf der Bewährungsfrist zugestellt worden ist.

§ 7

Handelte es sich bei der früher verhängten Sanktion um Jugendgefängnis, so darf eine Anordnung gemäß § 1 Ziff. 1 ohne Rücksicht auf die Bestimmungen des Kap. 29 § 1 über das Alter des Angeklagten ergehen.

Wird der Verurteilte einer Anstaltsbehandlung unterzogen, so darf das in § 1 Ziff. 2 Gesagte keine Anwendung finden.

Die Aufhebung von Jugendgefängnis gemäß § 1 Ziff. 3 darf nur erfolgen, wenn das Urteil vor Beendigung der Sanktion erlassen wird. Wird unter Anwendung von § 1 Ziff. 3 zu Gefängnis verurteilt, so ist bei der Festsetzung der Strafe angebrachte Rücksicht auf die erfolgte Vollstreckung des früheren Urteils zu nehmen, auch darf Gefängnis für eine kürzere Frist, als sie sich aus Kap. 26 § 2 ergibt, verhängt werden.

§ 8

Wird § 1 Ziff. 1 oder 2 auf einen zu Jugendgefängnis Verurteilten angewendet, so darf das Gericht die Höchstdauer der Jugendgefängniszeit auf sechs Jahre erhöhen, wobei die Behandlung innerhalb einer Anstalt höchstens vier Jahre dauern darf.

Wird gemäß § 1 Ziff. 1 angeordnet, daß sich die Verurteilung zu Jugendgefängnis ebenfalls auf eine andere Straftat beziehen soll, so darf das Gericht beschließen, daß der Verurteilte wieder in einer Anstalt unterzubringen ist. Ebenso darf das Gericht, wenn die Straftat nach dem Vollstreckungsbeginn von Jugendgefängnis begangen worden ist, anordnen, daß jemand, der in einer Anstalt untergebracht oder wiederuntergebracht ist, nicht in Behandlung außerhalb einer Anstalt überführt wird, bevor seit dem Gerichtsbeschluß oder der Wiederunterbringung sechs Monate vergangen sind, sofern die Höchstdauer einer Anstaltsbehandlung nicht vorher zu Ende gegangen ist.

Ein Beschluß der in diesem Paragraphen genannten Art darf nicht ergehen, wenn die Frage nicht in einem Verfahren zu behandeln ist, in dem der Verurteilte verhaftet oder ihm die Anklage vor Beendigung der Sanktion zugestellt worden ist.

§ 9

Handelte es sich bei der früher verhängten Sanktion um Internierung, und wird der Verurteilte außerhalb einer Anstalt behandelt, so darf das Gericht bei Anwendung von § 1 Ziff. 1 beschließen, daß er wieder in einer Anstalt unterzubringen ist. Ergeht ein derartiger Beschluß oder wird § 1 Ziff. 1 auf den Insassen einer Anstalt angewendet, so bestimmt das Gericht eine Mindestfrist für die Fortsetzung der Anstaltsbehandlung, wenn nicht besondere Gründe dagegen sprechen. Die Mindestfrist darf in derartigen Fällen mit mindestens sechs Monaten bestimmt werden.

Befindet sich der Verurteilte in einer Anstalt, so darf das in § 1 Ziff. 2 Gesagte keine Anwendung finden.

Eine gemäß § 1 Ziff. 3 erfolgende Aufhebung der Internierung darf nur geschehen, wenn das Urteil vor Beendigung der Sanktion erlassen wird. Wird Gefängnis verhängt, so findet das in § 7 Abs. 3 Gesagte entsprechende Anwendung.

§ 10

Ist unter Anwendung von § 1 Ziff. 1 durch rechtskräftiges Urteil angeordnet worden, daß sich Gefängnis, Bedingte Verurteilung, Schutzaufsicht, Jugendgefängnis oder Internierung, die in früheren Verfahren verhängt worden sind, auf weitere Straftaten beziehen sollen und wird die früher verhängte Sanktion von einem höheren Gericht durch ein rechtskräftiges Urteil abgeändert, so ist auf Ersuchen des Anklägers die Frage der Sanktion für die fraglichen Straftaten erneut vom Gericht zu prüfen. Gleiches gilt, wenn die Strafe unter Anwendung von § 3 Abs. 2 bestimmt ist und die früher verhängte Strafe abgeändert wird.

Ergibt sich bei der Vollstreckung eines auf zeitbestimmtes Gefängnis lautenden Urteils, daß der Verurteilte die Straftat begangen hat, bevor mit der Vollstreckung einer gegen ihn wegen einer anderen Straftat verhängten derartigen Strafe begonnen wurde und ergibt sich aus den Urteilen nicht, daß die andere Strafe berücksichtigt worden ist, so hat das Gericht nach Rechtskraft der Urteile auf Ersuchen des Anklägers unter Anwendung von § 3 Abs. 2 die Strafe zu bestimmen, die der Verurteilte auf Grund des zuletzt zur Vollstreckung gelangenden Urteils zu verbüßen hat.

§ 11

Gelangen gleichzeitig ein auf Gefängnis auf Lebenszeit lautendes Urteil und Urteile auf Geldstrafe, Umwandlung von Geldstrafe, zeitbestimmtes Gefängnis, Bedingte Verurteilung, Jugendgefängnis, Internierung oder Disziplinstrafe zur Vollstreckung, so tritt die lebenslange Strafe an die Stelle der anderen Sanktionen.

§ 12

Gelangen gleichzeitig ein auf Jugendgefängnis lautendes Urteil und Urteile auf Geldstrafe, Umwandlung von Geldstrafe, Gefängnis von höchstens einem Jahr, Bedingte Verurteilung, Schutzaufsicht oder Disziplinstrafe zur Vollstreckung, so tritt das Jugendgefängnis an die Stelle der anderen Sanktionen, wenn der Verurteilte zum Vollzug von Jugendgefängnis in einer Anstalt untergebracht werden soll.

Gelangen gleichzeitig ein auf Jugendgefängnis und ein auf zeitbestimmtes Gefängnis von über einem Jahr lautendes Urteil zur Vollstreckung, so hat der Ankläger dies nach Rechtskraft der Urteile beim Gericht anzumelden. Das Gericht darf je nach den Umständen anordnen, daß die eine Sanktion an die Stelle der anderen tritt, oder das verhängte Jugendgefängnisurteil aufheben und für die Straftat oder Straftaten, auf die es sich bezogen hat, zu Gefängnis verurteilen. Verurteilt das Gericht zu Gefängnis, so findet § 7 Abs. 3 Anwendung.

§ 13

Gelangen gleichzeitig ein auf Internierung lautendes Urteil und Urteile auf Geldstrafe, Umwandlung von Geldstrafe, zeitbestimmtes Gefängnis, Bedingte Verurteilung, Schutzaufsicht, Jugendgefängnis oder Disziplinstrafe zur Vollstreckung, so tritt die Internierung an die Stelle der anderen Sanktionen, wenn der Verurteilte zum Vollzug der Internierung in einer Anstalt untergebracht werden soll.

Wird im Hinblick auf die Art derjenigen Straftat, auf die sich demgemäß die Internierung ebenfalls beziehen soll, eine neue Mindestdauer der Anstaltsbehandlung als erforderlich erachtet, so darf das Gericht auf Antrag des Anklägers eine derartige Frist bestimmen.

§ 14

Ist jemand zur Suspendierung von einer bestimmten Dienststellung verurteilt worden und ergibt sich, daß er vor dem Urteil oder nach diesem vor Vollstreckungsbeginn eine andere Straftat begangen hat, wegen der er von der gleichen Dienstellung zu suspendieren ist, so darf das Gericht je nach den Umständen

1. anordnen, daß sich die bereits verhängte Suspendierung ebenfalls auf die andere Straftat beziehen soll, oder
2. wegen dieser Straftat zu besonderer Suspendierung verurteilen, wobei die zusammengerechnete Strafdauer ein Jahr nicht übersteigen darf.

§ 15

Die Bestimmungen des § 10 finden entsprechende Anwendung auf eine Suspendierung; jedoch sind anstelle von § 3 Abs. 2 die Bestimmungen von § 14 Ziff. 2 zu berücksichtigen.

§ 16

Ist jemand zur Amtsenthebung von einer bestimmten Dienststellung verurteilt worden, und ergibt sich, daß er vor Rechtskraft des Urteils eine andere Straftat begangen hat, wegen der er zur Suspendierung oder Amtsenthebung von der gleichen Dienststellung verurteilt worden wäre, so ordnet das Gericht an, daß sich die verhängte Amtsenthebung ebenfalls auf die andere Straftat beziehen soll.

§ 17

Für Straftaten der in Kap. 20 §§ 1—4 genannten Art darf nicht zu Geld- oder Disziplinstrafen verurteilt werden, wenn wegen einer anderen Straftat zu Suspendierung oder Amtsenthebung verurteilt und eine derartige Strafe als ausreichend erachtet wird[303c].

KAP. 35

Entfallen von Sanktionen

§ 1

Zu einer Sanktion darf nicht verurteilt werden, wenn der Beschuldigte nicht innerhalb

1. von zwei Jahren, wenn für die Straftat nicht eine schwerere Strafe als Gefängnis von einem Jahr verhängt werden kann,
2. von fünf Jahren, wenn die schwerste Strafe höher ist, aber Gefängnis von zwei Jahren nicht übersteigt,
3. von zehn Jahren, wenn die schwerste Strafe höher ist, aber Gefängnis von acht Jahren nicht übersteigt,
4. von fünfzehn Jahren, wenn die schwerste Strafe zeitbestimmtes Gefängnis von mehr als acht Jahren ist,
5. von fünfundzwanzig Jahren, wenn für die Straftat Gefängnis auf Lebenszeit verhängt werden kann,

verhaftet oder ihm die Anklage zugestellt worden ist.

Umfaßt eine Handlung mehrere Straftaten, so darf eine Sanktion ohne Rücksicht auf das hier Gesagte für alle Straftaten verhängt werden, solange für eine von ihnen eine Sanktion verhängt werden kann.

[303c] Ab 1. 1. 1976 werden Kap. 34 §§ 14—17 fortfallen (Gesetz Nr. 667 vom 26. 6. 1975), vgl. Fußnote 174a.

§ 2

Zu einer Sanktion für eine Straftat der in Kap. 20 §§ 1—4 genannten Art darf nicht verurteilt werden, wenn der Beschuldigte nicht innerhalb von fünf Jahren, oder, falls für die Tat eine Strafe der vorstehend in § 1 Ziff. 3 genannten Art verhängt werden kann, innerhalb der dort bestimmten Frist verhaftet oder ihm die Anklage zugestellt worden ist[303d].

§ 3

Wird ein Verhafteter entlassen, ohne daß ihm eine Anklage zugestellt worden ist, oder wird eine Anklage abgewiesen oder ein Strafverfahren eingestellt, nachdem ihm die Anklage zugestellt war, so ist es für die Möglichkeit, ihn zu einer Sanktion zu verurteilen, so anzusehen, als ob die Verhaftung oder Zustellung nicht erfolgt wäre.

§ 4

Die in § 1 und § 2 bestimmten Fristen sind vom Tage der Begehung der Straftat an zu berechnen. Ist Voraussetzung für die Verurteilung zu einer Sanktion, daß eine bestimmte Wirkung der Tat eingetreten ist, so ist die Frist von dem Tage an zu berechnen, an dem eine derartige Wirkung eingetreten war.

In Fällen der in Kap. 11 § 5 genannten Art ist die Frist von dem Tage an zu berechnen, an dem der Beschluß über die Abtretung des Vermögens erlassen wurde[304] oder die Anklage frühestens hätte erhoben werden können.

§ 5

Aufgehoben durch Gesetz Nr. 964 vom 10. 12. 1971.

§ 6

Zu einer Sanktion darf in keinem Fall verurteilt werden, nachdem seit dem in § 4 genannten Tage vergangen sind:

1. fünf Jahre, wenn für die Straftat keine schwerere Strafe als eine Geldstrafe verhängt werden kann und die Frist für die Verhängung einer Sanktion für die Straftat gemäß § 1 Ziff. 1 zu bestimmen ist,
2. fünfzehn Jahre, wenn in anderen als den in Ziff. 1 genannten

---

[303d] Ab 1. 1. 1976 wird Kap. 35 § 2 fortfallen (Gesetz Nr. 667 vom 26. 6. 1975), vgl. Fußnote 174a.

[304] Das Konkursgesetz spricht von einer „Abtretung“ (Überlassung) des Vermögens zum Konkurs (§ 1).

Fällen Gefängnis von nicht mehr als zwei Jahren verhängt werden kann,
3. dreißig Jahre in den übrigen Fällen[305].

§ 7

Verhängte Geldstrafen entfallen, nachdem drei Jahre seit Rechtskraft des Urteils vergangen sind, sofern dem Verurteilten nicht zuvor ein Antrag auf Umwandlung der Geldstrafe zugestellt worden ist. Über den Fortfall von Geldstrafen nach Zustellung eines derartigen Antrags sowie über den Fortfall einer auferlegten Umwandlungsstrafe gelten besondere Bestimmungen.

Stirbt der Verurteilte, so entfällt eine verhängte Geldstrafe. Ist das Urteil jedoch während der Lebenszeit des Verurteilten rechtskräftig geworden und waren zur Bezahlung der Geldstrafe bewegliche Vermögensgegenstände gepfändet oder in öffentlichen Gewahrsam genommen worden, so ist die Geldstrafe aus diesen Vermögensgegenständen zu zahlen.

Das über Geldstrafen Gesagte gilt auch für verhängte Zwangsstrafen[306].

§ 8

Eine verhängte Gefängnisstrafe entfällt, wenn mit der Vollstreckung des Urteils nicht begonnen worden ist, bevor seit Rechtskraft des Urteils folgende Fristen vergangen sind:

1. fünf Jahre, wenn Gefängnis von nicht mehr als einem Jahr verhängt ist,
2. zehn Jahre, wenn Gefängnis von mehr als einem Jahr, aber von nicht mehr als vier Jahren verhängt ist,
3. fünfzehn Jahre, wenn Gefängnis von längerer Dauer als vier Jahre, aber von nicht mehr als acht Jahren verhängt ist,
4. zwanzig Jahre, wenn zeitbestimmtes Gefängnis von mehr als acht Jahren verhängt ist,
5. dreißig Jahre, wenn Gefängnis auf Lebenszeit verhängt ist.

§ 9

Wird die Vollstreckung einer zeitbestimmten Gefängnisstrafe unterbrochen, so findet das in § 8 Gesagte entsprechende Anwendung auf die Fortsetzung der Vollstreckung; hierbei ist die Frist unter Berücksichtigung des Restes der verhängten Strafe zu berechnen. Die Frist ist von dem Tage an zu berechnen, an dem die Unter-

---

[305] Gesetzesänderung vom 10. 12. 1971 (Gesetz Nr. 964).

[306] Eine Zwangsstrafe (vite) ist ein Geldbetrag, dessen Entrichtung im voraus als besondere Sanktion für den Fall festgesetzt worden ist, daß einer bestimmten Verpflichtung nicht nachgekommen wird, s. Fußnote 259.

brechung erfolgt ist, oder, falls eine bedingte Entlassung stattgefunden hat, aber für verwirkt erklärt worden ist, von dem Tage an, an dem der hierüber ergangene Beschluß rechtskräftig geworden ist.

§ 10

Jugendgefängnis entfällt, wenn fünf Jahre, und Internierung entfällt, wenn fünfzehn Jahre seit Rechtskraft des Urteils vergangen sind, sofern nicht zuvor mit der Vollstreckung begonnen worden ist.

Wird die Vollstreckung von Jugendgefängnis oder Internierung unterbrochen, während sich der Verurteilte in einer Anstalt befindet, oder ergeht, während seine Behandlung außerhalb einer Anstalt erfolgt, ein Beschluß über seine Wiederunterbringung in einer Anstalt, so findet das in Abs. 1 Gesagte entsprechende Anwendung auf die Fortsetzung der Vollstreckung; hierbei ist die Frist von dem Tage an zu berechnen, an dem die Unterbrechung erfolgt oder der Beschluß über die Wiederunterbringung rechtskräftig geworden ist.

§ 11

Für das Entfallen von Disziplinstrafen gelten besondere Bestimmungen[307].

KAP. 36

Einziehung von Vermögensgegenständen und andere besondere Rechtswirkungen von Straftaten

§ 1

Das Erträgnis[308] einer in diesem Gesetzbuch behandelten Straftat, das nicht dem einer Einzelperson entstandenen Schaden entspricht, ist für eingezogen[309] zu erklären, falls dies nicht offenbar unbillig ist. Gleiches gilt für die Vergütung einer Straftat oder ihren Wert, falls die Vergütung entgegengenommen ist und ihre Entgegennahme eine in diesem Gesetzbuch behandelte Straftat bildet[310].

§ 2

Vermögensgegenstände, die bei einer in diesem Gesetzbuch behandelten Straftat als Werkzeuge verwendet oder durch eine derartige

---

[307] § 16 des Gesetzes Nr. 18 vom 26. 1. 1973 über die Disziplinstrafen von Soldaten.

[308] wörtlich: Ausbeute.

[309] wörtlich: verwirkt.

[310] Man unterscheidet zwischen Sach- und Wertkonfiskation. Bei der Wertkonfiskation wird eine Person zur Zahlung eines bestimmten Betrages verurteilt.

Straftat hervorgebracht sind, dürfen für eingezogen erklärt werden, wenn dies zur Verhütung von Straftaten erforderlich ist oder hierfür sonst besondere Gründe vorliegen. Gleiches gilt für Vermögensgegenstände, deren Anwendung eine in diesem Gesetzbuch behandelte Straftat bildet oder mit denen sich jemand sonst in einer Weise befaßt hat, die eine derartige Straftat darstellt.

Anstelle von Vermögensgegenständen kann deren Wert für eingezogen erklärt werden[311].

§ 3

Gegenstände, bei denen zu befürchten ist, daß sie auf Grund ihrer besonderen Beschaffenheit und der sonstigen Umstände zu strafbarer Anwendung gelangen werden, dürfen auch in anderen als den in § 2 behandelten Fällen für eingezogen erklärt werden.

§ 4

Auf Grund einer Straftat darf die Einziehung von Vermögensgegenständen oder ihres Wertes bei Fehlen anderer Vorschriften erfolgen bei:

a) dem Täter oder einer anderen Person, die bei der Straftat mitgewirkt hat,

b) derjenigen Person, an deren Stelle der Täter oder ein anderer Mitwirkender gestanden hat,

c) demjenigen, dem durch die Straftat ein Gewinn verschafft worden ist,

d) demjenigen, der die Vermögensgegenstände nach der Straftat auf Grund eines Gattenanteilsrechts[312], einer gesetzlichen oder testamentarischen Erbschaft oder einer Schenkung erlangt oder der sie in anderer Weise nach der Straftat erworben hat und dabei wußte oder begründeten Anlaß zu der Annahme hatte, daß zwischen dem Gegenstand und der Straftat ein Zusammenhang bestand.

Gehörten die Vermögensgegenstände bei der Straftat nicht einer der in Abs. 1 unter a—c aufgeführten Personen, so dürfen sie nicht für eingezogen erklärt werden.

---

[311] §§ 2—11 dieses Kapitels werden durch Gesetz Nr. 165 vom 17. 5. 1968 neugefaßt, § 12 wurde durch das gleiche Gesetz hinzugefügt.

[312] Gattenanteilsrecht (giftorätt) ist nach dem Ehegesetzbuch (Giftermålsbalken) das Recht eines Ehegatten an der Hälfte des Vermögens des anderen Gatten. Das Gattenanteilsrecht erhält nur bei Auflösung der Ehe durch Tod oder Scheidung Bedeutung. Vgl. hierzu Gerhard *Simson* in *Leske—Löwenfeld—Lauterbach*, Das Eherecht der europäischen Staaten, Bd. I, Teil 1, S. 175 (Verlag Carl Heymann, Köln 1964).

Ein besonderes Recht an einem für eingezogen erklärten Vermögensgegenstand bleibt bestehen, wenn dieses Recht nicht ebenfalls für eingezogen erklärt wird[313].

§ 5

Das Gericht darf anstelle einer Einziehung Maßnahmen vorschreiben, um Mißbrauch zu verhüten[314].

§ 6

Die Vorschriften von Gesetzen oder Verordnungen über die besonderen Rechtswirkungen von Verurteilungen zu einer Strafe gelten auch dann, wenn eine andere der in Kap. 1 § 3 aufgeführten Sanktionen verhängt wird[315].

Bei Anwendung von Abs. 1 sind Bedingte Verurteilung, Schutzaufsicht, Jugendgefängnis und Internierung, sowie, falls im Urteil nichts anderes angeordnet wird, Einweisung in besondere Fürsorge einer Gefängnisstrafe gleichzuerachten. Dabei entspricht eine Internierung sowie, falls dies angeordnet wird, Schutzaufsicht, Jugendgefängnis und Einweisung in besondere Fürsorge einer Gefängnisstrafe von mindestens sechs Monaten.

§ 7

Wird für die Einziehung von Gegenständen oder für andere besondere Rechtswirkungen, die auf eine Straftat folgen können, vorausgesetzt, daß jemand zu einer Sanktion verurteilt worden ist, so darf das Gericht, auch wenn von der Verhängung einer Sanktion für die Straftat abgesehen wird, das Eintreten derartiger Rechtswirkungen anordnen, soweit die Umstände hierfür Anlaß geben[316].

§ 8

Ist eine Straftat von einer Person begangen worden, die das fünfzehnte Lebensjahr noch nicht vollendet hatte oder die unter dem Einfluß einer Geisteskrankheit, einer Geistesschwäche oder einer

---

[313] Gemeint sind begrenzte dingliche Rechte an einer Sache.

[314] Das Gericht kann z. B. anordnen, daß die falsche Signatur eines Kunstwerks entfernt wird.

[315] Der Begriff „besondere Rechtswirkungen" ist ein Sammelbegriff für sehr unterschiedliche Wirkungen wie z. B. Ausweisung, Strafsteuern, Einziehung des Führerscheins usw. Nicht hierzu gehört eine etwaige Schadensersatzpflicht.

[316] Beispiele für das Absehen von Sanktionen sind neben der allgemeinen Vorschrift von Kap. 33 § 4 auch die Spezialvorschriften Kap. 2 § 6, Kap. 3 § 4 Abs. 1, Kap. 20 § 6 Abs. 2 und Kap. 20 § 9, dagegen nicht Kap. 33 § 2 letzter Absatz.

sonstigen seelischen Abnormität so tiefgreifender Art stand, daß sie einer Geisteskrankheit gleichstehend angesehen werden muß, so darf das Gericht die Einziehung von Vermögensgegenständen oder andere auf eine Straftat folgende besondere Rechtswirkungen nur anordnen, wenn und soweit dies im Hinblick auf die Sinnesart des Täters, die Beschaffenheit der Tat und die sonstigen Umstände als angebracht angesehen werden kann.

§ 9

Kann infolge des Todes des Straftäters oder aus anderen Gründen keine Sanktion mehr verhängt werden, so dürfen auf Grund der Straftat nur dann Vermögensgegenstände eingezogen oder Maßnahmen zur Verhütung von Mißbrauch vorgeschrieben werden, wenn deshalb in einem Verfahren eine Ladung innerhalb von fünf Jahren seit Begehung der Straftat zugestellt worden ist. In diesen Fällen darf die Sache nur dann vom Ankläger anhängig gemacht werden, wenn dies mit Rücksicht auf die Allgemeinheit erforderlich erscheint.

Auf das hier über diese Fälle Gesagte finden die Bestimmungen des Kap. 35 § 3 entsprechende Anwendung.

§ 10

Der auf Einziehung oder auf Maßnahmen zur Verhütung von Mißbrauch lautende Beschluß wird hinfällig, soweit die Vollstreckung nicht innerhalb von zehn Jahren seit Rechtskraft des Beschlusses erfolgt ist[317].

§ 11

Ist in einem Gesetz oder einer Verordnung vorgeschrieben, daß eine Erklärung über eine Einziehung oder andere besondere Rechtswirkungen einer Straftat zu ergehen hat, so darf dies trotzdem unterbleiben, wenn diese Rechtswirkung offenbar unbillig ist[318].

§ 12

Eingezogene Vermögensgegenstände verfallen der Krone[319], wenn nichts anderes bestimmt ist[320].

---

317 Diese Bestimmung findet auch im Nebenstrafrecht Anwendung. Der Einziehungsbeschluß wird durch den Tod nicht ohne weiteres hinfällig.

318 Die Einziehung ist zwar in diesem Gesetzbuch nie obligatorisch, doch galt anderes für Rechtswirkungen im Nebenstrafrecht, auf das sich § 11 vor allem beziehen soll.

319 d. h. dem Fiskus.

320 Ausnahmen finden sich z. B. in der Forst- und Jagdgesetzgebung.

KAP. 37

Die Ausschüsse[321]

§ 1

Der Tätigkeitsbereich des Aufsichtsausschusses umfaßt den Gerichtsbezirk eines oder mehrerer Untergerichte[322]. Für die Behandlung der Angelegenheiten von Personen, die zu Gefängnis, Jugendgefängnis oder Internierung verurteilt sind, dürfen jedoch besondere Aufsichtsausschüsse errichtet werden. Der Tätigkeitsbereich des Aufsichtsausschusses wird von der Regierung bestimmt[323].

Der Aufsichtsausschuß besteht aus fünf Mitgliedern, sofern die Regierung nicht anordnet, daß ein bestimmter Ausschuß eine größere Zahl von Mitgliedern haben soll. Der Ausschuß ist mit einem Vorsitzenden und zwei Mitgliedern beschlußfähig. In eiligen Fällen sowie auch in Angelegenheiten von geringerer Bedeutung darf der Vorsitzende namens des Ausschusses allein beschließen. Derartige Beschlüsse sind bei der nächsten Sitzung des Ausschusses bekanntzugeben.

Die Regierung darf anordnen, daß ein Aufsichtsausschuß in Abteilungen arbeitet. Auf derartige Abteilungen finden die Bestimmungen über die Ausschüsse entsprechende Anwendung.

§ 2

Die Regierung bestellt den Vorsitzenden des Aufsichtsausschusses sowie einen Stellvertreter[324], der bei Verhinderung des Vorsitzenden an dessen Stelle tätig wird. Bei Verhinderung sowohl des Vorsitzenden wie seines Stellvertreters wird von dem Hofgericht[325], in dessen Gerichtsbezirk der Ausschuß seinen hauptsächlichen Tätigkeitsbereich hat, ein provisorischer Stellvertreter bestellt. Der Vorsit-

---

[321] Vgl. hierzu Gerhard *Simson*, „Behandlung statt Strafe?" in Zeitschrift für Rechtspolitik, 1972, S. 264. Die Personengruppen, mit denen sich die Aufsichtsausschüsse (övervakningsnämnder) vor allem befassen, sind die unter Schutzaufsicht Stehenden und die bedingt zu Entlassenden und Entlassenen. Die bedingte Entlassung von Gefängnisinsassen mit einer Strafdauer von mehr als einem Jahr wird nicht vom Aufsichts-, sondern vom Kriminalpflegeausschuß (§ 6) geprüft (Verordnung Nr. 625 vom 3. 12. 1965 i. V. mit § 16 EinfG).

[322] Die Untergerichte (underrätter), d. h. die Gerichte erster Instanz, heißen seit der Reform der Gerichtsverfassung von 1969 einheitlich Thinggerichte (tingsrätter).

[323] Verordnung Nr. 580 vom 9. 9. 1964 über die Tätigkeitsbereiche der Aufsichtsausschüsse (mit späteren Abänderungen).

[324] wörtlich: Ersatzmann.

[325] Die schwedischen Hofgerichte entsprechen den deutschen Oberlandesgerichten.

zende muß rechtskundig und im Richteramt erfahren, der Stellvertreter rechtskundig sein.

Die sonstigen Mitglieder und die Stellvertreter für sie werden vom Regierungspräsidium[326] derjenigen Provinz ernannt, in welcher der Ausschuß seinen hauptsächlichen Tätigkeitsbereich hat. Sie sollen Erfahrungen in der Jugendfürsorge oder Arbeitsvermittlung oder sonst in öffentlichen Ämtern haben.

Die Mitglieder und anderen Personen werden mit Ausnahme der provisorischen Stellvertreter für fünf Jahre ernannt. Scheidet ein Mitglied oder mit Ausnahme von provisorischen Stellvertretern eine andere Person vor Ablauf dieser Frist aus, so wird für die restliche Zeit ein neues Mitglied oder ein neuer Stellvertreter ernannt. Ein provisorischer Stellvertreter wird für höchstens sechs Monate bestellt.

§ 3

Für die gemäß den nachstehenden Bestimmungen erfolgende Prüfung von Angelegenheiten, die sich auf eine bedingte Entlassung beziehen, besteht der Kriminalpflegeausschuß als ein besonderer Ausschuß[327]. Dieser setzt sich aus einem Mitglied, das Inhaber eines Richteramtes ist oder war und Vorsitzender des Ausschusses sein soll, sowie vier weiteren Mitgliedern zusammen. Ihre Stellvertreter werden in der von der Regierung bestimmten Anzahl ernannt. Die Regierung ernennt den Vorsitzenden, die übrigen Mitglieder und die Stellvertreter. Bei Verhinderung des Vorsitzenden wird an seiner Stelle ein von der Regierung hierzu ernanntes Mitglied oder ein Stellvertreter tätig, die zum Vorsitzenden hätten bestellt werden können.

Der Vorsitzende, die sonstigen Mitglieder und die Stellvertreter werden für fünf Jahre ernannt[328]. Scheidet ein Mitglied oder Stellvertreter vor Ablauf dieser Frist aus, so wird für die restliche Zeit ein neues Mitglied oder ein neuer Stellvertreter ernannt.

§ 4

Der Jugendgefängnisausschuß und der Internierungsausschuß bestehen aus je einem Mitglied, das Inhaber eines Richteramts ist oder

[326] schwedisch: Länsstyrelsen (Provinzialregierung).

[327] Der Kriminalpflegeausschuß ist zwar in erster Linie eine Beschwerdeinstanz, vgl. aber Fußnote 321 zu Kap. 37. Andere Aufgaben dieses Ausschusses ergeben sich aus dem Nordischen Vollstreckungsgesetz Schwedens vom 22. 5. 63 (§ 25) und dem in der Praxis nicht mehr bedeutsamen Gesetz vom 4. 6. 1964 über Maßnahmen bei gesellschaftsgefährlicher Asozialität (§ 24).

[328] In der Praxis sind bisher stets Mitglieder des Obersten Gerichtshofs zu Vorsitzenden ernannt worden; dies gilt auch für die Vorsitzenden des Internierungs- und des Jugendgefängnisausschusses (§ 4).

war und Vorsitzender des Ausschusses sein soll, und je einem Mitglied, das Psychiater ist, beide mit besonderen Stellvertretern, die die für Mitglieder bestimmten Voraussetzungen erfüllen, sowie aus weiteren je drei Mitgliedern nebst Stellvertretern in der von der Regierung bestimmten Anzahl. Die Regierung ernennt den Vorsitzenden, die übrigen Mitglieder und die Stellvertreter. Bei Verhinderung des Vorsitzenden wird an seiner Stelle ein von der Regierung hierzu ernanntes Mitglied oder ein Stellvertreter tätig, die zum Vorsitzenden hätten bestellt werden können.

In eiligen Fällen sowie auch in Angelegenheiten von geringerer Bedeutung darf der Vorsitzende namens des Ausschusses allein beschließen. Derartige Beschlüsse sind bei der nächsten Sitzung des Ausschusses bekanntzugeben.

Der Vorsitzende, die sonstigen Mitglieder und die Stellvertreter werden für fünf Jahre ernannt. Scheidet ein Mitglied oder Stellvertreter vor Ablauf dieser Frist aus, so wird für die restliche Zeit ein neues Mitglied oder ein neuer Stellvertreter ernannt.

§ 5

Die Mitglieder des Aufsichtsausschusses, des Kriminalpflegeausschusses, des Jugendgefängnisausschusses und des Internierungsausschusses sowie ihre Stellvertreter müssen den Richtereid abgelegt haben[329]. Für die Mitglieder und Stellvertreter gelten die gleichen Befangenheitsvorschriften wie für Richter, doch findet das in Kap. 4 § 13 Ziff. 7 des Prozeßgesetzes Gesagte keine Anwendung auf die Mitglieder und Stellvertreter des Aufsichtsausschusses[330].

Auf die Beschlüsse von Ausschüssen der in Abs. 1 genannten Art sind die Bestimmungen über die Abstimmung bei den Instanzgerichten in Strafverfahren entsprechend anzuwenden[331].

§ 6

Beantragt der Verurteilte, in einer vom Aufsichtsausschuß bearbeiteten Angelegenheit mündlich gehört zu werden, so ist ihm hierzu Gelegenheit zu gewähren.

In den Angelegenheiten des Kriminalpflegeausschusses, des Jugendgefängnisausschusses und des Internierungsausschusses soll dem Verurteilten Gelegenheit gewährt werden, sich zu äußern oder mündlich gehört zu werden, wenn angenommen werden kann, daß dies von Nutzen ist und es in geeigneter Weise geschehen kann.

---

[329] Kap. 4 § 11 Prozeßgesetz.

[330] Nach Kap. 4 § 13 Ziff. 7 Prozeßgesetz gilt ein Richter als befangen, der bei einem anderen Gericht als Richter oder Beamter eine Entscheidung getroffen hat, die sich auf die Sache bezieht, oder sich bei einer nicht gerichtlichen Behörde oder als Schiedsrichter mit ihr befaßt hat.

[331] Kap. 29 Prozeßgesetz.

§ 7

Wer zu Gefängnis verurteilt ist, darf beim Kriminalpflegeausschuß darum ersuchen, daß der in der Frage einer bedingten Entlassung ergangene Beschluß des Aufsichtsausschusses überprüft wird.

Ist der bedingt Entlassene nicht mit dem Beschluß des Aufsichtsausschusses über seine Stellung unter Aufsicht gemäß Kap. 26 § 11, über die Bestellung eines Bewährungshelfers gemäß Kap. 26 § 12, über eine Vorschrift gemäß Kap. 26 § 15 oder über eine Maßnahme gemäß Kap. 26 §§ 18, 19 oder 22 einverstanden, so darf er beim Kriminalpflegeausschuß darum ersuchen, daß der Beschluß überprüft wird.

§ 8

Wer zu Schutzaufsicht verurteilt ist, darf beim Hofgericht Beschwerde gegen den Beschluß des Aufsichtsausschusses einlegen, durch den er unter Aufsicht gemäß Kap. 28 § 5 gestellt wurde, ein Bewährungshelfer gemäß Kap. 28 § 6 ernannt, eine Maßnahme gemäß Kap. 28 § 7 oder § 11 angeordnet oder eine Vorschrift der in Kap. 26 § 15 genannten Art erlassen ist. Die Beschwerdefrist wird von dem Tage berechnet, an dem ihm der Beschluß zugestellt ist.

§ 9

Ist der zu Jugendgefängnis oder Internierung Verurteilte nicht mit einem Beschluß des Aufsichtsausschusses über die Bestellung eines Bewährungshelfers gemäß Kap. 29 § 7 oder Kap. 30 § 10 oder einem Beschluß des Ausschusses gemäß Kap. 29 § 8 oder § 11 oder gemäß Kap. 30 § 11 oder § 14 oder über eine Vorschrift der in Kap. 26 § 15 genannten Art einverstanden, so darf er bei dem Jugendgefängnisausschuß oder dem Internierungsausschuß darum ersuchen, daß der Beschluß überprüft wird.

§ 10

Die Beschlüsse des Aufsichtsausschusses der in den §§ 7—9 genannten Art sind sofort rechtswirksam, sofern nichts anderes angeordnet ist.

§ 11

Mit Ausnahme der in den §§ 7—9 genannten Fälle sind die nach diesem Gesetzbuch ergangenen Beschlüsse des Aufsichtsausschusses, sowie die auf Grund des § 8 ergangenen Beschlüsse des Hofgerichts und die Beschlüsse des Kriminalpflegeausschusses, des Jugendgefängnisausschusses oder des Internierungsausschusses rechtskräftig.

KAP. 38

Verfahrensbestimmungen u. a.

§ 1

Derjenige, gegen den eine Bedingte Verurteilung oder Schutzaufsicht verhängt ist, darf vor Ablauf der Rechtsmittelfrist die Erklärung abgeben, daß er mit dem Urteil, soweit es sich auf die verhängte Sanktion bezieht, einverstanden ist. Eine derartige Erklärung bezieht sich ebenfalls auf solche Geldstrafen, die auf Grund von Kap. 27 § 2 oder von Kap. 28 § 2 verhängt sind, und umfaßt auch die Behandlung der in Kap. 28 § 3 bestimmten Art. Die Erklärung ist in der von der Regierung vorgeschriebenen Weise abzugeben[332].

Die in vorgeschriebener Weise abgegebene Erklärung darf nicht zurückgenommen werden. Hat der Verurteilte gegen das Urteil ein Rechtsmittel eingelegt, so gilt dieses hinsichtlich der für die Straftat verhängten Sanktion als durch die Erklärung zurückgenommen.

Für die Einverständniserklärung bei einem auf Gefängnis, Jugendgefängnis und Internierung lautenden Urteil gelten besondere Bestimmungen[333].

§ 2

Hat das Gericht auf Grund des Jugendfürsorgegesetzes oder des Gesetzes gegen Alkoholmißbrauch eine Person in Fürsorge eingewiesen, aber ergibt sich bei der in vorgeschriebener Weise erfolgenden Prüfung, daß die gesetzlichen Voraussetzungen für eine derartige Fürsorge oder für eine Fürsorge, deren Anordnung der Jugendfürsorgeausschuß oder Nüchternheitsausschuß in seiner Erklärung gegenüber dem Gericht als von ihm beabsichtigt bezeichnet hatte, nicht vorliegen, so darf das erstinstanzliche Gericht dieses Strafverfahrens die Einweisungsanordnung auf Antrag des Anklägers aufheben und für die Straftat zu einer anderen Sanktion verurteilen.

§ 3

Die Frage einer Maßnahme gemäß Kap. 27 § 5 Abs. 2 oder § 6 ist von dem Gericht zu behandeln, das in dem Strafverfahren, in dem

---

[332] § 1 der Verordnung Nr. 632 vom 6. 11. 1964 über die Behandlung ohne Freiheitsentziehung der wegen einer Straftat zu einer Sanktion Verurteilten. In dieser Bestimmung werden auch die Gerichte und Behörden aufgeführt, vor denen die Einverständniserklärung abgegeben werden darf (§ 1). Der Verurteilte ist über die Bedeutung der Erklärung zu unterrichten.

[333] Gesetz Nr. 202 vom 19. 4. 1974 über die Berechnung der Strafdauer (§ 3 f).

die Bedingte Verurteilung verhängt wurde, in erster Instanz entschieden hatte.

Ein Verfahrensantrag auf Grund von Kap. 28 § 8 ist bei dem Untergericht geltend zu machen, in dessen Bezirk der Aufsichtsausschuß, der die Aufsicht über den Verurteilten durchführt, tätig ist.

Ein Verfahrensantrag auf Grund von Kap. 30 § 8 ist bei dem Gericht geltend zu machen, das in dem Strafverfahren, in dem zu Internierung verurteilt wurde, in erster Instanz entschieden hatte.

Verfahren der in diesem Paragraphen genannten Art dürfen auch von dem Gericht zur Behandlung aufgenommen werden, bei dem ein Strafverfahren gegen den Verurteilten anhängig ist, oder von dem Gericht des Ortes, in dem sich der Verurteilte nicht nur vorübergehend[334] aufhält, wenn das Gericht dies im Hinblick auf die Ermittlungen sowie die Kosten und sonstigen Umstände geeignet findet.

§ 4

Ersuchen gemäß Kap. 34 §§ 10, 12 oder 15 sind an das Gericht erster Instanz eines dieser Strafverfahren zu richten.

Der Antrag gemäß Kap. 34 § 13 ist bei dem Gericht zu stellen, das in dem Strafverfahren, in dem zu Internierung verurteilt wurde, in erster Instanz entschieden hatte.

§ 5

Ein Verfahrensantrag der in Kap. 27 § 6, Kap. 28 § 8 oder Kap. 30 § 8 genannten Art ist als anhängig gemacht anzusehen, wenn der Antrag auf Einleitung des Verfahrens dem Verurteilten zugestellt worden ist.

§ 6

An der Entscheidung des Untergerichts über Fragen der in § 2 oder in Kap. 27 § 6, Kap. 28 § 9, Kap. 30 § 8 oder Kap. 34 § 10 Abs. 2, § 12 oder § 13 oder § 15 genannten Art nehmen, soweit es sich um die Anwendung von § 10 Abs. 2 handelt, Schöffen teil. Gleiches gilt für die Aufhebung einer Sanktion gemäß Kap. 34 § 1 Ziff. 3, die Verwirkung einer bedingten Entlassung oder eine sonstige Maßnahme gemäß Kap. 34 § 4, eine Maßnahme gemäß Kap. 34 § 5, eine Maßnahme oder eine Behandlung gemäß Kap. 34 § 6 sowie für die Wiederunterbringung in einer Anstalt oder eine sonstige Maßnahme gemäß Kap. 34 § 8 oder § 9.

Bei der Entscheidung der in Kap. 27 § 5 Abs. 2 oder Kap. 28 § 11 genannten Fragen ist das Gericht erster Instanz mit einem rechtskundigen Richter beschlußfähig[335].

---

[334] wörtlich: ständiger.

[335] § 6 ist in seiner obigen Fassung am 1. 1. 1970 in Kraft getreten.

§ 7

Ist über die Frage der Verhängung von Internierung zu entscheiden, so hat das Gericht, wenn dies nicht aus besonderem Anlaß unnötig erscheint, die Äußerung des Internierungsausschusses darüber einzuholen, ob eine derartige Maßnahme erfolgen soll.

Bevor das Gericht auf Grund von Kap. 34 § 1 eine Sanktion für eine Person beschließt, die zu Jugendgefängnis oder Internierung verurteilt ist, hat es, wenn dies erforderlich erscheint, die Äußerung des Jugendgefängnisausschusses oder des Internierungsausschusses einzuholen. Das Gesagte findet auf die in Kap. 34 § 12 genannten Fälle entsprechende Anwendung.

§ 8

In Strafverfahren wegen einer Maßnahme gemäß § 2 oder Kap. 27 § 5 Abs. 2 oder § 6, Kap. 28 § 9, Kap. 30 § 8 oder Kap. 34 § 10 Abs. 2, § 12 oder § 13 oder § 15 hat das Gericht erster Instanz, soweit es sich um die Anwendung von § 10 Abs. 2 handelt, dem Verurteilten Gelegenheit zur Äußerung zu geben. Beantragt er, mündlich gehört zu werden, so ist ihm hierzu Gelegenheit zu gewähren. Die Entscheidung des Gerichts ergeht insoweit durch Beschluß.

Eine Maßnahme auf Grund von Kap. 28 § 11 darf beschlossen werden, ohne daß dem Verurteilten die Möglichkeit gewährt wird, sich zu äußern.

§ 9

Die Beschlüsse des Gerichts über Maßnahmen auf Grund von Kap. 27 § 5 Abs. 2, Kap. 28 § 11 oder Kap. 34 § 10 Abs. 2, § 12 oder § 13 oder § 15 sind, soweit es sich um die Anwendung von § 10 Abs. 2 handelt, sofort rechtswirksam, sofern nichts anderes angeordnet wird. Gleiches gilt für Entscheidungen auf Grund von Kap. 27 § 6, Kap. 28 § 9 oder Kap. 34 §§ 4, 5, 6 oder 8 über Vorschriften, Bewährungsfristen oder Jugendgefängnisdauer.

Bezieht sich ein Beschluß gemäß Kap. 28 § 9 Abs. 2 oder Kap. 34 § 6 darauf, daß jemand der in Kap. 28 § 3 bestimmten Behandlung unterzogen werden soll, so darf das Gericht anordnen, daß dieser Beschluß ohne Rücksicht auf fehlende Rechtskraft zu vollstrecken ist, wenn die Umstände diese erfordern. Bei einem zu Jugendgefängnis Verurteilten darf eine derartige Anordnung auch in einem gemäß Kap. 34 § 8 erlassenen Beschluß über seine Wiederunterbringung in einer Anstalt ergehen.

§ 10

Eine von einem Gericht oder einem Aufsichtsausschuß beschlossene Warnung ist dem Verurteilten unverzüglich persönlich bekanntzugeben. Kann die Warnung nicht in Verbindung mit dem Beschluß bekanntgegeben werden, so darf dies einem anderen Gericht oder Aufsichtsausschuß übertragen werden.

§ 11

Aufgehoben durch Gesetz Nr. 918 vom 23. 11. 1973[336].

§ 12

Den Polizeibehörden liegt ob, dem Gericht, Aufsichtsausschuß, Kriminalpflegeausschuß, Jugendgefängnisausschuß und Internierungsausschuß Beistand zum Zweck des Erscheinens eines Verurteilten in den gemäß diesem Gesetzbuch anhängigen Verfahren oder Angelegenheiten oder bei Verbringung in Gewahrsam gemäß Kap. 26 § 22, Kap. 28 § 11, Kap. 29 § 11 oder Kap. 30 § 14 zu leisten.

§ 13

Aufgehoben durch Gesetz Nr. 565 vom 10. 5. 1974.

---

[336] Die frühere Bestimmung bezog sich auf Zwangsstrafen gegen Personen, die unter Aufsicht standen. Derartige Zwangsstrafen sind seit dem 1. 1. 1974 im Bereich dieses Gesetzes nicht mehr zulässig.

FSC
www.fsc.org
MIX
Papier | Fördert
gute Waldnutzung
FSC® C083411

Kolibri 360 GmbH
Ferdinand-Jühlke-Straße 7
99095 Erfurt, Deutschland
produktsicherheit@kolibri360.de